A ÉTICA PROTESTANTE E O "ESPÍRITO" DO CAPITALISMO

MAX WEBER

A ética protestante e o "espírito" do capitalismo

Tradução
José Marcos Mariani de Macedo

Revisão técnica, edição de texto, apresentação, glossário, correspondência vocabular e índice remissivo
Antônio Flávio Pierucci

22ª reimpressão

COMPANHIA DAS LETRAS

Grafia atualizada segundo o Acordo Ortográfico da Língua Portuguesa de 1990, que entrou em vigor no Brasil em 2009.

Título original
Die protestantische Ethik und der "Geist" des Kapitalismus

Capa
João Baptista da Costa Aguiar

Tradução dos trechos em latim, italiano, grego e francês
Antônio Flávio Pierucci

Tradução dos trechos em inglês
Sergio Tellaroli

Tradução dos trechos em holandês
Anthonius Jakobus Pieterssen

Revisão
Olga Cafalcchio
Renato Potenza Rodrigues

Índice remissivo (execução)
Maria Cláudia Carvalho Mattos

Dados Internacionais de Catalogação na Publicação (CIP)
(Câmara Brasileira do Livro, SP, Brasil)

Weber, Max, 1864-1920.
A ética protestante e o "espírito" do capitalismo / Max Weber ; tradução José Marcos Mariani de Macedo ; revisão técnica, edição de texto, apresentação, glossário, correspondência vocabular e índice remissivo Antônio Flávio Pierucci. — São Paulo : Companhia das Letras, 2004.

Título original : Die protestantische Ethik und der "Geist" des Kapitalismus

ISBN 978-85-359-0470-3

1. Capitalismo 2. Ética cristã 3. Protestantismo e capitalismo 4. Religião e sociologia 5. Sociologia cristã I. Pierucci, Antônio Flávio. II. Título.

04-0981 CDD-261.85

Índices para catálogo sistemático:
1. Capitalismo e cristianismo 261.85
2. Cristianismo e capitalismo 261.85

EDITORA SCHWARCZ S.A.
Rua Bandeira Paulista, 702, cj. 32
04532-002 — São Paulo — SP
Telefone: (11) 3707-3500
www.companhiadasletras.com.br
www.blogdacompanhia.com.br
facebook.com/companhiadasletras
instagram.com/companhiadasletras
twitter.com/cialetras

Sumário

Apresentação

Quando, há cem anos, apareceu pela primeira vez nas páginas da revista *Archiv für Sozialwissenschaft* (1904) o germinal ensaio de Max Weber sobre a ética ascética do protestantismo puritano como berço da cultura ocidental moderna, seu título trazia entre aspas — aspas de cautela e ao mesmo tempo de ênfase — a palavra "espírito". Exatamente como na atual edição. Com essa marcação diacrítica o autor salientava de imediato aos olhos do leitor o que é que ele, afinal de contas, pretendia identificar, ao lado da ética religiosa ali no título, como seu "novo" objeto de análise na busca sociológica de uma relação causal histórica. E esse novo objeto *não era* o capitalismo como sistema econômico ou modo de produção. Era, *sim*, o capitalismo enquanto "espírito", isto é, cultura — a cultura capitalista moderna, como tantas vezes ele irá dizer —, o capitalismo vivenciado pelas pessoas na condução metódica da vida de todo dia. Noutras palavras, o "espírito" do capitalismo como *conduta de vida*: *Lebensführung*.

Para começo de conversa: o mínimo que esperamos desta nova edição em português é deixar assentado de uma vez por todas que

Weber nos legou não somente duas edições d'*A ética protestante*, mas duas *versões*. A primeira, publicada em duas levas, em 1904 e 1905, e a outra, revista e ampliada, editada em 1920. Por isso é que aqui, com tradução mais atenta a uma correspondência vocabular mínima entre os termos-chave empregados nos dois idiomas e nas duas áreas de conhecimento mais diretamente mobilizadas no ensaio weberiano (a saber, a nascente sociologia alemã e a velha teologia protestante), a palavra "espírito" recupera as aspas que o próprio Weber havia cortado para a segunda edição. De volta à primeira, pois.

Fica assim estampado desde a capa que a presente edição em novo formato, além de uma tradução inédita e tecnicamente acompanhada, oferece ao leitor de língua portuguesa, de quebra, um *retorno ao original*. Um retorno reflexivo, é verdade, cujo percurso será refratado o tempo todo pela irrupção, intermitente e em tempos irregulares, de uma espécie de trilha sonora incidental que nada mais é que a presença irreprimivelmente ativa da segunda versão; uma copresença, em paralelo e em contraponto à primeira, da versão quinze anos mais madura (e por isso mesmo já sem aspas no espírito do título como no espírito do autor), a última versão reelaborada por um Weber também ele, é claro, quinze anos mais maduro. O contraponto vai tornar esse enviesado retorno à forma inaugural uma experiência "historicizante" do texto original. Um clássico em parte usurpado ao mito fundador sempre-já presente em sua aura, agora devolvido à sobriedade reflexionante de uma biografia da obra, devolvido graficamente [vale dizer: entre colchetes] à sua própria historicidade.

A partir do momento em que a nova montagem do texto original por seu autor é entregue ao leitor com essa espécie de assinalação, qualquer primeira leitura d'*A ética protestante** que assim se

* A partir de agora as menções a esta obra serão feitas também em forma reduzida: *A ética protestante* ou simplesmente *A ética*.

fizer será, sempre-já, com certeza, uma experiência paradoxal de "releitura em primeira mão". Fascinante experiência essa de uma inevitável releitura, mesmo para aqueles que eventualmente já tenham lido o ensaio em outras edições, em outras línguas, em outros tempos.

Que agora é já o tempo de comemorar com reflexividade pós-moderna seu centenário pleno de modernidade.

São tantos e de tamanhos tão diversos os acréscimos feitos por Weber à segunda edição, que praticamente cada página desta nova edição em português relembrará ao leitor que *A ética protestante e o "espírito" do capitalismo* do alemão Max Weber — "seu primeiro tratado sobre Sociologia da Religião", conforme conhecida classificação avançada por sua viúva em 1926 — tem no fim das contas *duas versões*. E só duas, nenhuma delas inacabada. Ambas redondas em sua própria concepção.

Chamemos então de versão *original* aquela publicada na revista *Archiv*, em duas partes e em dois momentos consecutivos, 1904 e 1905. E chamemos de versão *final* a edição de 1920 (ano também final da vida de Weber), aquela que se permite dizer as coisas numa linguagem mais precisa na forma e mais segura na atitude, isso o próprio leitor há de perceber sem esforço se prestar atenção aos aditamentos. Um Weber mais firme na formulação dos argumentos porque mais aparelhado de arsenal mais basto de conceitos e termos próprios, ou reapropriados. Continuar lendo nos tempos de hoje este clássico de Weber sem levar em conta que só depois de muito experiente como sociólogo ele foi acrescentar tantas passagens novas no exitoso ensaio de 1904-5, trazendo com isso novos ângulos de visão junto com ajustes vocabulares aparentemente pequenos, além de uma nova leva de notas de rodapé às vezes caudalosas, acarreta problemas técnicos de consequências drásticas para uma interpretação minimamente plausível do próprio conceito que estiver em jogo ou em causa, com seus pleitos de clareza, congruência e sistematicidade. A avaliação da trajetória de um pensamento clássico em qualquer ponto importante de seu sistema categorial só será fidedigna se considerar seriamente que afinal ele resulta de um trabalho de elaboração conceitual que é sistemático, sim, mas nem por isso deixa de ter suas próprias vicissitudes: avanços e recuos, hesitações vocabulares e escolhas terminológicas. Guenther Roth, um dos mais ativos weberólogos anglófonos da atualidade, tradutor de *Economia e sociedade* para o inglês, referindo-se tempos atrás ao conceito de carisma em Weber, saiu-se com a ideia de que o próprio carisma tinha lá sua "história desenvolvimental". Com muito mais razão, o mesmo vale para *A ética protestante e o espírito do capitalismo* sem aspas no espírito. O retorno ao original que a presente edição faculta pode ser um atalho ao encontro da "história desenvolvimental" deste clássico. Muitos dos conceitos e termos que surgem naturalmente no novo fraseado inserido em 1920 já haviam sido formados e devidamente testados em outros estudos (tanto os de natureza sociológica substantiva como os de cunho teórico-reflexivo) e, por conseguinte, rigorosamente consolidados como vocabulário caracteristicamente weberiano.

Juntemos agora as duas versões — a original e a final — num único texto corrido mas devidamente assinalado nas dobras de sua existência dobrada. Dois textos num. As duas versões pacientemente imbricadas mas não confundidas; pelo contrário, pois que os contornos de cada qual saltam à vista graficamente demarcados por colchetes em negrito, o que aumenta ainda mais a atração deste texto clássico que agora desliza desimpedido sobre uma tradução cuidadosa e tecnicamente padronizada: eis a edição comemorativa dos cem anos d'*A ética protestante e o "espírito" do capitalismo* que agora temos a satisfação intelectual de apresentar ao público de língua portuguesa.

Foi em 1904 que Weber tornou pública a primeira parte deste

estudo assumidamente *sociológico* sobre a gênese da cultura capitalista moderna, que o tornaria ainda mais respeitado no meio daquela "galáxia de intelectuais brilhantes" que constituía o mandarinato acadêmico da Alemanha de seu tempo e, ainda por cima, famoso, falado, discutido.

Marianne Weber, *née* Schnitger, sua mulher desde 1893, além de companheira fiel e eternamente orgulhosa de ser sua esposa até que a morte os separasse, aquela que ao ficar viúva jurou "viver pela imortalidade dele", na biografia que escreveu do marido deixou assim registrado o momento em que veio à luz o tratado que o projetaria na celebridade extra-acadêmica:

> Em 1903, possivelmente na segunda metade do ano, logo após terminar a primeira parte de seu estudo sobre Roscher e Knies, deu início à sua obra de maior celebridade até então, *Die protestantische Ethik und der Geist des Kapitalismus*. A primeira parte foi concluída antes da viagem à América, no início do verão de 1904; a segunda parte apareceu um ano depois e revela a influência dessas suas experiências recentes. Uma das tantas razões, com certeza não a menor, para que essas experiências tenham instigado Weber tanto assim foi que nos Estados Unidos ele pôde observar por todo canto os rastros vivos das origens do espírito do capitalismo moderno, e esse espírito mesmo na pureza de um "tipo ideal".*

E por que Weber passou a publicar seus textos como artigos científicos e não como livros, o que o mantinha distante do grande público, embora com prestígio acrescido na esfera acadêmica?

* Weber, Marianne (1984) [1926]. *Max Weber: ein Lebensbild*. Tübingen, Mohr, pp. 340-341. Trad. bras.: (2003). *Weber: uma biografia*. Niterói, Casa Jorge Editorial, pp. 389-90.

Todos esses ensaios [de sua segunda fase] foram publicados no *Archiv für Sozialwissenschaft*. Como coeditor do *Archiv*, Weber sentia-se obrigado antes de mais nada a mantê-lo abastecido de material. Além do mais, ele sempre tinha pressa em publicar, e uma publicação modesta assim era a mais conveniente. Por isso nenhum desses textos de sua segunda fase foi publicado em forma de livro enquanto ele viveu. Por ora, suas renovadas atividades limitavam-se estritamente à esfera acadêmica.

Mas *A ética protestante*, mesmo vindo a público num veículo de circulação restrita como o *Archiv*, nos dois volumes consecutivos entre 1904 e 1905, não acabou levantando poeira para fora das contidas fronteiras de seu público acadêmico habitual, alargando sua audiência significativamente?

É verdade que seu primeiro tratado sobre Sociologia da Religião ia superar em muito o número de leitores do *Archiv*, e deflagrou toda uma série de controvérsias. Os fascículos em que foi publicado logo se esgotaram, e como ele não quis se dar ao trabalho de publicá-los em forma de livro, por mais de uma década foi impossível obtê-los.

Quer dizer então que havia demanda efetiva por uma segunda edição. Mas Weber só vai começar a se dedicar a ela em 1919, é isso?

Só um ano antes de sua morte ele aquiesceu à exortação de muitos para que publicasse [em livro] parte de sua colheita. Coube-lhe ainda a revisão dos estudos contidos no primeiro volume dos *Ensaios reunidos de Sociologia da Religião*, mas ele não viveu para ver a publicação do volume.

Max Weber morreu prematuramente, no dia 14 junho de

1920, a primavera já embocando no verão. Os livros aos quais Marianne se refere, os *Ensaios reunidos de Sociologia da Religião*, três volumes, costumam ser bibliograficamente referidos pelas siglas *GARS* ou *RS* (*Gesammelte Aufsätzse zur Religionssoziologie*, vols. I (1920), II (1921), III (1921). Só teve tempo de deixar inteiramente preparada a edição do primeiro volume, a sair ainda naquele ano (1920), precisamente o volume que trazia, dessa feita para o público bem maior das livrarias, a tão reclamada segunda edição d'*A ética*, revista e ampliada, acrescida mas não remodelada, que por fatalidade ficaria sendo mesmo a última, sua forma final e definitiva: Die protestantische Ethik und der Geist des Kapitalismus. *In*: *Gesammelte Aufsätze zur Religionssoziologie*, I (*GARS* I). Tübingen, Mohr: pp. 17-206.

Quando, em 1920, Weber envia para publicação como parte do primeiro volume dos *Ensaios reunidos de Sociologia da Religião* a segunda versão devidamente revista e decisivamente ampliada, na qual vinha trabalhando desde 1919, ele insere uma nota de rodapé *primeiríssima*, que de saída fornece ao leitor a referência bibliográfica da primeira versão. Essa nota hoje assume para nós a dimensão de uma informação historiográfica estratégica, inestimável por seu caráter de depoimento pessoal assinado. Assim começa o rodapé:

> Estudo publicado primeiramente no periódico *Archiv für Sozialwissenschaft und Sozialpolitik* (J. C. B. Mohr, Tübingen), vols. XX e XXV (1904 e 1905).*

Essa brevíssima notícia deixada pelo próprio Weber na forma de uma referência bibliográfica vem precisar o foco das informações menos formais dadas por dona Marianne: *A ética protestante*

* Ver logo adiante a nota de rodapé de abertura, na página 25.

e o "espírito" do capitalismo foi publicada em 1904-5. Se acrescentarmos à nota de Weber o importante detalhe dos números de páginas, a informação resultante dirá em suma o seguinte: "Die protestantische Ethik und der 'Geist' des Kapitalismus, I" (que, sabemos por Marianne, terminou de ser escrita no verão de 1904), *Archiv für Sozialwissenschaft und Sozialpolitik*, vol. 20 (1904), pp. 1-54; e "Die protestantische Ethik und der 'Geist' des Kapitalismus, II" (escrita no início de 1905, registra Marianne, depois da volta da longa viagem aos Estados Unidos), *Archiv für Sozialwissenschaft und Sozialpolitik*, vol. 21 (1905), pp. 1-110. A segunda parte é bem mais extensa que a primeira, logo se vê pelo número de páginas. Foi a primeira versão, evidentemente, que suscitou a prolongada polêmica entre Weber e seus críticos, cujas posições ele refutou em textos que ficariam conhecidos como "anticríticas", publicados nos anos de 1907, 1908 e 1910, na mesma revista (*Archiv*).* Muitas das inserções feitas na segunda versão, sobretudo como notas (ou partes de notas) de rodapé repercutem seletivamente as polêmicas com seus objetores.**

Todas as traduções que conhecíamos até muito recentemente (2002), para que língua fossem, usaram o texto da versão ampliada de 1920. A começar da primeira de todas, a tradução assinada pelo grande sociólogo norte-americano Talcott Parsons e publicada em 1930: *The Protestant Ethic and the Spirit of Capitalism*. Nova York, Harper Collins Academic, 1930. A tradução de Parsons representou para *A ética protestante* decisiva plataforma

* Ver a coletânea *Die protestantische Ethik II. Kritischen und Antikritischen*, organizada por Johannes Wickelmann. Guterloh, Siebenstern, 1968.

** Da lista dos críticos que mereceram de Weber réplicas "anticríticas" até 1910, no rodapé de abertura da segunda edição ele menciona os nomes que em 1920 ainda lhe pareciam merecedores de atenção, ou mesmo de admiração. Ver adiante a nota das páginas 25-26.

de lançamento para uma circulação internacional e progressiva consagração como um dos verdadeiros clássicos da sociologia.*

"*Habent sua fata libelli*", diz um verso latino do século III d.C. É mesmo. "Os livros têm lá os seus fados."

Antônio Flávio Pierucci
São Paulo, 2 de fevereiro de 2004

* Em 1993, o cenário dos estudos em torno d'*A ética protestante* ficou incomparavelmente mais rico com a entrada em cena de uma edição crítica trazendo a reprodução da primeira edição. Até o título original vinha reproduzido com aspas no "*Geist*" e tudo, esta marca registrada da primeira edição, sinalizando aos bons entendedores que se tratava mesmo da reprodução do texto original tal e qual aparecera no *Archiv* em 1904-5 — *Die protestantische Ethik und der "Geist" des Kapitalismus*. Bodenheim, Athenäum Hain Hanstein Verlagsgesellschaft, 1993. Mas o melhor de tudo, e aí morava a grande novidade, é que o texto da versão original aparecia, pela primeira vez, acompanhado por extenso anexo dando conta de todas as inserções e alterações que haviam sido incorporadas por Weber à segunda edição (1920), num oportuno e exitoso esforço de recomposição coordenado pela dupla de weberólogos alemães, Karl Lichtblau e Johannes Weiss.

Tábua de correspondência vocabular

Na tradução de certos termos-chave do vocabulário (sociológico, econômico, filosófico, teológico e até mesmo literário) empregado por Weber em *A ética protestante e o "espírito" do capitalismo*, adotamos para a presente edição o recurso de fixar um mínimo indispensável de correspondências vocabulares. Desse elenco circunscrito de usos weberianos de termos alemães, cada um foi traduzido *sempre* com um mesmo vocábulo do português (e aqui, naturalmente, o advérbio *sempre* quer dizer *sempre que possível*).

Queremos com isso começar a repor em cada "i" do texto em português aquele pequeno pingo que o precipitado jeito brasileiro de traduzir esta verdadeira obra-prima deixou e continua deixando faltar, como se aos estudiosos brasileiros deste clássico, tanto quanto aos estudantes universitários que cursam ciências sociais, história, economia, direito, filosofia e ciências da religião, não fizesse falta um pequeno detalhe aqui, outro ali, outro acolá e mais outro e tantos mais. No ano em que se comemora o 1º centenário da primeira aparição d'*A ética protestante e o "espírito" do capitalismo*, nosso propósito com uma medida como essa é dar início a um trabalho que pode ser como o de um degustador, uma atividade que precisa ser, além de paciente, atenta, com promessas devidamente cumpridas e a pretensão entretanto já gratificada de prosseguir saboreando.

São as seguintes as correspondências vocabulares incorporadas na padronização lexical que fixamos para a presente tradução:

Abendmahl = santa ceia ou ceia do Senhor (é assim que os protestantes no Brasil designam o rito cristão máximo que os católicos chamam de comunhão ou eucaristia)

Ablehnung = rejeição (em vez de: negação, recusa, repúdio)

Abreagiren = ab-reação (em vez de: catarse, descarga, liberação)

Antrieb = estímulo (em vez de: impulso)

Askese = ascese (em vez de: ascetismo)

Aufklärung = Ilustração (quando em sentido especificamente epocal referente ao século das Luzes) e iluminismo (quando de alcance mais generalizado para os tempos modernos)

ausserweltlich = extramundano

Bahnen = trilhos

Baptismus, Baptisten (ver abaixo *Täufertum* e *Täufer*)

Bedeutung = significação (em vez de: sentido, importância, relevância, alcance, impacto, significado). Entretanto, quando *Bedeutung* aparece designando o sentido léxico de uma palavra ou expressão, isto é, quando se trata estritamente do significado de determinado significante ou signo, então, e só então, a tradução será: significado.

Beherrschung = dominação; domínio

Beruf = dependendo da ênfase contextual, será traduzido ou por vocação ou por profissão; quando for o caso de dar destaque à imbricação dos dois registros, usaremos: vocação profissional, ou então: profissão como vocação

Bewährung = comprovação (em vez de: prova ou confirmação)

Deutung = interpretação

diesseitig = deste mundo; às vezes, intramundano (em vez de: secular, temporal, mundano). Ver o antônimo *jenseitig*.

Diesseits = este mundo. Ver o antônimo *Jenseits*.

Eigenart = peculiaridade (em vez de: especificidade, índole própria, índole singular, singularidade)

Eigengesetzlichkeit = legalidade própria (em vez de: lógica intrínseca ou autonomia)

Entwertung = desvalorização (em vez de: depreciação)

Entwicklung = desenvolvimento (em vez de: evolução)

Entzauberung = desencantamento (em vez de: desencanto)

Erlösung = redenção (em vez de: salvação. A não ser quando se tratar do sintagma *Erlösungsreligion*, o qual será traduzido por religião de salvação *e não* religião de redenção, pois é assim que pede o jargão há muito estabelecido pela Sociologia da Religião.)

Erwerb = lucro, às vezes aquisição (em vez de: ganho; ver abaixo *Profit*)

Erwerbstrieb = impulso aquisitivo (em vez de: instinto aquisitivo)

Ethisierung = eticização (em vez de um circunlóquio qualquer)

Gedanke = ideia (em vez de: pensamento, noção, conceito)

Gehäuse = crosta (em vez de: jaula ou prisão). Deste modo, a famosa metáfora *stahlhartes Gehäuse*, que Parsons traduziu intrigantemente por *iron cage* (jaula de ferro) — e com essa verdadeira transcriação entregou-nos definitivamente um *tópos* para as ciências humanas explorarem de mil modos, e que é em si insubstituível justamente pela riqueza de sentidos que carrega ou sugere, mas que o esforço de tradução mais literal que percorre a presente edição obriga aqui a deixar para lá — deixa de ser uma prisão de ferro para ser, como no original, uma "rija crosta de aço". De aço, não de ferro, como convém ao *Hochkapitalismus* (ver abaixo) dos tempos de Weber. Poderia ser cápsula de aço, capa, concha etc.; decidimos pela palavra crosta por manter algo de aversivo em sua conotação.

Gesinnung = disposição (em vez de: atitude, mentalidade, convicção etc. A não ser quando se tratar da "ética de convicção", conceito weberiano cuja tradução ganhou foro de cidadania entre nós há várias décadas por oposição a "ética de responsabilidade".)

Gewinn = ganho (em vez de: lucro)

Heil = salvação

Heiligkeit = *santificação* (em vez de: santidade)

Herrschaft = dominação (em vez de: autoridade)

Hochkapitalismus = capitalismo avançado

innerweltlich = intramundano (em vez de: secular, laico, profano)

in Richtung = na direção de (em vez de: no sentido de, rumo a)

jenseitig = do Outro Mundo (em vez de: do Além). Ver o antônimo *diesseitig*.

Jenseits = o Outro Mundo (em vez de: o Além). Ver o antônimo *Diesseits*.

Kreaturvergötterung = divinização da criatura (em vez de: idolatria ou idolatria da carne)

Lebensart = modo de vida, modo de viver

Lebensfreude = alegria de viver (em vez de: gozo da vida, prazer de viver)

Lebensführung = conduta de vida (em vez de: modo de vida ou estilo de vida)

Lebensgenuss = gozo da vida (em vez de: prazer de viver, alegria de viver)

Lebenslust = prazer de viver (em vez de: alegria de viver, gosto de viver, gozo da vida)

Lebensstellung = posição na vida, posição social

Lebensstil = estilo de vida (em vez de: modo de vida)

Menschentum = espécie de homem, tipo de homem (em vez de: humanidade)

Predigt = sermão (uso generalizado no Brasil entre os protestantes históricos não luteranos e, escusado dizer, entre os católicos; aparecendo entretanto em contexto especificamente luterano, será: prédica, que é como os luteranos no Brasil designam o sermão. Quando se refere à atividade contínua do pregador de propagar a doutrina, usaremos: pregação.)

Profit = lucro (ver acima *Erwerb*)

Problemstellung = colocação do problema (em vez de: problemática)

rastlos = sem descanso (em vez de: incansável, infatigável, ininterrupto)

Rechtfertigung = justificação (conceito teológico paulino, ver *Glossário*. Daí *rechtfertigende Glaube* = fé que justifica)

Schicht = camada (social) em vez de: estrato

Seelsorge = cura de almas (em vez de: ministério, sacerdócio, trabalho pastoral, prática pastoral)

Selbstbeherrschung = domínio de si (em vez de: autodomínio ou autocontrole)

Seligkeit = bem-aventurança (em vez de: salvação)

Sinn = sentido; senso (em vez de: significado ou significação)

sinnlos = sem sentido, que não tem sentido, que não faz sentido (em vez do adjetivo: absurdo)

Sinnlosigkeit = falta de sentido (em vez de: absurdo, o substantivo, que aqui traduz o alemão *Unsinn*)

Stand = estamento (em vez de: classe, status ou grupo de status) ou então estado (como por exemplo no aqui frequentíssimo *Gnadenstand* = estado de graça)

Stellungsnahme = tomada de posição (em vez de: atitude, postura, posicionamento)

Streben = ambição (em vez de: busca, ânsia, sede, afã etc. No lugar de ambição usaremos aspiração quando estiverem em jogo certos bens espirituais e, mesmo assim, só quando em contextos frasais que não acolham lisamente a ideia de ambição)

Täufer = anabatistas (em vez de batistas, nome este reservado na presente tradução para os batistas de origem inglesa, aos quais Weber se refere nomeadamente como *Baptisten*)

Täufertum = anabatismo (em vez de batismo ou movimento batista; para designar especificamente o ramo batista do protestantismo fundado na Inglaterra, Weber emprega o nome *Baptismus*). Mais que a importância, a necessidade de uma enfática distinção na tradução das duas designações (anabatismo e batismo) vem postulada implicitamente na seguinte afirmação de Weber logo no início da Parte II d'*A ética protestante*: "Calvinismo e anabatismo (*Täufertum*) enfrentaram-se rispidamente no começo de seu desenvolvimento, mas tornaram-se muito próximos um do outro no seio do movimento batista (*Baptismus*) do final do século XVII".

Träger = portador, portadores (em vez de: representantes, expoentes, vetores)

Trieb = impulso, pulsão (em vez de: instinto, inclinação)

Untersuchung = pesquisa (em vez de: investigação, análise, exame)

Verinnerlichung = internalização (em vez de: interiorização)

Verwandtschaft = parentesco (em vez de: afinidade). Ver abaixo *Wahlverwandtschaften.*

Verwertung = valorização (em vez de: rendimento, aproveitamento)

Virtuos(e) = virtuose ou virtuosístico (em vez de: virtuoso)
Wahlverwandtschaften = afinidades eletivas (em vez de: correlações)
Wandel = a acepção desta palavra oscila, dependendo do contexto, entre conduta e mudança de conduta.
Weltablehnung = rejeição do mundo (em vez de: negação do mundo)
Weltflucht = fuga do mundo (em vez de: renúncia ao mundo)
Weltfreude = alegria com o mundo (em vez de: amor ao mundo, prazer do mundo, alegria de viver. Para "alegria de viver", ver *Lebensfreude*)
weltlich = mundano (em vez de: secular, temporal, laico, profano)
Wertung = valoração; valorização
wiedergeboren = regenerado (em vez de: renascido). Ver abaixo *Wiedergeburt*.
Wiedergeburt = regeneração (em vez de: renascimento, que seria uma tradução mais literal deste vocábulo alemão, acepção aliás adequadíssima a muitas formas de religiosidade e até mesmo ao protestantismo, onde a ideia de "renascer" também circula, só que o uso linguístico generalizado na maioria das igrejas e seitas protestantes consolidou em inglês e nas línguas românicas a acepção de regeneração, do latim *regeneratio*, que combina condensadamente dois feixes de significados: o de uma segunda geração, volta à vida, renascer etc. com o de reabilitar-se, corrigir-se, emendar-se etc.
Zauber = encantamento (em vez de: encanto, feitiço, magia)

Nota sobre as convenções gráficas adotadas nesta edição:
— Os textos entre colchetes em negrito ([ ]) são aditamentos ou alterações feitos por Max Weber na segunda edição (1920).
— Os textos entre chaves ({ }) são intervenções do editor.

A ÉTICA PROTESTANTE E O "ESPÍRITO" DO CAPITALISMO[*]

[*][Estudo publicado primeiramente no periódico *Archiv für Sozialwissenschaft und Sozialpolitik* (J. C. B. Mohr, Tübingen), vols. XX e XXI (1904 e 1905). Da extensa literatura a respeito, destaco apenas as críticas mais pormenorizadas: F. Rachfahl, "Kalvinismus und Kapitalismus", *Internationale Wochenschrift für Wissenschaft, Kunst und Technik* nº 39-43 (1909). Ver a propósito meu artigo: "Antikritisches zum 'Geist' des Kapitalismus", *Archiv*, vol. XXX (1910), a réplica de Rachfahl, "Nochmals Kalvinismus und Kapitalismus", *Internationale Wochenschrift für Wissenschaft, Kunst und Technik*, nº 22-25 (1910) e minha contrarréplica, "Antikritisches Schlusswort", *Archiv*, vol. XXXI (1910). (Brentano, na crítica que logo mais será citada, parece não ter conhecimento dessas últimas exposições, pois não as cita). Não incluí nesta edição {de 1920} nada da polêmica inevitavelmente estéril com Rachfahl — de resto um estudioso a quem muito estimo —, o

qual havia enveredado por um terreno que de fato não dominava; limitei-me apenas a aduzir (pouquíssimas) citações suplementares de minha anticrítica e inseri novas proposições ou notas de rodapé, procurando excluir, para o futuro, qualquer mal-entendido imaginável. — Ver ainda: W. Sombart em seu livro *Der Bourgeois* (Munique e Leipzig, 1913), ao qual retornarei mais adiante nas notas de rodapé. Por fim: Lujo Brentano, na segunda parte do anexo ao discurso pronunciado na Academia de Ciências de Munique (1913), *Die Anfänge des modernen Kapitalismus* (publicado em separata e ampliado com anexos, Munique, 1916). Também a essa crítica terei oportunidade de me referir mais adiante em notas específicas. — A todo aquele que (contra minha expectativa) se interessar, deixo a tarefa de cotejar as duas versões para se convencer de que: *não* suprimi, alterei, atenuei *uma única frase sequer* do meu ensaio que contivesse qualquer afirmação essencial no conteúdo, nem acrescentei argumentos que no conteúdo *divergissem* da primeira versão. Não havia motivo algum para fazê-lo, e a sequência da leitura obrigará os que ainda duvidam a finalmente se convencerem disso. — Os dois últimos estudiosos mencionados têm divergências ainda mais agudas entre si do que comigo. Considero a crítica de Brentano à obra de W. Sombart, *Die Juden und das Wirtschaftsleben*, objetivamente fundamentada em muitos aspectos, mas muitas vezes bastante injusta, sem falar que tampouco Brentano atinou com o ponto decisivo do problema dos judeus, o qual deixei aqui inteiramente de lado (mas do qual tratarei noutro lugar).

Da parte dos teólogos, este trabalho foi objeto de inúmeras sugestões valiosas, e de modo geral sua acolhida foi amistosa e bastante imparcial, salvo divergências de detalhe — o que me é tanto mais caro quanto não me haveria admirado da parte deles certa antipatia pelo modo como inevitavelmente essas coisas são aqui abordadas. Aquilo que para o teólogo afeiçoado à sua religião constitui o que nela há de *valioso* não podia, naturalmente, receber aqui o mesmo tratamento. É que estamos às voltas com aspectos da vida das religiões que — se *valorados* religiosamente — são muitas vezes bastante exteriores e grosseiros, os quais entretanto *também* estavam lá presentes e não raro, justamente porque exteriores e grosseiros, exerceram externamente a máxima influência. — Permitam-me aqui outra breve menção — em vez de citá-lo a todo momento e em cada ponto específico — ao grande livro de E. Troeltsch, *Die Soziallehren der christlichen Kirchen und Gruppen* (Tübingen, 1912), que, a par da riqueza de seu conteúdo, vem juntar complementação e confirmação extremamente bem-vindas ao problema que nos ocupa e que trata da história universal da ética do cristianismo ocidental a partir de pontos de vista próprios e muito amplos. A seu autor interessa mais a *doutrina*, a mim, o *efeito* prático da religião.] {1ª nota de rodapé da 2ª edição}

PARTE I
O PROBLEMA

Conteúdo:

1. Confissão religiosa e estratificação social.
2. O "espírito" do capitalismo.
3. O conceito de vocação em Lutero. O objeto da pesquisa.

1. Confissão religiosa e estratificação social

Basta uma vista de olhos pelas estatísticas ocupacionais de um país pluriconfessional para constatar a notável frequência[1] de um fenômeno por diversas vezes vivamente discutido na imprensa e na literatura católicas[2] bem como nos congressos católicos da Alemanha: o caráter predominantemente *protestante* dos proprietários do capital e empresários, assim como das camadas superiores da mão de obra qualificada, notadamente do pessoal de mais alta qualificação técnica ou comercial das empresas modernas.[3] Não só nos lugares onde a diferença de confissão religiosa coincide com uma diferença de nacionalidade e, portanto, com um grau distinto de desenvolvimento cultural, como ocorre no Leste da Alemanha entre alemães e poloneses, mas em quase toda parte onde o desenvolvimento do capitalismo [na época de sua expansão] esteve com as mãos livres para redistribuir a população em camadas sociais e profissionais em função de suas necessidades — e quanto mais assim se deu, tanto mais nitidamente esse fenômeno aparece estampado em números na estatística religiosa. Está claro que a participação dos protestantes na propriedade do capital,[4] na direção e nos postos de trabalho mais elevados das grandes empresas modernas industriais e comerciais,[5] é relativamente mais forte, ou seja, superior à sua porcentagem na população total, e isso se deve em parte a razões históricas[6] que remontam a um passado distante em que a pertença a uma confissão religiosa não aparece como *causa* de fenômenos econômicos, mas antes, até certo ponto, como *consequência* deles. A participação nessas funções econômicas pressupõe em parte posse de capital, em parte uma educação dispendiosa e em parte, na maioria das vezes, ambas as coisas, estando ainda hoje ligada à posse de riqueza hereditária ou pelo menos a uma certa abastança. Justamente um grande número das regiões mais ricas do Reich, mais favorecidas pela natureza ou pelas rotas comerciais e mais desenvolvidas economicamente, mas sobretudo a maioria das *cidades* ricas, haviam-se convertido ao protestantismo já no século XVI, e os efeitos disso ainda hoje trazem vantagens aos protestantes na luta econômica pela existência. Mas aí se levanta a questão histórica: qual a razão dessa predisposição particularmente forte das regiões economicamente mais desenvolvidas para uma revolução na Igreja? E aqui a resposta não é assim tão simples como à primeira vista se poderia crer. Com certeza, a emancipação ante o tradicionalismo econômico aparece como um momento excepcionalmente propício à inclinação a duvidar até mesmo da tradição religiosa e a se rebelar contra as autoridades tradicionais em geral. Mas cabe atentar aqui para o que hoje muitas vezes se esquece: a Reforma significou não tanto a *eliminação* da dominação eclesiática sobre a vida de modo geral, quanto a substituição de sua forma vigente por uma *outra*. E substituição de uma dominação extremamente cômoda, que na época mal se fazia sentir na prática, quase só formal muitas vezes, por uma regulamentação levada a sério e infinitamente incômoda da conduta de vida como um todo, que penetrava todas as esferas da vida doméstica e pública até os limites do concebível.

A dominação da Igreja católica — "que pune os hereges, mas é indulgente com os pecadores", no passado mais ainda do que hoje — é suportada no presente até mesmo por povos de fisionomia econômica plenamente moderna [e assim também a aguentaram as regiões mais ricas e economicamente mais desenvolvidas que a terra conhecia na virada do século XV]. A dominação do calvinismo, tal como vigorou no século XVI em Genebra e na Escócia, na virada do século XVI para o século XVII em boa parte dos Países Baixos, no século XVII na Nova Inglaterra e por um tempo na própria Inglaterra, seria para nós a forma simplesmente mais insuportável que poderia haver de controle eclesiástico do indivíduo. [Foi exatamente assim, aliás, que a sentiram amplas camadas do velho patriciado da época, em Genebra tanto quanto na Holanda e na Inglaterra.] Não um excesso, mas uma insuficiência de dominação eclesiástico-religiosa da vida era justamente o que aqueles reformadores, que surgiram nos países economicamente mais desenvolvidos, acharam de criticar. Como explicar então que naquela época tenham sido justamente esses países economicamente mais desenvolvidos e, como ainda veremos, dentro deles precisamente as classes [médias] "burguesas", então economicamente emergentes, que não só aguentaram aquela tirania puritana [que até então lhes era desconhecida], mas também desenvolveram, em defesa dela, um heroísmo que as classes *burguesas enquanto tais* raramente haviam conhecido antes e jamais viriam a conhecer depois: "*the last of our heroisms*" {o último de nossos heroísmos} como diz Carlyle não sem razão?

Mas vamos em frente: se, como foi dito, a maior participação dos protestantes na propriedade do capital e nos postos de direção na economia moderna pode ser em parte compreendida como simples consequência da superioridade estatística de seu cabedal patrimonial historicamente herdado, ainda assim se observam fenômenos nos quais, por outro lado, a relação de causalidade *não* se entrega de forma tão indubitável. Desses fazem parte, só para mencionar alguns: primeiro, a flagrante diferença generalizada, em Baden como na Baviera ou ainda na Hungria, entre pais católicos e pais protestantes quanto à *espécie* de ensino superior que costumam proporcionar a seus filhos. O fato de que a porcentagem de católicos entre os alunos e os bacharelandos dos estabelecimentos de ensino "superior" fique no geral consideravelmente aquém de sua cota no total da população[7] deve-se em boa parte às diferenças de patrimônio herdado já mencionadas. Mas que também *entre* os bacharelandos católicos a porcentagem daqueles que saem dos estabelecimentos modernos, *Realgymnasien*, *Real-schulen*, *höhere Bürgerschulen* etc., especialmente destinados e orientados a preparar para os estudos técnicos e as profissões comerciais e industriais, em poucas palavras, para a vida burguesa de negócios, fique uma vez mais notavelmente *muito atrás* da dos protestantes,[8] e que a formação oferecida pelos *Gymnasien* humanísticos tenha a preferência dos católicos — esse é um fenômeno que não fica explicado pela diferença de fortunas, mas, pelo contrário, é a ele que se deve recorrer para explicar, por sua vez, o reduzido interesse dos católicos pela aquisição capitalista. De modo ainda mais marcante, uma outra observação ajuda a compreender a reduzida participação dos católicos entre o *operariado* qualificado da grande indústria moderna. É conhecido o fenômeno de a fábrica recrutar uma grande parte de sua mão de obra qualificada entre a nova geração de artesãos, deixando assim a eles a formação de sua própria força de trabalho para daí subtraí-la uma vez completada a formação, fenômeno que se mostra com frequência substancialmente maior entre os camaradas artesãos protestantes do que entre os camaradas católicos. Noutras palavras, os camaradas artesãos católicos mostram uma tendência mais acentuada a permanecer no artesanato, tornando-se portanto *mestres* artesãos com frequência relativamente maior, ao passo que os protestantes afluem em medida relativamente maior para as fábricas para aí ocupar os escalões superiores do operariado qualificado e dos postos administrativos.[9] Nesses casos, a relação de causalidade repousa sem dúvida no fato de que a *peculiaridade espiritual inculcada pela educação*, e aqui vale dizer, a direção conferida à educação pela atmosfera religiosa da região de origem e da casa paterna, determinou a escolha da profissão e o subsequente destino profissional.

Ora, a menor participação dos católicos na moderna vida de negócios na Alemanha é tanto mais notável por contrariar a averiguação desde sempre feita [no passado[10] e também] no presente, a saber: minorias nacionais ou religiosas, ao se contraporem como "dominadas" a um outro grupo visto como "dominante", tendem, *em virtude* de sua exclusão, seja ela voluntária ou involuntária, das posições politicamente influentes, a ser fortemente impelidas para os trilhos da atividade aquisitiva; seus membros mais bem-dotados buscam satisfazer aí uma ambição que no plano do serviço público não encontra nenhuma valorização. Isso se fez evidente com os poloneses em vias de incontestável progresso econômico na Rússia e na Prússia [oriental] — ao contrário da Galícia, em que eles eram o grupo dominante —, tal como ocorrera com os huguenotes na França sob Luís XIV, com os não conformistas e os quakers na Inglaterra e — *last not least* — tem ocorrido com os judeus há dois milênios. Mas, com os católicos na Alemanha, nada vemos de semelhante efeito, ou pelo menos nada que salte à vista, e mesmo no passado [ao contrário dos protestantes] não conheceram eles nenhum desenvolvimento *econômico* particularmente saliente nos tempos em que foram perseguidos ou apenas tolerados, nem na Holanda nem na Inglaterra. [Resta, isso sim, o fato de que os protestantes (em particular certas correntes internas, que mais adiante serão tratadas especificamente), *seja* como camada dominante *ou* dominada, *seja* como maioria *ou* minoria, mostraram uma inclinação específica para o racionalismo econômico que não pôde e não pode ser igualmente observada entre os católicos, *nem* numa *nem* noutra situação.[11]] A razão desse comportamento distinto deve pois ser procurada principalmente na peculiaridade intrínseca e duradoura de cada confissão religiosa, e *não* [somente] na [respectiva] situação exterior histórico-política.[12]

Trata-se portanto de investigar primeiro quais são ou quais foram, dentre os elementos dessa peculiaridade das confissões, aqueles que atuaram e em parte ainda atuam na direção acima indicada. Ora, numa consideração superficial feita a partir de certas impressões modernas, poderíamos cair na tentação de formular assim essa oposição: que o maior "estranhamento do mundo" próprio do catolicismo, os traços ascéticos que os seus mais elevados ideais apresentam, deveriam educar os seus fiéis a uma indiferença maior pelos bens deste mundo. Esse modo de explicar as coisas corresponde de fato ao esquema de julgamento popularmente difundido nas duas confissões. Do lado protestante, utiliza-se essa concepção para criticar aqueles ideais ascéticos (reais ou supostos) da conduta de vida católica; do lado católico, replica-se com a acusação de "materialismo", o qual seria a consequência da secularização de todos os conteúdos da vida pelo protestantismo. Também um escritor moderno houve por bem formular o contraste que aparece no comportamento das duas confissões religiosas em face da vida econômica nos seguintes termos: "O católico (...) é mais sossegado; dotado de menor impulso aquisitivo, prefere um traçado de vida o mais possível seguro, mesmo que com rendimentos menores, a uma vida arriscada e agitada que eventualmente lhe trouxesse honras e riquezas. Diz por gracejo a voz do povo: 'bem comer ou bem dormir, há que escolher'. No presente caso, o protestante prefere comer bem, enquanto o católico quer dormir sossegado".[13] De fato, com a frase "querer comer bem" é possível caracterizar, embora de modo incompleto mas pelo menos em parte correto, a motivação daquela parcela de protestantes mais indiferentes à Igreja na *Alemanha de hoje*. Só que no passado as coisas eram muito diferentes: como se sabe, os puritanos ingleses, holandeses e americanos se caracterizavam, como adiante veremos, justamente pelo oposto da "alegria com o mundo", sendo isso a meu ver um de seus traços de caráter mais importantes. Já o protestantismo francês, por exemplo, conservou por muito tempo e de certo modo conserva até hoje esse caráter que por toda parte foi a marca das igrejas calvinistas em geral e sobretudo daquelas "sob a cruz" na época das guerras de religião. Isso não obstante — ou precisamente por isso, como haveremos de nos perguntar em seguida? — ele ter sido, como se sabe, um dos principais portadores do desenvolvimento industrial e capitalista da França, e assim permaneceu nos estreitos limites que a perseguição permitiu. Se quisermos chamar de "estranhamento do mundo" essa seriedade e o forte predomínio de interesses religiosos na conduta de vida, os *calvinistas* franceses foram *então*, e são, pelo menos tão estranhos ao mundo quanto, por exemplo, os *católicos* do Norte da Alemanha, para os quais seu catolicismo é indubitavelmente um sentimento tão do fundo do coração como para nenhum outro povo na face da terra. E *ambos* se afastam, na mesma direção, do partido religioso dominante: dos católicos da França, tão contentes da vida em suas camadas inferiores e francamente hostis à religião nas camadas superiores, e dos protestantes da Alemanha, hoje absorvidos na vida mundana dos negócios e majoritariamente indiferentes à religião em suas camadas superiores.[14] Poucas coisas mostram tão claramente quanto esses paralelos que com noções tão vagas como o (pretenso!) "estranhamento do mundo" do catolicismo, a (pretensa!) "alegria com o mundo" de cunho materialista do protestantismo e tantas outras noções desse gênero, não se vai muito longe, porquanto nessa generalidade elas estão longe de exatas, quer para a atualidade, quer ao menos para o passado. Quiséssemos entretanto trabalhar com elas, *então* teríamos que fazer de imediato muitas outras observações que, além dos reparos já feitos, sugerem mesmo que indaguemos se a ideia de uma oposição não deveria dar lugar à constatação inversa, de um íntimo parentesco entre estranhamento do mundo, ascese e devoção eclesial, por um lado, e participação na vida de aquisição capitalista, por outro.

De fato é notável — para começar a mencionar alguns aspectos totalmente exteriores — que grande número de representantes precisamente das formas mais internalizadas da piedade cristã tenha vindo dos círculos comerciantes. É o caso em especial do pietismo, que deve a essa procedência um número notavelmente grande de seus adeptos mais convictos. Aqui se poderia pensar numa espécie de efeito contrário que o "mamonismo" provoca em naturezas introvertidas e pouco afeitas a profissões comerciais e, com certeza, como no caso de Francisco de Assis e de tantos daqueles pietistas, foi assim que o mais das vezes o acontecimento da "conversão" se apresentou subjetivamente ao próprio convertido. E de modo análogo se poderia tentar explicar o fenômeno igualmente frequente e notável — do qual Cecil Rhodes é um exemplo —, a saber, que da casa de pastores tenham nascido empresários capitalistas de grande estilo como uma reação contra a educação ascética recebida em sua juventude. Mas esse modo de explicação falha quando um virtuosístico senso de negócios capitalista *coincide*, nas mesmas pessoas e nos mesmos grupos humanos, com as formas mais intensas de uma devoção que permeia e regula a vida toda; e não se trata de casos isolados, mas sim propriamente da marca distintiva de grupos inteiros de igrejas e seitas protestantes historicamente da maior importância. Especialmente o calvinismo, *onde quer que tenha surgido*,[15] exibe essa combinação. Por menos que ele estivesse ligado, na época da propagação da Reforma, a uma determinada classe em particular em algum país (como em geral qualquer das confissões protestantes), um traço característico e em certo sentido "típico" das igrejas huguenotes francesas foi que, por exemplo, os monges e os industriais (comerciantes, artesãos) estivessem desde logo numericamente bem representados entre os prosélitos, e assim permaneceram mesmo nos tempos de perseguição.[16] Já sabiam os espanhóis que "a heresia" (ou seja, o calvinismo dos Países Baixos) "fomentava o espírito comercial" [e isso corresponde perfeitamente às opiniões que avançou Sir W. Petty em sua discussão sobre as razões da escalada capitalista nos Países Baixos]. Gothein[17] tem razão quando designa a diáspora calvinista como o "viveiro em que floresceu a economia capitalista".[18] Alguém poderia aqui considerar que o fator decisivo foi a superioridade da cultura econômica francesa e holandesa, da qual se originou majoritariamente essa diáspora, ou ainda a poderosa influência do exílio e do desencaixe das relações vitais tradicionais.[19] Ocorre, porém, que na própria França, como atestam as lutas de Colbert, a coisa era exatamente a mesma no século XVII. A Áustria mesmo — para não falar de outros países — vez por outra importou diretamente fabricantes protestantes. [Nem todas as denominações protestantes, porém, parecem operar com a mesma força nessa direção. O calvinismo, ao que parece, fez o mesmo também na Alemanha; no Wuppertal como noutras partes, a confissão "reformada",[20] em comparação com outras confissões, parece que favoreceu francamente o desenvolvimento do espírito capitalista. Mais do que o luteranismo, por exemplo, é o que parece ensinar a comparação feita no conjunto e no pormenor, especialmente para o Wuppertal.[21] Para a Escócia, Buckle e, entre os poetas ingleses, notadamente Keats enfatizaram essas relações.[22]] Ainda mais estrondosa é a conjunção, que basta apenas evocar, da regulamentação religiosa da vida com o mais intenso desenvolvimento do senso de negócios justamente naquelas inumeráveis seitas cujo "estranhamento da vida" se tornou tão proverbial quanto sua riqueza: especialmente os *quakers* e os *menonitas*. O mesmo papel que os primeiros desempenharam na Inglaterra e na América do Norte coube aos últimos nos Países Baixos e na Alemanha. Que na própria Prússia oriental Frederico Guilherme I tenha admitido os menonitas a despeito de sua categórica recusa de prestar serviço militar, por serem os imprescindíveis portadores do desenvolvimento industrial, é apenas um dentre tantos outros fatos conhecidos a ilustrar isso, mesmo levando-se em conta a peculiaridade desse rei. Finalmente, é fato notório que também entre os *pietistas* valeu a combinação de devoção intensa com senso de negócios e sucesso econômico igualmente muito desenvolvidos:[23] basta a gente se lembrar [das circunstâncias na Renânia e] de Calw; e não cabe mais ficar empilhando exemplos em digressões como essas, totalmente provisórias. Isso porque esses poucos exemplos já revelam, todos eles, uma coisa só: o "espírito de trabalho", de "progresso" ou como se queira chamá-lo, cujo despertar somos tentados a atribuir ao protestantismo, não pode ser entendido, como hoje sói acontecer, [como se fosse "alegria com o mundo" ou de qualquer outro modo] em sentido "iluminista". O antigo protestantismo de Lutero, Calvino, Knox, Voët, ligava pouquíssimo para o que hoje se chama "progresso". Era inimigo declarado de aspectos inteiros da vida moderna, dos quais, atualmente, já não podem prescindir os seguidores mais extremados dessas confissões. Se é para encontrar um parentesco íntimo entre [determinadas manifestações d']o antigo espírito protestante e a cultura capitalista moderna, *não* é em sua (pretensa) "alegria com o mundo" mais ou menos materialista ou em todo caso antiascética que devemos procurá-lo, mas sim, queiramos ou não, em seus traços puramente *religiosos*. — Montesquieu diz dos ingleses (*Esprit des lois*, livro XX, cap.

7) que "foi o povo do mundo que melhor soube se prevalecer dessas três grandes coisas: a religião, o comércio e a liberdade". Terá havido porventura uma conexão entre sua superioridade no campo dos negócios — e, num outro contexto, seu pendor para instituições políticas livres — e esse recorde de devoção que Montesquieu reconhece neles?

Toda uma gama de relações possíveis se ergue perante nós, ainda obscuras, tão logo levantamos a questão nesses termos. A missão há de ser, então, a de *formular*, com a máxima nitidez possível em meio à inesgotável multiplicidade que se aloja em cada fenômeno histórico, o que aqui vislumbramos assim, sem nitidez. Mas para chegar a tanto teremos que necessariamente abandonar o terreno das vagas representações gerais com que operamos até aqui e tentar penetrar a peculiaridade característica e as diferenças desses vastos mundos de pensamento religioso que se oferecem a nós, historicamente, nas diversas manifestações da religião cristã.

Antes, porém, é preciso ainda chamar a atenção: primeiro, quanto à peculiaridade do objeto que se trata de explicar historicamente; em seguida, quanto ao sentido em que semelhante explicação é possível no quadro desta pesquisa.

2. O “espírito” do capitalismo

No título deste estudo emprega-se o conceito de “*espírito* do capitalismo”, que soa um pouco pretensioso. O que se deve entender por isso? [Na tentativa de lhe dar uma “definição” ou algo assim, logo se apresentam certas dificuldades que pertencem à natureza do próprio objetivo da pesquisa.]

Se é que é possível encontrar um objeto que dê algum sentido ao emprego dessa designação, ele só pode ser uma “*individualidade histórica*”, isto é, um complexo de conexões que se dão na realidade histórica e que nós encadeamos conceitualmente em um todo, do ponto de vista de sua *significação cultural*.

Tal conceito histórico, entretanto, na medida em que por seu conteúdo está relacionado a um fenômeno significativo em sua *peculiaridade* individual, não pode ser definido (vale dizer: “delimitado”) segundo o esquema *genus proximum, differentia specifica*, devendo antes ser gradualmente *composto* a partir de cada um de seus elementos, extraídos da realidade histórica. Daí por que a apreensão conceitual definitiva não pode se dar no começo da pesquisa, mas sim no *final*: noutras palavras, somente no decorrer da discussão se vai descobrir, e este será seu principal resultado, como formular da melhor maneira — isto é, da maneira mais adequada aos pontos de vista que nos interessam — o que entendemos aqui por "espírito" do capitalismo. Por outro lado, esses pontos de vista (dos quais tornaremos a falar) não são os únicos possíveis para analisar os fenômenos históricos que estamos considerando. Para esse, como para todo fenômeno histórico, a consideração de outros pontos de vista produziria como "essenciais" outros traços característicos: segue-se daí que não se pode ou não se deve necessariamente entender por "espírito" do capitalismo *somente* aquilo que *nós* apontaremos nele como essencial para nossa concepção. Isso faz parte da natureza mesma da "formação de conceitos históricos", a saber: tendo em vista seus objetivos metodológicos, não tentar enfiar a realidade em conceitos genéricos abstratos, mas antes procurar articulá-la em conexões [genéticas] concretas, sempre e inevitavelmente de colorido especificamente *individual*.

Mas como, apesar de tudo, se trata de identificar o objeto com cuja análise e explicação histórica estamos às voltas, então não é o caso de dar uma definição conceitual, mas cabe tão somente oferecer [pelo menos por ora] um *delineamento* provisório daquilo que aqui se entende por "espírito" do capitalismo. Tal delineamento é de fato indispensável a fim de compreender o objeto da pesquisa, e é com esse fito que vamos nos deter em um documento desse "espírito" que contém, em pureza quase clássica, aquilo que antes de mais nada nos interessa aqui [e simultaneamente oferece a vantagem de ser isento de *toda* relação direta com a religião e por conseguinte — para o nosso tema — "isento de pressupostos"]:

> Lembra-te que *tempo é dinheiro*; aquele que com seu trabalho pode ganhar dez xelins ao dia e vagabundeia metade do dia, ou fica deitado em seu quarto, não deve, mesmo que gaste apenas seis pence

para se divertir, contabilizar só essa despesa; na verdade gastou, ou melhor, jogou fora, cinco xelins a mais.

Lembra-te que *crédito é dinheiro*. Se alguém me deixa ficar com seu dinheiro depois da data do vencimento, está me entregando os juros ou tudo quanto nesse intervalo de tempo ele tiver rendido para mim. Isso atinge uma soma considerável se a pessoa tem bom crédito e dele faz bom uso.

Lembra-te que o dinheiro é *procriador por natureza e fértil*. O dinheiro pode gerar dinheiro, e seus rebentos podem gerar ainda mais, e assim por diante. Cinco xelins investidos são seis, reinvestidos são sete xelins e três pence, e assim por diante, até se tornarem cem libras esterlinas. Quanto mais dinheiro houver, mais produzirá ao ser investido, de sorte que os lucros crescem cada vez mais rápido. Quem mata uma porca prenhe destrói sua prole até a milésima geração. Quem estraga uma moeda de cinco xelins, *assassina* (!) tudo o que com ela poderia ser produzido: pilhas inteiras de libras esterlinas.

Lembra-te que — como diz o ditado — um *bom pagador* é senhor da bolsa alheia. Quem é conhecido por pagar pontualmente na data combinada pode a qualquer momento pedir emprestado todo o dinheiro que seus amigos não gastam.

Isso pode ser de grande utilidade. A par de presteza e frugalidade, nada contribui mais para um jovem *subir* na vida do que pontualidade e retidão em todos os seus negócios. Por isso, jamais retenhas dinheiro emprestado uma hora a mais do que prometeste, para que tal dissabor não te feche para sempre a bolsa de teu amigo.

As mais insignificantes ações que afetam o *crédito* de um homem devem ser por ele ponderadas. As pancadas de teu martelo que teu credor escuta às cinco da manhã ou às oito da noite o deixam seis meses sossegado; mas se te vê à mesa de bilhar ou escuta tua voz numa taberna quando devias estar a trabalhar, no dia seguinte vai reclamar-te o reembolso e exigir seu dinheiro antes que o tenhas à disposição, duma vez só.

Isso mostra, além do mais, que não te esqueces das tuas dívidas, fazendo com que *pareças* um homem tão cuidadoso quanto *honesto*, e isso aumenta teu *crédito*.

Guarda-te de pensar que tudo o que possuis é propriedade tua e de viver como se fosse. Nessa ilusão incorre muita gente que tem crédito. Para te precaveres disso, mantém uma contabilidade exata de tuas despesas e receitas. Se te deres a pena de atentar para os detalhes, isso terá o seguinte efeito benéfico: descobrirás como pequenas despesas se avolumam em grandes quantias e discernirás o que poderia ter sido poupado e o que poderá sê-lo no futuro...

Por seis libras por ano podes fazer uso de cem libras, contanto que sejas reconhecido como um homem prudente e honesto. Quem esbanja um *groat* {quatro *pence*} por dia esbanja seis libras por ano, que é o preço para o uso de cem libras. Quem perde a cada dia um bocado de seu tempo no valor de quatro *pence* (mesmo que sejam só alguns minutos) perde, dia após dia, o privilégio de utilizar cem libras por ano. Quem desperdiça seu tempo no valor de cinco xelins perde cinco xelins e bem que os poderia ter lançado ao mar. Quem perde cinco xelins não perde só essa quantia, mas tudo o que com ela poderia ganhar aplicando-a em negócios — o que, ao atingir o jovem uma certa idade, daria uma soma bem considerável.

É *Benjamin Franklin*[24] que nessas sentenças nos faz um sermão — máximas que Ferdinand Kürnberger satiriza como [pretensa] profissão de fé ianque em seu *Retrato da cultura americana*,[25] que cintila de verve e veneno. Ninguém porá em dúvida que é o "espírito do capitalismo" que aqui nos fala de maneira característica, e dúvida também não há em afirmar que *nem tudo* o que se pode compreender por esse "espírito" esteja contido aí. Se nos demoramos ainda um pouco nessa passagem, cuja filosofia de vida é assim resumida no *Cansado da América* de Kürnberger: "Do gado se faz sebo; das pessoas, dinheiro", então salta à vista como traço próprio dessa "filosofia da avareza" [o ideal do homem honrado *digno de crédito* e, sobretudo,] a ideia do *dever* que tem o indivíduo de se interessar pelo aumento de suas posses como um fim em si mesmo. [Com efeito: aqui não se prega simplesmente uma técnica de vida, mas uma "ética" peculiar cuja violação não é tratada apenas como desatino, mas como uma espécie de falta com o dever: isso, antes de tudo, é a essência da coisa. O que se ensina aqui não é *apenas* "perspicácia nos negócios" — algo que de resto se encontra com bastante frequência —, mas é um *ethos* que se expressa, e é precisamente *nesta* qualidade que ele nos interessa.]

Se, a um sócio que se aposentara a fim de descansar e buscava persuadi-lo a fazer o mesmo, já que afinal ganhara o bastante e devia deixar que outros por sua vez ganhassem, Jakob Fugger responde, repreendendo-o por sua "pusilanimidade": "Ele (Fugger) tinha um propósito bem diferente, queria ganhar enquanto pudesse".[26] O "espírito" dessa declaração *difere* claramente do de Franklin: o que ali é expresso como fruto da ousadia comercial e de uma inclinação pessoal moralmente indiferente,[27] assume aqui o caráter de uma máxima de conduta de vida *eticamente* coroada. É nesse sentido específico que o conceito de "espírito do capitalismo" é utilizado aqui.[28] [Do capitalismo *moderno*, naturalmente. Escusado dizer, dada a própria colocação do problema, que aqui se trata apenas do capitalismo da Europa ocidental e da América do Norte. "Capitalismo" existiu na China, na Índia, na Babilônia, na Antiguidade e na Idade Média. *Mas, como veremos, faltava-lhe precisamente esse ethos peculiar*.]

No fundo, todas as advertências morais de Franklin são de cunho utilitário: a honestidade é *útil* porque traz crédito, e o mesmo se diga da pontualidade, da presteza, da frugalidade também, e *é por isso que são* virtudes: donde se conclui, por exemplo, entre outras coisas, que se a *aparência* de honestidade faz o mesmo serviço, é o quanto basta, e um excesso desnecessário de virtude haveria de parecer, aos olhos de Franklin, um desperdício improdutivo condenável. E de fato: quem lê em sua autobiografia o relato de sua "conversão" a essas virtudes[29] ou então suas considerações sobre a utilidade de manter estritamente as *aparências* de modéstia, de discrição proposital quanto aos méritos pessoais quando se trata de obter reconhecimento de todos,[30] necessariamente há de concluir que essas, como todas as virtudes aliás, só são virtudes para Franklin *na medida em que* forem, *in concreto*, úteis ao indivíduo, e basta o expediente da simples aparência, desde que preste o mesmo serviço: uma coerência efetivamente inescapável para o utilitarismo estrito. Isso parece surpreender *in flagranti* aquilo que os alemães comumente sentem como "hipocrisia" nas virtudes do americanismo. — Só que as coisas não são tão simples assim. Não apenas o caráter pessoal de Benjamin Franklin, tal como vem à luz na sinceridade entretanto rara de sua autobiografia, mas também a circunstância de que ele atribui o fato mesmo de haver descoberto a "utilidade" da virtude a uma revelação de Deus, cuja vontade era destiná-lo à virtude, mostram que aqui nós estamos às voltas com algo bem diverso de um florilégio de máximas puramente egocêntricas. Acima de tudo, este é o *summum bonum* dessa "ética": ganhar dinheiro e sempre mais dinheiro, no mais rigoroso resguardo de todo gozo imediato do dinheiro ganho, algo tão completamente despido de todos os pontos de vista eudemonistas ou mesmo hedonistas e pensado tão exclusivamente como fim em si mesmo, que, em comparação com a "felicidade" do indivíduo ou sua "utilidade", aparece em todo caso como inteiramente transcendente e simplesmente irracional.[31] O ser humano em função do ganho como finalidade da vida, não mais o ganho em função do ser humano como meio destinado a satisfazer suas necessidades materiais. Essa inversão da ordem, por assim dizer, "natural" das coisas, totalmente sem sentido para a sensibilidade ingênua, é tão manifestamente e sem reservas um *Leitmotiv* do capitalismo, quanto é estranha a quem não foi tocado por seu bafo. Mas implica ao mesmo tempo uma gama de sensações que tocam de perto certas representações religiosas. Se alguém pergunta: *por que* afinal é preciso "fazer das pessoas dinheiro", Benjamin Franklin, embora fosse ele próprio de confissão palidamente deísta, responde em sua autobiografia com um versículo bíblico do Livro dos Provérbios (Pr 22,29) que seu pai, calvinista estrito, conforme ele conta, não se cansava de lhe pregar na juventude: "Vês um homem exímio *em sua profissão*? Digno ele é de apresentar-se perante os reis".[32] Na ordem econômica moderna, o ganho de dinheiro — contanto que se dê de forma legal — é o resultado e a expressão da habilidade *na profissão*, e *essa habilidade*, é fácil reconhecer na passagem citada como em todos os seus escritos sem exceção, constitui o verdadeiro alfa e ômega da moral de Franklin.[33]

De fato: essa ideia singular, hoje tão comum e corrente e na verdade tão pouco autoevidente, da *profissão como dever*, de uma obrigação que o indivíduo deve sentir, e sente, com respeito ao conteúdo de sua atividade "profissional", seja ela qual for, pouco importa se isso aparece à percepção espontânea como pura valorização de uma força de trabalho ou então de propriedades e bens (de um "capital") — é essa ideia que é característica da "ética social" da cultura capitalista e em certo sentido tem para ela uma significação constitutiva. Não que ela tenha crescido *somente* no solo do capitalismo: pelo contrário, mais adiante trataremos de rastreá-la passado adentro. E muito menos, é claro, se pode afirmar que a apropriação subjetiva dessa máxima ética por seus portadores individuais, digamos, os empresários ou os operários da moderna empresa capitalista, seja uma condição de sobrevivência para o capitalismo *hodierno*. Atualmente a ordem econômica capitalista é um imenso cosmos em que o indivíduo já nasce dentro e que para ele, ao menos enquanto indivíduo, se dá como um fato, uma crosta que ele não pode alterar e dentro da qual tem que viver. Esse cosmos impõe ao indivíduo, preso nas redes do mercado, as normas de ação econômica. O fabricante que insistir em transgredir essas normas é indefectivelmente eliminado, do mesmo modo que o operário que a elas não possa ou não queira se adaptar é posto no olho da rua como desempregado.

O capitalismo hodierno, dominando de longa data a vida econômica, educa e cria para si mesmo, por via da *seleção* econômica, os sujeitos econômicos — empresários e operários — de que necessita. E entretanto é justamente esse fato que exibe de forma palpável os limites do conceito de "seleção" como meio de explicação de fenômenos históricos. Para que essas modalidades de conduta de vida e concepção de profissão adaptadas à peculiaridade do capitalismo pudessem ter sido "selecionadas", isto é, tenham podido sobrepujar outras modalidades, primeiro elas tiveram que emergir, evidentemente, e não apenas em indivíduos singulares isolados, mas sim como um modo de ver portado por *grupos* de pessoas. Portanto, é essa emergência de um modo de ver que se trata propriamente de explicar. Só alhures teremos ocasião de tratar no pormenor daquela concepção do materialismo histórico ingênuo segundo a qual "ideias" como essa são geradas como "reflexo" ou "superestrutura" de situações econômicas. Por ora, é suficiente para nosso propósito indicar: que na terra natal de Benjamin Franklin (o Massachusetts) o "espírito do capitalismo" (no sentido por nós adotado) existiu incontestavelmente *antes* do "desenvolvimento do capitalismo" [(já em 1632 na Nova Inglaterra, havia queixas quanto ao emprego do cálculo na busca de lucro, em contraste com outras regiões da América)]; e que esse "espírito capitalista" permaneceu muito menos desenvolvido, por exemplo, nas colônias vizinhas — os futuros estados sulistas da

União — muito embora estas últimas tivessem sido criadas por grandes capitalistas com finalidades *mercantis*, ao passo que as colônias da Nova Inglaterra tinham sido fundadas por razões *religiosas* por pregadores e intelectuais em associação com pequeno-burgueses, artesãos e *yeomen*. *Neste* caso, portanto, a relação de causalidade é de todo modo inversa àquela que se haveria de postular a partir de uma posição "materialista". Mas a juventude de tais ideias é mais cravejada de espinhos do que o supõem os teóricos da "superestrutura", e elas não desabrocham feito flor. Para se impor, o espírito capitalista, no sentido que até agora emprestamos a esse conceito, teve de travar duro combate contra um mundo de forças hostis. Uma disposição como a que se expressa nas passagens citadas de Benjamin Franklin e que obteve o aplauso de todo um povo teria sido proscrita tanto na Antiguidade quanto na Idade Média,[34] tanto como expressão da mais sórdida avareza quanto como uma disposição simplesmente indigna, e ainda hoje essa suspeita normalmente se verifica entre aqueles grupos sociais menos envolvidos na economia capitalista especificamente moderna ou a ela menos adaptados. E isso não porque "o impulso aquisitivo" ainda fosse coisa desconhecida ou pouco desenvolvida em épocas pré-capitalistas — como se tem dito tantas vezes — nem porque a *auri sacra fames*, a cobiça, naquele tempo — ou ainda hoje — fosse *menor* fora do capitalismo burguês do que dentro da esfera especificamente capitalista, que é como a ilusão dos modernos românticos concebe a coisa. A diferença entre "espírito" capitalista e pré-capitalista não reside neste ponto, não: a *cupidez* do mandarim chinês, do aristocrata da Roma antiga, do latifundiário moderno resiste a toda comparação. E a *auri sacra fames* do cocheiro ou do *barcaiuolo* napolitano ou ainda do representante asiático de semelhantes atividades, mas também a do artesão da Europa do Sul ou dos países asiáticos se expressa, como qualquer um pode constatar por si mesmo, de uma forma extraordinariamente mais *aguçada* e em particular menos escrupulosa do que, digamos, a de um inglês em igual situação.[35] A [disseminada preponderância da] *absoluta* falta de escrúpulos na afirmação do interesse pessoal no ganho pecuniário foi justamente uma característica específica daqueles países cujo deslanche capitalista-burguês [— mensurado segundo a escala do desenvolvimento ocidental —] se mantivera "em atraso". Nesses países, haja vista o caso da Itália em contraste com a Alemanha, todo fabricante sabe que a falta de *coscienziosità* dos trabalhadores[36] foi e continua a ser em certa medida um dos principais obstáculos ao seu desenvolvimento capitalista. O capitalismo não pode empregar como operários os representantes práticos de um *liberum arbitrium* indisciplinado, do mesmo modo que também não lhe pode servir, se é que aprendemos alguma coisa com Franklin, aquele homem de negócios cujo comportamento externo for simplesmente sem escrúpulos. A diferença, portanto, não está no grau de desenvolvimento de qualquer "pulsão" pecuniária. A *auri sacra fames* é tão velha quanto a história da humanidade que conhecemos; veremos no entanto que aqueles que a essa pulsão se entregaram sem reservas — feito aquele capitão de mar holandês que "por ganância estava disposto a varar o inferno, mesmo que dali saísse com as velas em chamas" — não eram *de modo algum* os representantes daquela disposição da qual se originou — e é isso o que importa — o "espírito" capitalista [especificamente moderno] como *fenômeno de massa*. [O ganho desbragado, sem vínculo interno com norma nenhuma, sempre existiu em todos os períodos da história, onde quer e como quer que de fato fosse possível. Como a guerra e a pirataria, assim também o livre-comércio sem regulação não via obstáculos para se relacionar com os estrangeiros, com desconhecidos; aqui a "moral externa" permitia o que na relação "entre irmãos" era vedado. E como, externamente, o lucro capitalista enquanto "aventura" se sentia em casa em todas as constituições econômicas que toleravam fortunas monetárias e ofereciam oportunidades de fazê-las frutificar: mediante comenda, contrato de coleta de impostos, empréstimos ao Estado, financiamento de guerras e cortes, cargos no funcionalismo, assim também essa disposição aventureira que se ri das barreiras éticas se alastrou por toda parte. O absoluto e consciente desregramento da ânsia de ganhar andou de braços dados muitas vezes com o mais estrito apego aos laços tradicionais. Com o desmoronamento da tradição e a irrupção mais ou menos enérgica do livre lucro no seio mesmo dos grupamentos sociais, o que se seguiu não foi uma afirmação do cunho ético dessa novidade, tendo sido simplesmente *tolerada* como um dado factual, considerado eticamente indiferente ou mesmo lamentável, se bem que infelizmente inevitável. Essa foi não apenas a tomada de posição normal de todas as doutrinas éticas, mas também — e isto é o que substancialmente mais importa — do comportamento prático do homem médio da era pré-capitalista: "pré-capitalista" no sentido de que a valorização racional do capital no quadro da *empresa* e a organização capitalista racional do *trabalho* ainda não haviam se tornado as potências dominantes na orientação da ação econômica. Foi precisamente essa atitude um dos mais fortes obstáculos espirituais com que se defrontou a adaptação dos seres humanos aos pressupostos de uma ordem econômica de cunho capitalista-burguês.]

O adversário com o qual teve de lutar o "espírito" do capitalismo [no sentido de um determinado estilo de vida regido por normas e folhado a "ética"] foi em primeiro lugar [e continuou sendo] aquela espécie de sensibilidade e de comportamento que se pode chamar de *tradicionalismo*. Também nesse caso é preciso sustar toda tentativa de uma "definição" conclusiva; tentemos em compensação, a partir de alguns casos específicos e começando de baixo: dos trabalhadores, deixar claro — também aqui a título provisório, naturalmente — o que se quer dizer com "tradicionalismo".

Um dos meios técnicos que o empresário moderno costuma aplicar para obter de "seus" operários o máximo possível de rendimento no trabalho e aumentar a intensidade do trabalho é o *salário por tarefa*. Na agricultura, por exemplo, um caso que reclama imperiosamente o aumento máximo da intensidade do trabalho é o da colheita, visto que, notadamente quando o clima é incerto, oportunidades de lucros ou de prejuízos extraordinariamente altos dependem muitas vezes da possibilidade de sua aceleração. Daí o costume de usar quase sempre o sistema de salário por tarefa. E como, com o aumento das receitas e da intensidade do empreendimento, em geral costuma crescer o interesse do empresário em acelerar a colheita, é óbvio que repetidas vezes se tentou interessar os trabalhadores na elevação do rendimento de seu trabalho mediante a *elevação* da taxa de remuneração por tarefa, o que lhes daria em curto espaço de tempo a oportunidade de um ganho que para eles era excepcionalmente alto. Só que aí surgiram dificuldades peculiares: o aumento do pagamento por tarefa o mais das vezes não teve por resultado maior produtividade do trabalho no mesmo intervalo de tempo, mas sim menor, porque os trabalhadores respondiam aos aumentos das taxas de remuneração não com o incremento da produtividade diária, mas sim com a sua diminuição. O homem que, por exemplo, à razão de um marco por jeira na ceifa de trigo estivesse acostumado até ali a ceifar duas jeiras e meia por dia ganhando assim 2,50 marcos por dia, depois que a remuneração por jeira foi aumentada em 25 *Pfennige* ele passou a ceifar não as três jeiras como seria de esperar a fim de aproveitar a oportunidade de um ganho maior; em vez de ganhar 3,75 marcos — o que seria perfeitamente possível — o que ele fez foi passar a ceifar menos, só duas jeiras por dia, já que assim ganhava diariamente os mesmos 2,50 marcos de antes e, como lá diz a

Bíblia, "com isso se contentava". Ganhar mais o atraía menos que o fato de trabalhar menos; ele não se perguntava: quanto posso ganhar por dia se render o máximo no trabalho? e sim: quanto devo trabalhar para ganhar a mesma quantia — 2,50 marcos — que recebi até agora e que cobre as minhas necessidades *tradicionais*? Eis um exemplo justamente daquela atitude que deve ser chamada de "tradicionalismo": o ser humano não quer "por natureza" ganhar dinheiro e sempre mais dinheiro, mas simplesmente viver, viver do modo como está habituado a viver e ganhar o necessário para tanto. Onde quer que o capitalismo [moderno] tenha dado início à sua obra de incrementar a "produtividade" do trabalho humano pelo aumento de sua intensidade, ele se chocou com a resistência infinitamente tenaz e obstinada desse *Leitmotiv* do trabalho na economia pré-capitalista, e choca-se ainda hoje por toda parte, tanto mais quanto mais "atrasada" (do ponto de vista capitalista) é a mão de obra da qual se vê depender. Agora — para voltar ao nosso exemplo —, já que o apelo ao "senso aquisitivo" pela oferta salário mais alto por tarefa terminou em fracasso, seria muito natural recorrer ao método exatamente inverso: tentar a *redução* dos salários a fim de obrigar o trabalhador a produzir *mais* do que antes para manter o mesmo ganho. Aliás, a uma consideração desatenta já pôde parecer e ainda hoje parece que há uma correlação entre salário menor e lucro maior e tudo o que é pago a mais em salários significa por força uma correspondente diminuição dos lucros. Pois esse caminho, também o capitalismo desde o início o trilhou e repetidamente tornou a trilhá-lo, e por séculos a fio vigorou como um artigo de fé que salários baixos eram "produtivos", que eles aumentavam o rendimento do trabalho e que, como já dizia Pieter de la Cour — em plena concordância, nesse ponto, com o espírito do antigo calvinismo, conforme veremos: o povo só trabalha porque é pobre, e enquanto for pobre.

Só que a eficácia desse meio aparentemente tão testado tem

limites.[37] É certo que para sua expansão o capitalismo requer a existência de um excedente populacional que ele possa alugar a preço baixo no mercado de trabalho. Só que um excesso de "exército de reserva", se em dadas circunstâncias favorece sua expansão quantitativa, entrava por outro lado seu desenvolvimento qualitativo, mormente a transição a formas empresariais que explorem o trabalho intensivo. Salário baixo não é de modo algum idêntico a trabalho barato. Mesmo de uma perspectiva puramente quantitativa, a produtividade do trabalho cai em quaisquer circunstâncias com um salário fisiologicamente insuficiente e, a longo prazo, vai significar uma verdadeira "seleção dos mais incompetentes". Hoje um silesiano médio ceifa, com esforço máximo, pouco mais de dois terços da gleba que, no mesmo intervalo, ceifa um pomerânio ou um meclemburguês mais bem remunerado e mais bem nutrido; o polonês, fisicamente, produz tanto menos quanto mais a leste se encontrar, em comparação com o alemão. E também do ponto de vista apenas dos negócios, o baixo salário fracassa como fator de desenvolvimento capitalista sempre que se trata do fabrico de produtos que exijam um trabalho qualificado (uma formação) ou o manejo de máquinas caras e delicadas ou, de modo geral, quando se precisa de uma dose considerável de atenção e iniciativa. Nesses casos o salário baixo não rende, e seu efeito é o oposto do pretendido. Pois aqui não se faz indispensável simplesmente um elevado senso de responsabilidade, mas também uma disposição que ao menos *durante* o trabalho esteja livre da eterna questão de como, com um máximo de comodidade e um mínimo de esforço, ganhar o salário de costume; e mais, uma disposição de executar o trabalho como se fosse um fim absoluto em si mesmo — como "vocação". Mas tal disposição não está dada na natureza. E tampouco pode ser suscitada diretamente, seja por salários altos seja por salários baixos, só podendo ser o produto de um longo processo educativo. *Hoje em dia*, firme na sela como está, o capitalismo consegue recrutar com relativa facilidade seus trabalhadores em todos os países industrializados e, no interior de cada país, em todas as regiões industrializadas. No passado, esse era a cada caso um dos problemas mais difíceis.[38] E mesmo hoje nem sempre ele alcança seu objetivo, pelo menos não sem o respaldo de um poderoso aliado que, como veremos adiante, o apoiou na época de sua formação. Esclareçamos com um outro exemplo o que pretendemos dizer. Uma imagem da forma tradicionalista e atrasada de trabalho nos é fornecida hoje especialmente pelas *mulheres operárias*, sobretudo as solteiras. Em particular sua absoluta incapacidade e falta de vontade de abandonar os modos de trabalho tradicionais há muito assimilados em favor de outras modalidades mais práticas, de adaptar-se a novas formas de trabalho e as assimilar, de concentrar seu intelecto ou simplesmente de fazer uso dele — eis uma queixa quase generalizada dos patrões que empregam moças, sobretudo moças alemãs. Explicações sobre a possibilidade de tornar o próprio trabalho mais fácil, e acima de tudo mais lucrativo, costumam esbarrar com a sua mais completa incompreensão, e o aumento das taxas de remuneração por tarefa choca-se em vão contra a muralha do hábito. Coisa diferente — e esse é um ponto não sem importância para nossa consideração — só costuma acontecer com moças de educação especificamente religiosa, notadamente de origem pietista. Ouve-se com frequência [e de tempos em tempos as estatísticas comprovam][39] que a essa categoria de mão de obra se abrem as melhores oportunidades de educação econômica. A capacidade de concentração mental bem como a atitude absolutamente central de sentir-se "no dever de trabalhar" encontram-se aqui associadas com particular frequência a um rigoroso espírito de poupança que *calcula* o ganho e seu montante geral, a um severo domínio de si e uma sobriedade que elevam de maneira excepcional a produtividade. Para essa concepção do trabalho como fim em si mesmo, como "vocação numa profissão", o solo aqui é dos mais férteis, e das mais amplas as oportunidades de superar a rotina tradicionalista *em consequência* da educação religiosa. Essa consideração relativa ao capitalismo no presente[40] mostra-nos mais uma vez como vale a pena *indagar* de que modo foi possível se formar já em sua tenra idade essa conexão entre capacidade de adaptação ao capitalismo e fatores religiosos. Que ela já existisse então de modo análogo é algo que se conclui de vários fenômenos isolados. Por exemplo, a repulsa e a perseguição que os operários metodistas no século XVIII sofreram da parte de seus colegas de trabalho não visavam somente ou principalmente às suas excentricidades religiosas — destas a Inglaterra tinha visto muitas, e mais estranhas: como já sugere a destruição de suas ferramentas, tantas vezes mencionada nos relatos da época —, elas visavam especificamente à sua "boa vontade para o trabalho", como se diria hoje.

Antes porém voltemos ao presente, e agora aos empresários, para elucidar aqui também a significação do "tradicionalismo".

Sombart, em suas discussões sobre a gênese do capitalismo,[41] distinguiu os dois grandes *Leitmotive* entre os quais se teria movido a história econômica, a "satisfação das necessidades" e o "ganho", conforme a modalidade e a direção da atividade econômica sejam determinadas ou pela extensão das *necessidades* pessoais ou, independentemente dos limites dessas últimas, pela ambição de *ganho* e a *possibilidade* de obtê-lo. O que ele designa "sistema de economia de satisfação das necessidades" parece corresponder, à primeira vista, ao que é descrito aqui como "tradicionalismo econômico". Isso só será verdade *se* equipararmos o conceito de "necessidade" ao de "*necessidade tradicional*". Caso contrário, muitas economias que, segundo a forma de sua organização, devem ser consideradas "capitalistas", até mesmo no sentido de "capital" proposto por Sombart noutra passagem de sua obra,[42] ficam de fora do âmbito das economias que visam ao "lucro" e passam ao âmbito das "economias de satisfação das necessidades". Mesmo negócios dirigidos notadamente por empresários privados sob a forma de inversão de capital (= dinheiro ou bens cujo valor corresponde a uma soma de dinheiro) com finalidade de lucro através da compra de meios de produção e da venda de produtos, ou seja, dirigidos sem dúvida como "empresas capitalistas", podem não obstante trazer em si um caráter "tradicionalista". Esse fenômeno, mesmo no decorrer da história econômica recente, não foi uma exceção, mas a bem da verdade — com repetidas interrupções devidas às sempre novas e cada vez mais violentas irrupções do "espírito do capitalismo" — a regra. É certo que a forma "capitalista" de uma economia e o espírito com o qual é conduzida em geral guardam entre si uma relação de "adequação", mas essa dependência mútua não constitui uma "lei". E se apesar de tudo empregamos provisoriamente aqui a expressão "espírito do *capitalismo* [(moderno)]"[43] para designar aquela disposição que *nas raias de uma profissão* de forma sistemática ambiciona o ganho [legítimo e racional], tal como ilustrado no exemplo de Benjamin Franklin, isso se deve à razão histórica de que aquela disposição encontrou sua forma mais adequada na empresa capitalista [moderna], e a empresa capitalista, por sua vez, encontrou nela sua força motriz espiritual mais adequada.

Mas, em si, podem ambas muito bem ocorrer separadamente. Benjamin Franklin estava repleto de "espírito capitalista" numa época em que sua tipografia formalmente não se distinguia em nada de uma oficina artesanal qualquer. E veremos que em geral, no limiar dos tempos modernos, não foram somente nem preponderantemente os empresários capitalistas do patriciado mercantil, mas muito mais os estratos ascendentes do *Mittelstand* industrial, os portadores dessa disposição que aqui designamos por "espírito do capitalismo".[44] Mesmo no século XIX seus representantes clássicos não eram os distintos *gentlemen* de Liverpool e

Hamburgo, com suas fortunas mercantis herdadas ao longo das gerações, mas antes os novos-ricos de Manchester ou da Renânia--Vestfália, de origem muitas vezes bem modesta. [E algo parecido se dava já no século XVI: as *indústrias* recém-surgidas nessa época em sua maioria foram criadas tendo como ponto de gravidade os *parvenus*].[45]

A exploração, digamos, de um banco, ou de uma casa de exportação por atacado, ou ainda de um estabelecimento varejista, ou finalmente de uma grande empresa *putting-out*, isto é, distribuidora de matéria-prima e controladora de artigos fabricados em domicílio, certamente só será possível na forma de empresa capitalista. A despeito disso, todos esses negócios podem ser geridos num espírito estritamente tradicionalista: os negócios dos grandes bancos emissores *não podem* ser geridos de outro modo; o comércio ultramarino de épocas inteiras assentou-se na base de monopólios e regulamentos de caráter estritamente tradicional; no comércio a varejo — e não falo aqui dos pequenos mandriões sem capital que hoje clamam pelo auxílio estatal — a revolução que põe fim ao velho tradicionalismo ainda está em pleno curso: a mesma viravolta que estilhaçou as formas do velho *Verlagssystem* {manufatura em domicílio de artigos encomendados por um capitalista; em inglês: *putting-out system*; em francês: *système sur avances*} com o qual o hodierno trabalho em casa tem algum parentesco só na forma. O modo como transcorre essa revolução e o que ela significa podem — por mais conhecidas que sejam essas coisas — ser mais uma vez ilustrados recorrendo a um caso específico.

Até por volta da metade do século passado {século XIX}, a vida de um empresário da produção em domicílio, ao menos em muitos ramos da indústria têxtil continental,[46] era bastante cômoda para os padrões de hoje. Pode-se imaginar seu dia a dia mais ou menos assim: os camponeses vinham à cidade onde morava o empresário trazendo seus tecidos — produzidos em grande parte ou inteiramente (no caso do linho) com matéria-prima manufaturada por eles próprios — e, após meticuloso exame de qualidade dos panos, muitas vezes de caráter oficial, recebiam em paga o preço usual. Os fregueses do empresário, seus intermediários para todos os mercados mais distantes, vinham igualmente até ele para comprar, na maioria das vezes não pelas amostras mas pela tradição de qualidade do que ele tivesse no estoque, ou então, e nesse caso com bastante antecedência, faziam a encomenda que, se fosse o caso, era repassada aos camponeses. A visita pessoal à clientela era feita, se tanto, de quando em quando com longos intervalos, bastando de início a troca de correspondência e o envio de amostras, prática essa que se difundiu pouco a pouco e cada vez mais. O número de horas no escritório, modesto: talvez cinco ou seis horas por dia, por vezes muito menos, e na temporada, se temporada houvesse, mais; os ganhos, razoáveis, suficientes para levar uma vida decente e, em tempos de vacas gordas, fazer um pé-de-meia; no geral, um clima de grande cortesia entre os concorrentes graças a uma concordância relativamente grande quanto aos princípios básicos do negócio; generosa visita diária à taberna ou ao café para o trago do fim da tarde e o encontro com os amigos. Pacato andamento de vida, no geral.

Era, em todos os aspectos, uma *forma* "capitalista" de organização, se levarmos em conta o lado puramente comercial-mercantil do empresário bem como a inescapável necessidade de um investimento de capitais no negócio e, finalmente ainda, os aspectos objetivos do processo econômico ou da forma de contabilidade escolhida. Mas era economia "tradicionalista", se atentarmos ao *espírito* que animava esses empresários: a cadência de vida tradicional, o montante de lucros tradicional, a quantidade tradicional de trabalho, o modo tradicional de conduzir os negócios e de se relacionar com os trabalhadores e com a freguesia, por sua vez essencialmente tradicional, a maneira tradicional de conquistar clientes e mercados, tudo isso dominava a exploração do negócio e servia de base — por assim dizer — ao *ethos* desse círculo de empresários.

Um dia, porém, esse aconchego foi repentinamente perturbado, e muitas vezes sem que a *forma* de organização sofresse nenhuma alteração fundamental — a transição, digamos, para a fábrica fechada, para o tear mecânico ou coisas do gênero. Em vez disso, o que se deu o mais das vezes foi simplesmente isto: um jovem qualquer de uma das famílias desses empresários da produção em domicílio muda-se da cidade para o campo, seleciona a dedo os tecelões de que necessita, aumenta ainda mais sua dependência e o controle sobre eles, fazendo, dos camponeses, operários; por outro lado, assume totalmente as rédeas do processo de vendas por meio de um contato o mais direto possível com os consumidores finais: comércio a varejo, granjeia pessoalmente os clientes, visita-os regularmente a cada ano, mas, sobretudo, passa a adaptar a qualidade dos produtos exclusivamente às necessidades e desejos deles para "agradá-los" e a pautar-se ao mesmo tempo pelo princípio do "menor preço, maior giro". Repete-se então o que sempre e em toda parte é a consequência de um tal processo de "racionalização": quem não sobe, desce. O idílio desaba sob a encarniçada luta concorrencial que ensaia os primeiros passos, as vultosas fortunas amealhadas não mais são postas a render juros, mas reinvestidas no negócio, a antiga cadência de vida pacata e aconchegante se rende à rígida sobriedade, tanto daqueles que acompanharam o passo e ascenderam porque *queriam* não consumir mas lucrar, como daqueles que permaneciam presos aos velhos hábitos porque *foram obrigados* a se conter.[47] E nesses casos — eis o que mais nos importa — a regra geral *não* foi algo como um afluxo de *dinheiro* novo a provocar essa reviravolta — pois em vários casos que conheço bastaram uns poucos milhares de capital emprestado por parentes para pôr em marcha todo esse processo revolucionário — mas sim a entrada em cena do novo *espírito*, o tal "espírito do capitalismo [moderno]". Para saber quais as forças motrizes da expansão do capitalismo [moderno] não se precisa pôr em primeiro lugar a questão da origem das reservas monetárias valorizáveis como capital, e sim [antes de mais nada] a questão do desenvolvimento do espírito capitalista. Por toda parte onde emerge e se efetiva, ele *cria* para si as provisões monetárias como meios de sua efetivação, não o contrário.[48] Mas sua entrada em cena em geral não foi pacífica. Uma onda de desconfiança, de ódio por vezes, sobretudo de indignação moral, levanta-se repetidamente contra o primeiro inovador, muitas vezes — conheço muitos casos parecidos — forma-se uma verdadeira lenda para falar de sombras misteriosas em sua vida pregressa. Dificilmente alguém se permite reconhecer com suficiente imparcialidade que só uma extraordinária firmeza de caráter é capaz de resguardar um desses empresários "novo estilo" da perda do sóbrio domínio de si e de um naufrágio tanto moral como econômico; e que, juntamente com clarividência e capacidade de ação, são sobretudo qualidades "éticas" bem definidas e marcantes que, no incutir tais inovações, lhe possibilitam angariar a confiança desde logo indispensável dos clientes e dos operários e lhe dão energia para superar incontáveis resistências, mas, acima de tudo, para assumir o trabalho infinitamente mais intenso que agora é exigido do empresário e que é incompatível com um fácil gozo da vida — qualidades éticas, todavia, de um *tipo* especificamente diverso das que eram adequadas ao tradicionalismo de outrora.

[E da mesma forma não foram geralmente especuladores temerários e sem escrúpulos, aventureiros econômicos, desses que se encontram em todas as épocas da história da economia, nem simplesmente "ricaços", os agentes que deram essa guinada aparentemente discreta e no entanto decisiva para que na vida econômica se impusesse esse novo espírito, mas sim homens criados na dura escola da vida, a um só tempo audazes e ponderados, mas sobretudo *sóbrios* e *constantes*, sagazes e inteiramente devotados à causa, homens com visões e "princípios" rigorosamente burgueses.]

Tende-se a crer que essas qualidades morais *pessoais* não têm em si absolutamente nada a ver com quaisquer máximas éticas ou mesmo com noções religiosas, que, nessa direção, o fundamento adequado de uma conduta de vida como essa de negócios seria essencialmente algo negativo: a capacidade de *se livrar* da tradição herdada, em suma, um "iluminismo" liberal. E de fato esse é geralmente o caso *nos dias de hoje*, sem dúvida. Não só falta uma relação regular entre conduta de vida e premissas religiosas, mas, onde existe a relação, costuma ser de caráter negativo, pelo menos na Alemanha. Pessoas assim de natureza imbuída do "espírito capitalista" costumam ser *hoje em dia*, se não diretamente hostis à Igreja, com certeza indiferentes a ela. A ideia do piedoso tédio do paraíso pouco tem de atraente à sua natureza ativa, a religião lhes aparece como um meio de desviar as pessoas do trabalho sobre a face da terra. Se alguém lhes perguntasse sobre o "sentido" dessa caçada sem descanso, que jamais lhes permite se satisfazerem com o que têm, o que a faz por isso mesmo parecer tão sem sentido em meio a uma vida puramente orientada para este mundo, quem sabe então responderiam, se é que têm uma resposta: "preocupação com os filhos e netos", mas com mais frequência e mais precisão — já que esse primeiro motivo evidentemente não lhes é peculiar, tendo vigorado também entre os "tradicionalistas" — responderão simplesmente que os negócios e o trabalho constante tornaram-se "indispensáveis à vida". Esta última é de fato a única motivação pertinente, e ela expressa ao mesmo tempo [do ponto de vista da felicidade pessoal] o quanto há de [tão] *irracional* numa conduta de vida em que o ser humano existe para o seu negócio e não o contrário. Claro que a sensação de poder e o prestígio propiciados pelo simples fato de possuir desempenham aí seu papel:

lá onde a fantasia de todo um povo foi vergada na direção de grandezas puramente quantitativas, como nos Estados Unidos, esse romantismo dos números exerce irresistível encantamento sobre os "poetas" que entre os homens de negócios há. Mas em geral não são os empresários verdadeiramente influentes nem muito menos os de sucesso duradouro que se deixam cativar por isso. E, de mais a mais, encostar no porto da posse de fideicomissos e dos títulos nobiliárquicos em prol de filhos cuja passagem pela universidade e pelo oficialato tenta fazer esquecer sua origem, tal como era habitual no currículo das famílias alemãs de capitalistas *parvenus*, representa um produto da decadência ulterior, a dos epígonos. O "tipo ideal" do empresário capitalista,[49] tal como representado entre nós alemães haja vista alguns exemplos eminentes, não tem nenhum parentesco com esses ricaços de aparência mais óbvia ou refinada, tanto faz. Ele se esquiva à ostentação e à despesa inútil, bem como ao gozo consciente do seu poder, e sente-se antes incomodado com os sinais externos da deferência social de que desfruta. Sua conduta de vida, noutras palavras, comporta quase sempre certo lance ascético, tal como veio à luz com clareza no citado "sermão" de Franklin — e nós vamos examinar justamente a significação histórica desse fenômeno que para nós é relevante. — Ou seja, não é raro, mas bastante frequente, encontrar nele uma dose de fria modéstia que é substancialmente mais sincera do que aquela reserva que Benjamin Franklin soube tão bem aconselhar. De sua riqueza "nada tem" para si mesmo, a não ser a irracional sensação de "cumprimento do dever profissional".

Mas é precisamente *isso* que, ao homem pré-capitalista, parece tão inconcebível e enigmático, tão sórdido e desprezível. Que alguém possa tomar como fim de seu trabalho na vida exclusivamente a ideia de um dia descer à sepultura carregando enorme peso material em dinheiro e bens parece-lhe explicável tão só como produto de um impulso perverso: a *auri sacra fames*.

No presente, com as nossas instituições políticas, jurídicas e comerciais, com as formas de gestão empresarial e a estrutura que é própria da nossa economia, esse "espírito" do capitalismo poderia ser entendido como puro produto de uma adaptação, conforme já se disse. A ordem econômica capitalista precisa dessa entrega de si à "vocação" de ganhar dinheiro: ela é um modo de se comportar com os bens exteriores que é tão adequada àquela estrutura, que está ligada tão de perto às condições de vitória na luta econômica pela existência, que de fato *hoje* não há mais que se falar de uma conexão necessária entre essa conduta de vida "crematista" e alguma "visão de mundo" unitária. É que ela não precisa mais se apoiar no aval de qualquer força religiosa e, se é que a influência das normas eclesiásticas na vida econômica ainda se faz sentir, ela é sentida como obstáculo análogo à regulamentação da economia pelo Estado. A situação de interesses político-comerciais e político-sociais costuma então determinar a "visão de mundo". [Aquele que em sua conduta de vida não se adapta às condições do sucesso capitalista, ou afunda ou não sobe.] Mas esses são fenômenos de uma época na qual o capitalismo [moderno], agora vitorioso, já se emancipou dos antigos suportes. Assim como um dia, em aliança apenas com o poder do Estado moderno em formação, ele rompeu as antigas formas de regulamentação econômica medieval, esse também poderia ter sido o caso — digamos provisoriamente — em suas relações com os poderes religiosos. Se e em qual sentido esse *foi* de fato o caso, isso é o que cabe aqui pesquisar. Porquanto mal carece de prova o fato de que aquela concepção de ganhar dinheiro como um fim em si mesmo e um dever do ser humano, como "vocação", repugnava à sensibilidade moral de épocas inteiras. Na sentença *Deo placere vix potest*, usada para a atividade do mercador [incorporada ao direito canônico e de início tida por autêntica (tal como a passagem do Evangelho que fala de juro),[50] assim como na designação *turpitudo* aplicada por Tomás de Aquino à ambição de ganho (o lucro, uma vez inevitável, é lícito eticamente e, portanto, autorizado)], começava a aparecer, em contraste com as opiniões radicalmente anticrematistas de círculos bastante amplos, um grau mais elevado de *condescendência* da doutrina católica para com os interesses das potências financeiras das cidades italianas,[51] que mantinham com a Igreja laços políticos estreitos. E mesmo quando a doutrina se fez ainda mais conciliadora, como por exemplo em Antonino de Florença, jamais deixou de existir a sensação de que a atividade dirigida para o lucro como um fim em si fosse basicamente um *pudendum* que só as injunções prementes da vida constrangiam a tolerar. [Alguns moralistas da época, em particular da escola nominalista, aceitavam como um dado os esboços já bem desenvolvidos de formas capitalistas nos negócios e procuravam — não sem enfrentar contraditores — dá-los por lícitos, aceitando sobretudo que o comércio era necessário, que a *industria* que neles se desenvolvia era uma fonte de ganhos legítima e eticamente inatacável, mas a doutrina dominante repudiava o "espírito" do lucro capitalista como *turpitudo* ou pelo menos não conseguia valorá-lo como eticamente positivo.] Uma visão "moral" análoga à de Benjamin Franklin teria sido pura e simplesmente impensável. Essa era antes de mais nada a concepção partilhada pelos próprios círculos [capitalistas] implicados: seu trabalho na vida [enquanto eles estivessem fincados no terreno da tradição eclesiástica] era considerado, quando muito, algo de moralmente indiferente, tolerado, mas ainda assim, já pelo constante perigo de colidir com a proibição da usura pela Igreja, algo de inconveniente para a bem-aventurança da alma: como atestam as fontes, por ocasião da morte de pessoas endinheiradas somas formidáveis afluíam para os institutos eclesiásticos à guisa de "legado de consciência", vez por outra eram também restituídas a antigos devedores como *usura* sacada injustamente. Postura diversa — para não falar das tendências heréticas ou vistas com suspeição — tinham somente os círculos de patrícios já em seu íntimo rompidos com a tradição. Entretanto, mesmo naturezas céticas e sem religião costumavam por via das dúvidas compor-se com a Igreja à custa de donativos,[52] porque isso afinal era melhor para se precaverem das incertezas quanto ao que lhes estava reservado após a morte e porque, afinal de contas, a submissão exterior aos mandamentos da Igreja bastava para o acesso à bem-aventurança eterna (pelo menos é o que dizia uma concepção laxista muito difundida). Aqui se vê com toda a clareza o caráter *a*moral ou até mesmo *anti*moral, que, na concepção dos *próprios* interessados, era inerente a seu agir. Como, então, desse comportamento na melhor das hipóteses apenas tolerado pela moral, resultou uma "vocação profissional" no sentido que lhe empresta Benjamin Franklin? Como se explica historicamente o fato de que no centro do desenvolvimento capitalista do mundo de então, na Florença dos séculos XIV e XV, mercado financeiro e de capitais de todas as grandes potências políticas, fosse tido como moralmente suspeito [ou quando muito tolerável] aquilo que nos horizontes provincianos e pequeno-burgueses da Pensilvânia do século XVIII — onde a economia, por pura escassez de moeda, estava sempre ameaçada de degenerar em escambo, onde mal havia traços de empreendimentos industriais de certa monta e apenas se faziam notar os primeiros rudimentos de bancos — pôde valer como conteúdo de uma conduta de vida moralmente louvável, recomendada mesmo? — Querer falar *aqui* de um "reflexo" das condições "materiais" na "superestrutura ideal" seria rematado absurdo. — De que círculo de ideias originou-se pois a inclusão de uma atividade voltada puramente para o ganho na categoria de "vocação", à qual o indivíduo se sentia *vinculado pelo dever*? Pois foi essa a ideia que conferiu à conduta de vida do empresário de "novo estilo" base e consistência éticas.

Já se afirmou — e assim o fez Sombart em argumentos tantas

vezes felizes e eficazes — que o motivo fundamental da economia moderna como um todo é o "racionalismo econômico". E com todo o direito, se entendermos por essa expressão o aumento da produtividade do trabalho que, pela estruturação do processo produtivo a partir de pontos de vista *científicos*, eliminou sua dependência dos limites "fisiológicos" da pessoa humana impostos pela natureza. Ora, esse processo de racionalização no plano da técnica e da economia sem dúvida condiciona também uma parcela importante dos "ideais de vida" da moderna sociedade burguesa: o trabalho com o objetivo de dar forma racional ao provimento dos bens materiais necessários à humanidade é também, não há dúvida, um dos sonhos dos representantes do "espírito capitalista", uma das balizas orientadoras de seu trabalho na vida. Basta ler, por exemplo, a descrição feita por Benjamin Franklin dos próprios esforços a serviço dos melhoramentos comunais da Filadélfia para apreender essa verdade palmar. E o júbilo e o orgulho de ter "dado trabalho" a inúmeras pessoas, de ter colaborado para o "florescimento" econômico da cidade natal, no sentido demográfico e mercantil que o capitalismo confere a esse termo — tudo isso faz parte, é claro, daquela alegria de viver que é específica do empresariado moderno e é de um matiz claramente "idealista". E com igual clareza é uma das qualidades fundamentais da economia privada capitalista ser racionalizada com base no cálculo *aritmético* rigoroso, ser gerida de forma planejada e sóbria para o almejado sucesso econômico, contrariamente à existência do camponês, o qual leva a vida da mão para a boca, à rotina privilegiada do artesão das antigas corporações [e ao "capitalismo aventureiro", orientado pelo oportunismo político e pela especulação irracional].

Pareceria, pois, que o desenvolvimento do "espírito capitalista" seria mais fácil de compreender como fenômeno parcial no desenvolvimento do racionalismo como um todo e deveria ser inferido da posição de princípio referente aos problemas últimos da vida. Assim sendo, o protestantismo só entraria historicamente em linha de consideração na medida em que teria desempenhado o papel, digamos assim, de "fruto prematuro" de concepções de vida puramente racionalistas. Entretanto, mal se ensaia seriamente essa tentativa, verifica-se que a colocação do problema não é assim tão simples, já pela razão de que a história do racionalismo *de modo algum* acusa um desenvolvimento com avanço *paralelo* nas várias esferas da vida. A racionalização do direito privado, por exemplo, se for concebida como simplificação e articulação conceitual da matéria jurídica, atingiu no direito romano do final da Antiguidade uma forma que até hoje é a mais elevada, permaneceu a mais atrasada em alguns dos países de maior racionalização econômica, especialmente na Inglaterra, onde o renascimento do direito romano foi por sua vez frustrado pelo poder das grandes corporações de juristas, ao passo que sua dominação sempre subsistiu nas regiões católicas do Sul da Europa. A filosofia racional puramente intramundana do século XVIII não encontrou seu sítio único ou mesmo apenas seu sítio de predileção nos países de maior desenvolvimento capitalista. O voltairianismo continua ainda hoje a ser um bem comum de amplas camadas, camadas superiores e — o que na prática é mais importante — camadas médias, precisamente nos países católicos romanos. Se por "racionalismo prático" se entender todo tipo de conduta de vida que reporta conscientemente o mundo aos interesses intramundanos do *eu individual* e a partir deles o julga, então esse estilo de vida era, e é ainda hoje, uma peculiaridade típica dos povos do *liberum arbitrium*, tal como está gravado na carne e no sangue de italianos e franceses; e já nos podemos convencer de que esse não é nem de longe o solo no qual medrou de preferência a relação do ser humano com sua "vocação profissional" entendida como missão, exatamente como dela precisa o capitalismo. Pode-se mesmo [— e esta simples sentença, tantas vezes esquecida, caberia figurar na epígrafe de todo estudo que trate do "racionalismo" —] "racionalizar" a vida de pontos de vista últimos extremamente diversos e nas mais diversas direções. O "racionalismo" é um conceito histórico que encerra um mundo de contradições, e teremos ocasião de investigar de que espírito nasceu essa forma concreta de pensamento e de vida "racionais" da qual resultaram a ideia de "vocação profissional" e aquela dedicação de si ao *trabalho* profissional — tão irracional, como vimos, do ângulo dos interesses pessoais puramente eudemonistas —, que foi e continua a ser um dos elementos mais característicos de nossa cultura capitalista. *A nós,* o que interessa aqui é exatamente a origem desse elemento *irracional* que habita nesse como em todo conceito de "vocação".

3. O conceito[*] de vocação em Lutero. O objeto da pesquisa

Não dá para não notar que já na *palavra* alemã *Beruf*, e talvez de forma ainda mais nítida no termo inglês *calling*, pelo menos *ressoa* uma conotação religiosa — a de uma *missão* dada por Deus —, e quanto mais enfaticamente acentuamos a palavra num caso concreto, mais ela se faz sentir. E, a acompanharmos a palavra ao longo da história e através das línguas de diferentes culturas, constata-se em primeiro lugar que os povos predominantemente católicos ignoram uma expressão de colorido análogo para aquilo que {em alemão} chamamos *Beruf* (no sentido de uma posição na vida, de um ramo de trabalho definido), tal como a ignorou a Antiguidade clássica,[53] ao passo que ela está presente em *todos* os povos predominantemente protestantes. Constata-se, ademais, que aí não se acha implicada nenhuma peculiaridade etnicamente condicionada das respectivas línguas, como por exemplo a expressão de um "espírito do povo germânico", mas que a palavra, em seu sentido atual, provém das *traduções da bíblia* e precisamente do espírito do

[*] Na edição de 1920, Weber troca "conceito" por "concepção" de vocação.

tradutor, quero dizer, *não* do espírito do original.[54] Na tradução luterana da bíblia, parece que ela foi usada pela primeira vez numa passagem do Eclesiástico (11,20-21) no exato sentido que hoje lhe conferimos.[55] Não tardou desde então a assumir seu significado atual na língua profana de todos os povos protestantes, sendo que antes disso não se notava na literatura profana *nenhum* indício de semelhante sentido léxico, nem mesmo na prosa dos pregadores, com a única exceção, ao que parece, de um dos místicos alemães cuja influência sobre Lutero é conhecida.

E assim como o significado da palavra, assim também — como é amplamente sabido — a *ideia* é nova, e é um produto da Reforma. Não que certos traços dessa valorização do trabalho cotidiano no mundo, inerente a esse conceito de *Beruf*, não estivessem presentes já na Idade Média ou mesmo na Antiguidade (helenística *tardia*) — falaremos disso mais adiante. Uma coisa antes de mais nada era absolutamente nova: a valorização do cumprimento do dever no seio das profissões mundanas como o mais excelso conteúdo que a autorrealização moral é capaz de assumir. Isso teve por consequência inevitável a representação de uma significação religiosa do trabalho mundano de todo dia e conferiu pela primeira vez ao conceito de *Beruf* esse sentido. No conceito de *Beruf*, portanto, ganha expressão aquele dogma central de todas as denominações protestantes que condena a distinção católica dos imperativos morais em "*praecepta*" e "*consilia*" e reconhece que o único meio de viver que agrada a Deus não está em suplantar a moralidade intramundana pela ascese monástica, mas sim, exclusivamente, em cumprir com os deveres intramundanos, tal como decorrem da posição do indivíduo na vida, a qual por isso mesmo se torna a sua "vocação profissional".

Em Lutero,[56] essa ideia se desenvolve no decurso da primeira década de sua atividade reformadora. De início, em concordância com a tradição medieval predominante, conforme representada por Tomás de Aquino,[57] por exemplo, o trabalho mundano, embora querido por Deus, a seu ver pertence ao reino das criaturas, é a base natural indispensável da vida de fé, moralmente indiferente em si mesmo como o comer e o beber.[58] Mas à medida que a ideia de *sola fide* se lhe torna mais clara em suas consequências e vai ficando cada vez mais aguçada sua consequente oposição aos "conselhos evangélicos" do monacato católico enquanto conselhos "ditados pelo diabo", aumenta a significação da vocação numa profissão. Ora, a conduta de vida monástica é encarada não só como evidentemente sem valor para a justificação perante Deus, mas também como produto de uma egoística falta de amor que se esquiva aos deveres do mundo. Em contraste com isso, o trabalho profissional mundano aparece como expressão exterior do amor ao próximo, o que de resto vem fundamentado de maneira extremamente ingênua e em oposição quase grotesca às conhecidas teses de Adam Smith,[59] em particular quando aponta que a divisão do trabalho coage cada indivíduo a trabalhar para *outros*. Trata-se, como se vê, de argumento essencialmente escolástico que logo é abandonado, cedendo o passo à referência cada vez mais enfática ao cumprimento dos deveres intramundanos como a única via de agradar a Deus em todas as situações, que esta e somente esta é a vontade de Deus, e por isso toda profissão lícita simplesmente vale muito e vale igual perante Deus.[60]

Que essa qualificação moral da vida profissional mundana fosse um dos feitos da Reforma, e portanto de Lutero, mais pesados de consequências é fato fora de dúvida, uma espécie de lugar-comum.[61] [Mundos de distância separam essa concepção do ódio entranhado com que a atitude contemplativa de Pascal sonegava apreço à ação no mundo, a qual, segundo a sua mais profunda convicção, só era explicável pela vaidade ou pela astúcia[62] — mas ainda mais distante da generosa e utilitária *adaptação* ao mundo promovida pelo probabilismo jesuíta.] Quanto porém a apresentar no detalhe a significação prática desse feito do protestantismo, geralmente isso vem mais como coisa sentida confusamente do que sabida claramente.

Antes de tudo, é escusado lembrar que não tem cabimento atribuir a Lutero parentesco íntimo com o "espírito capitalista", seja no sentido que até agora associamos a essa expressão ou de resto em qualquer outro sentido. Os próprios círculos eclesiásticos que hoje costumam com todo o zelo exaltar o "feito" da Reforma em geral não são nada amigos do capitalismo, seja lá em que sentido for. Mas com tanto mais razão o próprio Lutero com certeza teria rejeitado rispidamente qualquer parentesco com uma disposição mental como a que vem à luz em Franklin. Claro que não cabe aduzir aqui como sintoma suas queixas contra os grandes comerciantes, os Fugger[63] e que tais. Isso porque a luta contra os *privilégios* de fato ou de direito de algumas grandes companhias mercantis nos séculos XVI e XVII pode muito bem ser comparada à campanha hodierna contra os trustes, e esta não menos que aquela é, em si mesma, expressão de uma disposição tradicionalista. Contra estes, contra os lombardos, os "trapezitas", os monopolistas, os grandes especuladores e os banqueiros favorecidos pelo anglicanismo, pelos reis e pelos parlamentos na Inglaterra e na França, puritanos e huguenotes moveram uma luta encarniçada.[64] Após a batalha de Dunbar (setembro de 1650), Cromwell escreveu ao Longo Parlamento: "Vamos abolir os abusos de todas as profissões, e havendo uma que a muitos faça pobres para tornar ricos uns poucos — ela não presta para a comunidade" — e dele já se podia dizer, por outro lado, que estava imbuído de um modo de pensar especificamente "capitalista".[65] Em compensação, nas incontáveis declarações de Lutero contra a usura e a cobrança de juros em geral, se confrontadas com a escolástica tardia, emerge como francamente "retrógrada" (de um ponto de vista capitalista) sua representação da natureza do lucro capitalista.[66] Particularmente ele retoma aí o argumento da improdutividade do dinheiro já refutado, por exemplo, por Antonino de Florença. Mas nós não precisamos entrar em detalhes aqui, sobretudo porque a ideia de "vocação" em sentido *religioso*, nas suas consequências para a conduta de vida intramundana, era suscetível de configurações muito diversas. [O feito propriamente dito da Reforma consistiu simplesmente em ter já no primeiro momento inflado fortemente, em contraste com a concepção católica, a ênfase moral e o *prêmio* religioso para o trabalho intramundano no quadro das profissões. O modo como a ideia de "vocação", que nomeou esse feito, foi posteriormente desenvolvida passou a depender das subsequentes formas de piedade que se desdobraram dali em diante em cada uma das igrejas saídas da Reforma.] A autoridade da Bíblia, da qual Lutero julgava ter tirado a ideia de *Beruf*, no conjunto pendia totalmente para uma orientação tradicionalista. Especialmente o Antigo Testamento, que nos livros propriamente proféticos e mesmo em outras partes jamais recomendou que a moralidade intramundana devesse ser suplantada de algum modo, só conhecendo isso em rudimentos embrionários totalmente esporádicos, formulou uma ideia religiosa bastante análoga ao tradicionalismo em sentido estrito: contente-se cada qual com seu "sustento" e deixe que os ímpios se lancem ao lucro — é este o sentido de todas as passagens que tratam diretamente da faina mundana. Só o Talmude irá fincar-se parcialmente — mas não fundamentalmente — em terreno diverso. A posição pessoal de *Jesus* é caracterizada em sua pureza clássica na prece típica do antigo Oriente: "O pão nosso de cada dia nos dai *hoje*", e o impacto da radical rejeição do mundo expressa no "*mamonâs tês adikías*" excluiu qualquer possibilidade de vinculação *direta* da ideia moderna de vocação profissional[67] com sua figura pessoal. A era apostólica do cristianismo, trazida por escrito no Novo Testamento, especialmente em Paulo, em virtude de expectativas escatológicas que locupletam as primeiras gerações de cristãos, encara a vida profissional mundana com indiferença ou, em todo caso, de forma essencialmente tradicionalista: já que tudo aguarda a vinda do Senhor, que cada qual permaneça na posição social e no ganha-pão terreno no qual o "chamado" do Senhor o encontrou e que trabalhe como antes: pobre, ele não é um fardo aos irmãos — e breve sim é o tempo que ainda falta. Lutero lia a Bíblia através das lentes de seu estado de espírito no momento, e esse, ao longo de sua evolução entre aproximadamente 1518 e 1530, não só permaneceu tradicionalista, como tradicionalista foi ficando cada vez mais.[68]

Nos primeiros anos de sua atividade reformadora, a visão de profissão que prevalecia em Lutero, uma vez que a ela dispensava apreço apenas de criatura, era algo intimamente aparentado com a escatológica indiferença de Paulo pela espécie de atividade intramundana, como no capítulo 7º da 1ª Epístola aos Coríntios {versículos 20-24}:[69] pode-se alcançar a bem-aventurança eterna em qualquer estamento social, seja ele qual for; a peregrinação desta vida é curta e não faz sentido ficar dando importância à *espécie* da profissão que se exerce. E a ambição de um ganho material que exceda à necessidade pessoal deve ser por isso mesmo considerada sintoma de ausência do estado de graça e, posto que lucrar só parece mesmo possível às custas dos outros, merece ser condenada sem mais.[70] Entretanto, com o crescente envolvimento de Lutero nos negócios do mundo vai de par seu crescente apreço pela significação do trabalho profissional. Simultaneamente, a profissão concreta do indivíduo lhe aparece cada vez mais como uma ordem de Deus para ocupar na vida *esta* posição concreta que lhe reservou o desígnio divino. E quando, na sequência de suas lutas contra os "espíritos fanáticos" {anabatistas} e as revoltas camponesas, a ordem histórica objetiva na qual o indivíduo foi inserido por Deus se torna sempre mais aos olhos de Lutero uma emanação direta da vontade divina,[71] a ênfase agora cada vez mais forte no que advém da Providência, mesmo em se tratando de acontecimentos isolados da vida, leva-o progressivamente a uma tendência tradicionalista correspondente à ideia de "destinação": o indivíduo deve *permanecer* fundamentalmente na profissão e no estamento em que Deus o colocou e manter sua ambição terrena dentro dos limites dessa posição na vida que lhe foi dada. Se o tradicionalismo econômico era de início resultado da indiferença paulina, mais tarde é emanação da crença[72] cada vez mais intensa na Providência, crença que identifica a incondicional obediência a Deus[73] à aceitação incondicional da situação dada. Desse modo Lutero não chegou a estabelecer uma vinculação do trabalho profissional com os princípios *religiosos* fundada em bases radicalmente novas ou baseada em princípios.[74] A pureza da *doutrina* como único critério de infalibilidade da Igreja, convicção que nele se firmou de modo cada vez mais inabalável após as lutas dos anos 20 {do século XVI}, era por si só um entrave ao desenvolvimento de pontos de vista novos no campo ético.

Assim foi que em Lutero o conceito de vocação profissional permaneceu com amarras tradicionalistas.[75] A vocação é aquilo que o ser humano tem de *aceitar* como desígnio divino, ao qual tem de "se dobrar" — essa nuance eclipsa a outra ideia também presente de que o trabalho profissional seria uma missão, ou melhor, *a* missão dada por Deus.[76] E o desenvolvimento do luteranismo ortodoxo sublinhou esse traço ainda mais. Algo de negativo, portanto, foi de início o único produto ético a que se chegou aqui:[77] a supressão do afã de suplantar os deveres intramundanos pelos deveres monásticos, ao mesmo tempo que se pregava a obediência à autoridade e a aceitação das condições de vida dadas. Como se discutirá mais adiante a respeito da ética religiosa medieval, essa ideia de vocação profissional de cunho luterano já havia sido antecipada pelos místicos alemães, nomeadamente por Tauler, com sua equivalência de princípio entre profissões espirituais e temporais e pela *sub*valoração das formas tradicionais de obras ascéticas meritórias[78] em favor da significação única e exclusiva da disposição extático-contemplativa da alma como receptáculo do espírito divino. Num certo sentido, o luteranismo significa até mesmo um retrocesso em relação aos místicos, na medida em que em Lutero — e mais ainda em sua Igreja — os fundamentos psicológicos para uma ética racional da vocação profissional tornaram-se bem menos seguros se comparados aos místicos (cujas concepções sobre esse ponto lembram, muitas vezes, ora a psicologia da fé pietista, ora a dos quakers),[79] e isso precisamente *porque*, como veremos ainda, para ele o lance da autodisciplina ascética era suspeito de santificação pelas obras, devendo por isso ser relegado a um segundo plano em sua Igreja.

Assim, a simples ideia de "vocação numa profissão" no sentido luterano — e é só isso que nos interessa registrar aqui[80] — tem, tanto quanto pudemos ver até agora, um alcance problemático para aquilo que *nós* buscamos. Com isso não se está dizendo, em absoluto, que a forma luterana de reorganização da vida religiosa não tenha tido uma significação prática para o objeto de nossa pesquisa. Muito pelo contrário. É que ela, evidentemente, não pode ser derivada *imediatamente* da posição de *Lutero* e sua Igreja quanto à profissão mundana, e não é tão fácil apreendê-la como talvez o seja no caso de outras manifestações do protestantismo. Convém, pois, considerarmos em primeira linha aquelas formas de protestantismo nas quais é mais fácil verificar uma conexão entre a práxis de vida e o ponto de partida religioso do que no luteranismo. Já se mencionou acima o papel marcante do *calvinismo* e das *seitas* protestantes na história do desenvolvimento capitalista. Assim como Lutero encontrou vivo em Zwinglio um "espírito outro" que o seu, assim também seus herdeiros espirituais o haveriam de encontrar especialmente no calvinismo. E com mais razão o catolicismo considerou o calvinismo, desde o início até os dias de hoje, como seu verdadeiro adversário. A princípio isso tinha razões eminentemente políticas: se a Reforma é impensável sem a personalíssima evolução religiosa de Lutero e se espiritualmente ela ficou para sempre marcada por sua personalidade, sua obra decerto não teria perdurado sem o calvinismo. — Mas a razão dessa repulsa comum a católicos e luteranos se funda na peculiaridade ética do calvinismo. Já uma vista de olhos superficial nos ensina que aqui se produziu uma relação entre vida religiosa e ação terrena de espécie totalmente diversa das que se produziram quer no catolicismo quer no luteranismo. Mesmo nas obras literárias que se valem de temas especificamente religiosos isso salta aos olhos. Tome-se por exemplo o desfecho d'*A Divina Comédia*, quando o poeta já no Paraíso não encontra palavras para se exprimir, inundado que está pela contemplação dos mistérios de Deus, e compare-se com o desfecho do poema que se convencionou chamar a "Divina Comédia do puritanismo". Depois de relatar a *expulsão* do Paraíso, Milton fecha assim o último canto do *Paraíso Perdido*:

> E olhando pra trás o flanco leste veem
> Do Éden, seu prístino lar, quão feliz,
> E a espada em faíscas ondulando ali
> Na porta, impedida por caras temíveis
> E braços ardentes e armas em riste.
> Lágrimas brotam e rolam naturais
> No entanto enxugadas depressa — pra quê,
> *Se o mundo inteirinho se entrega a seus pés.*
> Aonde ir achar um lugar pra parar,
> Leal Providência é que os vai conduzir
> Enquanto hesitantes e de mão na mão
> A sós vão deixando... o Éden lá atrás.

Pouco antes o arcanjo Miguel dissera a Adão:

> ...Trabalha, faz,

Junta feitos à doutrina, junta fé,
Paciência, temperança, dom de si,
Junta amor, alma de tudo mais, o amor
Que um dia caridade chamarão.
E a contragosto assim não perderás
O paraíso em vão, que um paraíso
É o que farás com as mãos, e mais feliz... {*}

Todo mundo logo sente que essa vigorosa expressão do austero devotamento puritano ao mundo, ou seja, a valoração da vida intramundana como *missão*, seria impossível na pena de um escritor medieval. Mas também com o luteranismo não é maior a congenialidade, tal como se nota, por exemplo, nos corais de Lutero e de Paul Gerhard. No lugar dessa sensação indefinida, deve-se estabelecer aqui uma *formulação* conceitual um pouco mais precisa e perguntar pelas razões intrínsecas dessas diferenças. Invocar o "caráter de um povo" não só não passaria de mera confissão de *ignorância* em geral, mas seria também, em nosso caso, algo totalmente enganoso. Atribuir aos ingleses do século XVII um "caráter nacional" uniforme seria simplesmente uma incorreção histórica. "Cavaleiros" e "cabeças redondas" não se sentiam pura e simplesmente como dois partidos, mas como duas espécies humanas radicalmente diferentes, e o observador atento há de lhes dar razão.[81] E por outro lado: descobrir um contraste caracterológico entre os *merchant adventurers* ingleses e os mercadores da antiga Liga hanseática é tão pouco plausível quanto levantar qualquer outra diferença marcante entre a peculiaridade inglesa e a alemã no fim da Idade Média que não se deixe explicar diretamente por seus destinos políticos diversos.[82] Só o poder dos movimentos religiosos — não somente ele, mas ele em primeiro lugar — criou as diferenças que sentimos hoje.[83]

{*} Tradução do inglês de Antônio Flávio Pierucci. (N. E.)

Se portanto, para a análise das relações entre a ética do antigo protestantismo e o desenvolvimento do espírito capitalista partimos das criações de Calvino, do calvinismo e das demais seitas "puritanas", isso entretanto não deve ser compreendido como se esperássemos que algum dos fundadores ou representantes dessas comunidades religiosas tivesse como *objetivo* de seu trabalho na vida, seja em que sentido for, o despertar daquilo que aqui chamamos de "espírito capitalista". Impossível acreditar que a ambição por bens terrenos, pensada como um fim em si, possa ter tido para algum deles um valor ético. E fique registrado de uma vez por todas e antes de mais nada: programas de reforma ética não foram jamais o ponto de vista central para nenhum dos reformadores — entre os quais devemos incluir em nossa consideração homens como Menno, George Fox, Wesley. Eles não foram fundadores de sociedades de "cultura ética" nem representantes de anseios humanitários por reformas sociais ou de ideais culturais. A salvação da alma, e somente ela, foi o eixo de sua vida e ação. Seus objetivos éticos e os efeitos práticos de sua doutrina estavam ancorados aqui e eram, tão só, *consequências* de motivos puramente religiosos. Por isso temos que admitir que os efeitos culturais da Reforma foram em boa parte — talvez até principalmente, para nossos específicos pontos de vista — consequências imprevistas e mesmo *indesejadas* do trabalho dos reformadores, o mais das vezes bem longe, ou mesmo ao contrário, de tudo o que eles próprios tinham em mente.

A parte certamente modesta que cabe ao estudo subsequente talvez seja a de contribuir para elucidar o modo como as "ideias" em geral se tornam eficazes na história. Mas para que desde já não surjam mal-entendidos quanto ao sentido em que aqui se afirma semelhante eficácia de motivos puramente ideais, que nos seja permitido acrescentar a propósito umas poucas indicações, como conclusão dessas discussões preliminares.

Esses estudos — vale notar explicitamente, antes de mais nada — não são de modo algum uma tentativa de *valorar* o conteúdo conceitual da Reforma, seja em que sentido for, político-social ou religioso. De olho em nossos objetivos, estamos sempre às voltas com aspectos da Reforma que hão de parecer periféricos e mesmo exteriores à consciência propriamente religiosa. Porque justamente o que nos cabe é tornar um pouco mais nítido o impacto que os motivos religiosos, dentre os inúmeros motivos históricos individuais, tiveram na trama do desenvolvimento da nossa cultura moderna especificamente voltada para "este mundo". Assim, dentre certos conteúdos característicos dessa cultura, perguntamos unicamente quais são os que podem ser *atribuídos* ao influxo da Reforma, pensado como causa histórica. Para tanto, porém, temos de nos emancipar da seguinte visão: que se pode deduzir a Reforma das transformações econômicas como algo "necessário em termos de desenvolvimento histórico". Inumeráveis constelações históricas, que não apenas não se encaixam em nenhuma "lei econômica" nem de modo geral em nenhum ponto de vista econômico da espécie que for, em particular os processos puramente políticos, tiveram de agir conjuntamente a fim de que as igrejas recém-criadas conseguissem de algum modo sobreviver. Mas, por outro lado, não se deve de forma alguma defender uma tese tão disparatadamente doutrinária[84] que afirmasse por exemplo: que o "espírito capitalista" (sempre no sentido provisório dado ao termo aqui) *pôde* surgir *somente* como resultado de determinados influxos da Reforma [ou até mesmo: que o capitalismo enquanto *sistema econômico* é um produto da Reforma]. Só o fato de certas *formas* importantes de negócio capitalista serem notoriamente *mais antigas* que a Reforma impede definitivamente uma visão como essa. Trata-se apenas de averiguar se, e até que ponto, influxos religiosos *contribuíram* para a cunhagem qualitativa e a expansão quantitativa desse "espírito" mundo afora, e quais são os *aspectos* concretos da *cultura* assentada em bases capitalistas que remontam àqueles influxos. Em face da enorme barafunda de influxos recíprocos entre as bases materiais, as formas de organização social e política e o conteúdo espiritual das épocas culturais da Reforma, procederemos tão só de modo a examinar de perto se, e em quais pontos, podemos reconhecer determinadas "afinidades eletivas" entre certas formas da fé religiosa e certas formas da ética profissional. Por esse meio e de uma vez só serão elucidados, na medida do possível, o modo e a *direção* geral do efeito que, em virtude de tais afinidades eletivas, o movimento religioso exerceu sobre o desenvolvimento da cultura material. Só *depois* [quando isso estiver estabelecido de forma razoavelmente inequívoca] é que se poderá fazer a tentativa de avaliar em que medida conteúdos culturais modernos são imputáveis, em sua gênese histórica, àqueles motivos religiosos e até que ponto se devem a outros fatores.

PARTE II
A IDEIA DE PROFISSÃO [*] DO PROTESTANTISMO ASCÉTICO

Conteúdo:

1. Os fundamentos religiosos da ascese intramundana.
2. Ascese e capitalismo.

[*] Na versão revista de 1920, no título da Parte II, a expressão "ética profissional" (*Berufsethik*) vai substituir essa hegeliana "ideia de profissão" (*Berufsidee*).

1. Os fundamentos religiosos da ascese intramundana

Os portadores históricos do protestantismo ascético (no sentido em que a expressão é usada aqui) são essencialmente de quatro espécies: 1. o calvinismo, *na forma* que assumiu nas principais regiões [da Europa ocidental] sob sua dominação, particularmente no decorrer do século XVII; 2. o pietismo; 3. o metodismo; 4. as seitas nascidas do movimento anabatista.[1] Nenhum desses movimentos se achava absolutamente isolado dos outros, e nem mesmo era rigorosa sua separação das igrejas protestantes não ascéticas. O metodismo só surgiu em meados do século XVIII no seio da Igreja estatal da Inglaterra e, no intento de seus fundadores, não era para ser uma nova Igreja, mas sim um novo despertamento do espírito ascético dentro da antiga, e foi só na sequência de seu desenvolvimento, notadamente ao ser levado para a América, que ele se separou da Igreja anglicana. O pietismo brotou de início no solo do calvinismo na Inglaterra e especialmente na Holanda, permaneceu ligado à ortodoxia, passando por transições imperceptíveis até que, ao final do século XVII, sob o influxo de Spener fez seu ingresso no luteranismo, revisando para tanto, mas apenas parcialmente, sua fundamentação dogmática. Manteve-se como um movimento *no interior* da Igreja, e só a corrente fundada por Zinzendorf, condicionada por ecos de influências hussitas e calvinistas que persistiam na fraternidade dos irmãos morávios ("hernutenses"), foi impelida, a contragosto como o metodismo, a virar uma espécie muito particular de formação sectária. Calvinismo e anabatismo enfrentaram-se rispidamente no começo de seu desenvolvimento, mas tornaram-se muito próximos um do outro no seio do movimento batista do final do século XVII, sendo que já no início daquele mesmo século, nas seitas dos independentes na Inglaterra e na Holanda, o trânsito religioso entre um e outro se fazia de forma gradual. Como se vê no caso do pietismo, o trânsito para o luteranismo também era gradual, o mesmo ocorrendo entre o calvinismo e a Igreja anglicana, parente do catolicismo em seu caráter de exterioridade e no espírito de seus adeptos mais consequentes. Aquele movimento ascético que foi chamado de "puritanismo" no sentido mais amplo dessa expressão polivalente[2] atacou os fundamentos do anglicanismo, na massa de seus fiéis e particularmente na pessoa de seus paladinos mais consequentes, mas também nesse caso os antagonismos só se aguçaram pouco a pouco, na luta. E mesmo se deixamos de lado as questões de constituição e organização que não nos interessam diretamente aqui, o estado de coisas — com tanto mais razão — se mantém tal e qual. As diferenças dogmáticas, mesmo as mais importantes, como aquelas concernentes à doutrina da predestinação e à doutrina da justificação, assumiam umas as formas das outras nas mais variadas combinações e já no início do século XVII impediam de modo geral, regra essa não sem exceção, a preservação da unidade interna das comunidades eclesiais. E acima de tudo: o fenômeno da conduta de vida *moral*, que para nós é importante, encontra-se de igual modo entre os seguidores das mais diversas denominações que brotaram seja de uma das quatro fontes mencionadas acima ou de uma combinação de várias delas. Veremos que máximas éticas muito parecidas podiam estar vinculadas a fundamentos dogmáticos divergentes. [As obras literárias de apoio, destinadas a subsidiar o exercício da cura de almas e com certeza influentes, particularmente] os compêndios casuísticos das diversas confissões, acabaram também por contagiar-se mutuamente no decorrer do tempo, de modo que neles se encontra grande semelhança, apesar das notórias diferenças na práxis da conduta de vida. Quase daria para pensar, diante disso, que seria melhor se ignorássemos totalmente os fundamentos dogmáticos, e assim também a teoria ética, e nos ativéssemos puramente à práxis moral, na medida em que esta última puder ser registrada. Mas as coisas não são bem assim. As raízes dogmáticas [reciprocamente diferenciadas] da moralidade ascética, eis a verdade, após lutas terríveis acabaram se estiolando. Entretanto, a ancoragem original da práxis moral nesses dogmas deixou fortes vestígios na ética "não dogmática" subsequente, e é *somente* o conhecimento daqueles conteúdos das ideias primordiais que vai permitir que se compreenda o modo como aquela moralidade prática se prendia à ideia de um *Outro Mundo* (ideia que dominava, absoluta, as pessoas mais internalizadas daquele tempo), sem cuja esmagadora ascendência na época não teria se concretizado *nenhuma* renovação moral que influísse seriamente na práxis vital. Porque evidentemente não nos importa aquilo que era ensinado teórica e oficialmente nos compêndios por assim dizer éticos da época[3] — por mais que tivessem significação prática por conta da influência da disciplina eclesiástica, da cura de almas e da pregação — mas antes [algo totalmente diverso:] rastrear [aqueles] *estímulos* psicológicos [criados pela fé religiosa e pela prática de um viver religioso] que davam a direção da conduta de vida e mantinham o indivíduo ligado nela. Mas esses estímulos brotavam, em larga medida, da peculiaridade das próprias representações da fé religiosa. O homem de então andava preocupado com dogmas aparentemente abstratos numa medida que, por sua vez, só se torna compreensível quando identificamos sua conexão com interesses religiosos práticos. Inevitável, pois, o desvio por algumas considerações dogmáticas,[4] desvio que ao leitor pouco afeito à teologia com certeza parecerá tão penoso quanto precipitado e superficial pode parecer ao estudioso de teologia. E só podemos fazê-lo apresentando as ideias religiosas com a consistência lógica de um "tipo ideal", que só raramente se deixa encontrar na realidade histórica. Precisamente *por causa* da impossibilidade de traçar limites nítidos na realidade histórica, nossa única esperança ao pesquisar *as mais coerentes* de suas formas é atinar com os seus efeitos mais específicos.

{A. CALVINISMO}*

O *calvinismo*[5] foi a fé[6] em torno da qual se moveram as grandes lutas políticas e culturais dos séculos XVI e XVII nos países capitalistas mais desenvolvidos — os Países Baixos, a Inglaterra, a França. E é por isso que nos ocupamos dele em primeiro lugar. Considerava-se na época e de modo geral se considera ainda hoje a doutrina da *predestinação* como o mais característico dos dogmas do calvinismo. O que tem sido debatido é se esse dogma era o "mais essencial" da Igreja reformada ou se era uma "tendência". Ora, juízos sobre a essencialidade de um fenômeno histórico, ou são juízos de valor, ou são juízos de fé — notadamente quando se tem em mente aquilo que nele por si só "tem interesse" ou que por si só "tem valor" duradouro. Ou quando se tem em mente sua significação *causal* em virtude de sua influência sobre outros processos históricos: trata-se então de juízos de imputação histórica. Mas se partirmos, como há de ocorrer aqui, deste último ponto de

* Os intertítulos entre chaves são uma ideia de Parsons (1930) para facilitar a leitura deste capítulo. (N. E.)

vista e nos indagarmos portanto sobre a significação a ser conferida a esse dogma no que tange a seus *efeitos* histórico-culturais, com certeza essa há de ser das mais notáveis.[7] O *Kulturkampf* movido por Oldenbarneveldt acabou em fracasso por causa desse dogma; a cisão da Igreja inglesa tornou-se incontornável sob Jaime I pelo fato de a Coroa e o puritanismo nutrirem divergências também dogmáticas — e justamente em relação à doutrina da predestinação — e foi *esse* dogma a primeira coisa no calvinismo a ser considerada um perigo para o Estado e combatida pelas autoridades.[8] Os grandes sínodos do século XVII, sobretudo os de Dordrecht e Westminster, a par de um sem-número de outros sínodos menores, puseram no centro de seu trabalho a definição de sua validade canônica; a inúmeros heróis da *ecclesia militans* ele serviu de porto seguro [e, no século XVIII como no XIX, provocou cismas eclesiais e forneceu palavras de ordem aos grandes surtos de despertamento protestante]. Não podemos passar ao largo desse dogma, e de saída — já que hoje não dá mais para supô-lo conhecido de toda pessoa bem formada — temos de tomar contato com seu conteúdo autêntico tal como consta da Confissão de Westminster, de 1647, a qual nesse ponto foi simplesmente repetida nas profissões de fé dos independentes e dos batistas:[9]

Capítulo IX (da livre vontade), nº 3: O homem, por sua queda no estado de pecado, perdeu por inteiro toda a capacidade de sua vontade para qualquer bem espiritual que o leve à salvação. Tanto que um homem natural, estando totalmente afastado desse bem e morto no pecado, não é capaz, por seu próprio esforço, de converter-se ou de preparar-se para tanto.

Capítulo III (do decreto eterno de Deus), nº 3: Por decreto de Deus, para a manifestação de Sua glória, alguns homens (...) são predestinados (*predestinated*) à vida eterna, e outros preordenados (*foreordained*) à morte eterna. nº 5: Aqueles do gênero humano que estão predestinados à vida, Deus, antes de lançar o fundamento do mundo, de acordo com Seu desígnio eterno e imutável, Sua secreta deliberação e o bel-prazer de Sua vontade, escolheu-os em Cristo para Sua eterna glória, por livre graça e por amor, sem qualquer previsão de fé ou de boas obras, ou de perseverança numa e noutras, ou qualquer outra coisa na criatura, como condições ou causas que O movessem a tanto, e tudo em louvor da Sua gloriosa graça. nº 7: Aprouve a Deus, segundo o desígnio insondável de Sua própria vontade, pela qual Ele concede ou nega misericórdia como bem Lhe apraz, deixar de lado o resto dos homens para a glória de Seu poder soberano sobre Suas criaturas, e ordená-los à desonra e à ira por seus pecados, para louvor de Sua gloriosa justiça.

Capítulo X (da vocação eficaz), nº 1: Todos aqueles que Deus predestinou à vida, e somente esses, aprouve-Lhe chamá-los eficazmente (...) por Sua palavra e Seu espírito, na hora apontada e aprazada, retirando-lhes o coração de pedra e dando-lhes um coração de carne; renovando-lhes a vontade e, por Sua onipotência, determinando-os para o que é bom (...).

Capítulo V (da Providência), nº 6: Quanto aos homens maus e sem fé, a quem Deus, justo juiz que é, cega e endurece por seus pecados passados, a esses Ele não apenas sonega Sua graça, pela qual poderiam ter sido iluminados em seus intelectos e expandidos em seus corações, cativados, mas também às vezes lhes retira os dons que possuíam e os expõe a objetos que sua corrupção transforma em ocasião de pecado e, além do mais, abandona-os à própria devassidão, às tentações do mundo e ao poder de Satã: pelo que se dá que eles próprios se endurecem, até por aqueles meios de que se vale Deus para enternecer a outros.[10]

"Posso ir para o inferno, mas um Deus como esse jamais terá o meu respeito" — eis o célebre juízo de Milton sobre a doutrina da predestinação.[11] Mas não nos interessa aqui uma valoração, e sim como o dogma se pôs historicamente. Não podemos porém nos deter, a não ser brevemente, na questão de como surgiu essa doutrina e em quais contextos de ideias da teologia calvinista ela se insere. Foram possíveis dois caminhos para chegar até ela. O sentimento religioso de redenção é um fenômeno que, precisamente nos mais ativos e apaixonados dentre os grandes homens de oração que a história do cristianismo viu nascer desde Agostinho, está ligado à sensação certeira de que tudo se deve à eficácia exclusiva de uma potência objetiva, e não, o mínimo que seja, ao valor pessoal: um exuberante estado interior de ditosa certeza invade as pessoas quando elas se descarregam do pavoroso espasmo do sentimento de pecado, e isso lhes sobrevém sem aparentemente nenhuma mediação que passe por elas e anula qualquer possibilidade de se cogitar que esse inaudito dom da graça possa se dever de algum modo à sua própria cooperação ou a seus próprios atos ou às qualidades de sua fé e de sua vontade. Em sua fase de extrema genialidade religiosa, na qual Lutero esteve à altura de escrever sua *Freiheit eines Christenmenschen* {Liberdade de um cristão}, também ele demonstrou a mais firme convicção de que era o "misterioso decreto" de Deus a fonte absolutamente única e inexplicável de seu estado de graça religioso.[12] Mais tarde ele não chegou a abandonar formalmente essa ideia, só que ela deixou de ocupar posição central em sua obra, sendo relegada cada vez mais ao segundo plano quanto mais ele, como político eclesiástico responsável, se via obrigado a se dobrar à "*Realpolitik*". Melanchthon deliberadamente evitou incluir essa doutrina "perigosa e obscura" na Confissão de Augsburgo, e para os pais fundadores da Igreja luterana era dogma assente que a graça pode ser perdida (*amissibilis* = perdível) e pode ser recuperada com a humildade penitente e a confiança cheia de fé na palavra de Deus e nos sacramentos. Exatamente o contrário foi o processo em Calvino,[13] com um sensível aumento da significação dessa doutrina ao longo de suas polêmicas com alguns adversários em matéria de dogma. Plenamente desenvolvida ela só se encontra na terceira edição de sua *Institutio* {1543}, mas ela só passa a ocupar sua posição central [postumamente] nos grandes *Kulturkämpfen* a que buscaram pôr fim os sínodos de Dordrecht e Westminster. Em Calvino o *"decretum horribile" não* é *vivido* {*erlebt*} como em Lutero, ele é *cogitado* {*erdacht*}, e por isso cresce em sua significação à medida que aumenta sua coerência conceitual na direção de seu interesse religioso focalizado unicamente em Deus, não nos seres humanos.[14] Para Calvino, não é Deus que existe para os seres humanos, mas os seres humanos que existem para Deus, e todo acontecimento — incluindo pois aí o fato para ele indubitável de que só uma pequena parcela dos humanos é chamada à bem-aventurança eterna — pode ter sentido exclusivamente como um meio em vista do fim que é a autoglorificação da majestade de Deus. Aplicar critérios de "justiça" terrena a seus desígnios soberanos não faz sentido e é uma ofensa à sua majestade,[15] posto que ele e somente ele é *livre*, ou seja, não se submete a nenhuma lei, e seus decretos só nos podem ser compreensíveis ou em todo caso conhecidos na medida em que ele achar por bem comunicá-los a nós. Apenas a esses fragmentos da verdade eterna podemos nos ater; todo o resto: — o *sentido* de nosso destino individual — acha-se envolto em mistérios obscuros que é impossível e arrogante sondar. Se os réprobos quisessem se queixar do que lhes coube como algo imerecido, seria como se os animais se lamentassem de não terem nascido seres humanos. Pois toda criatura está separada de Deus por um abismo intransponível e aos olhos dele não merece senão a morte eterna, a menos que ele, para a glorificação de sua majestade, tenha decidido de outra forma. De uma coisa apenas sabemos: que uma parte dos seres humanos está salva, a outra ficará condenada. Supor que mérito humano ou culpa humana contribuam para fixar esse destino significaria encarar as decisões absolutamente livres de Deus, firmadas desde a eternidade, como passíveis de alteração por obra humana: ideia impossível. Do "Pai que está no céu", mostrado pelo Novo Testamento de forma acessível à compreensão humana, o qual se alegra com o regresso do pecador feito a mulher que acha a moeda que havia perdido, deu lugar aqui a um Ser transcendente que escapa a toda compreensão humana e que, desde a eternidade, por decretos de todo insondáveis, fixa o destino de cada indivíduo e dispõe cada detalhe no cosmos.[16] Uma vez estabelecido que seus decretos são imutáveis, a graça de Deus é tão imperdível por aqueles a quem foi concedida como inacessível àqueles a quem foi recusada.

Ora, em sua desumanidade patética, essa doutrina não podia ter outro efeito sobre o estado de espírito de uma geração que se rendeu à sua formidável coerência, senão este, antes de mais nada: um sentimento de inaudita *solidão interior do indivíduo.*[17] No assunto mais decisivo da vida nos tempos da Reforma — a bem-aventurança eterna — o ser humano se via relegado a traçar sozinho sua estrada ao encontro do destino fixado desde toda a eternidade. Ninguém podia ajudá-lo. Nenhum pregador: pois somente o eleito é capaz de compreender *spiritualiter* {em espírito} a palavra de Deus. Nenhum sacramento: pois os sacramentos, com certeza ordenados por Deus para o aumento de sua glória e sendo por conseguinte invioláveis, não são contudo um meio de obter a graça de Deus, limitando-se apenas a ser, subjetivamente, *externa subsidia* {auxílios externos} da fé. Nenhuma Igreja: pois embora a sentença *extra ecclesiam nulla salus* implique como sentido que quem se afasta da verdadeira Igreja nunca mais pode pertencer aos eleitos de Deus,[18] resta o fato de que também os réprobos fazem parte da Igreja (externa), mais que isso, *devem* fazer parte dela e sujeitar-se à sua disciplina, não para através disso chegar à bem-aventurança eterna — isso é impossível —, mas porque, para a glória de Deus, eles devem ser além do mais obrigados pela força a observar os mandamentos. E, por fim, nenhum Deus: pois mesmo Cristo só morreu pelos eleitos,[19] aos quais Deus havia decidido desde a eternidade dedicar sua morte sacrificial. [Isto: a supressão absoluta da salvação eclesiástico-*sacramental* (que no luteranismo de modo algum havia se consumado em todas as suas consequências) era o absolutamente decisivo em face do catolicismo. Aquele grande processo histórico-religioso do *desencantamento* do mundo[20] que teve início com as profecias do judaísmo antigo e, em conjunto com o pensamento científico helênico, repudiava como superstição e sacrilégio todos os meios *mágicos* de busca da salvação, encontrou aqui sua conclusão. O puritano genuíno ia ao ponto de condenar até mesmo todo vestígio de cerimônias religiosas fúnebres e enterrava os seus sem canto nem música, só para não dar trela ao aparecimento da *superstition*, isto é, da confiança em efeitos salvíficos à maneira mágico-sacramental.[21] Não havia nenhum meio mágico, melhor dizendo, meio nenhum que proporcionasse a graça divina a quem Deus houvesse decidido negá-la.] Em conjunto com a peremptória doutrina da incondicional distância de Deus e da falta de valor de tudo quanto não passa de criatura, esse isolamento íntimo do ser humano explica a posição absolutamente negativa do puritanismo perante todos os elementos de ordem sensorial e *sentimental* na cultura e na religiosidade subjetiva — pelo fato de serem inúteis à salvação e fomentarem as ilusões do sentimento e a superstição divinizadora da criatura — e com isso fica explicada a recusa em princípio de toda cultura dos sentidos em geral.[22] Isso por um lado. Por outro lado, ele constitui uma das raízes daquele individualismo desiludido e de coloração pessimista[23] como o que ainda hoje percute no "caráter nacional" e nas instituições dos povos com passado puritano — em flagrante contraste com as lentes tão outras pelas quais mais tarde a "Ilustração" veria os seres humanos.[24] No período histórico do qual nos ocupamos, vestígios desse influxo da doutrina da predestinação se mostram com nitidez em manifestações elementares tanto da conduta de vida quanto da concepção de vida, ainda quando sua vigência como dogma já estivesse em declínio: sim, ela não era senão a forma *mais extrema* da *exclusividade* da confiança *em Deus*, cuja análise interessa aqui. Isso se vê, por exemplo, na admoestação tantas vezes repisada na literatura puritana inglesa contra toda confiança na ajuda e na amizade dos homens.[25] Profunda desconfiança dos amigos, inclusive do amigo mais próximo, é o que aconselha até mesmo o bondoso Baxter, e Bailey recomenda abertamente não confiar em ninguém e não confidenciar a ninguém nada de comprometedor: "homem de confiança", só Deus mesmo.[26] Em nítido contraste com o luteranismo [e em conexão com esse estado de espírito], a confissão auricular, contra a qual o próprio Calvino só tinha lá suas reservas porque havia o risco de ser [mal] interpretada como se fora um sacramento, nas zonas de maior penetração do calvinismo desapareceu sem fazer barulho: [mas foi um acontecimento do maior alcance. Primeiro, como sintoma do tipo de eficácia dessa religiosidade. E, depois, como fator psicológico de desenvolvimento de sua atitude ética. O meio usado para a "ab-reação" periódica da consciência de culpa afetivamente carregada[27] estava removido. Voltaremos a falar mais tarde das consequências {de um acontecimento desses} para a práxis moral cotidiana. Palpáveis, entretanto, são os resultados disso para a situação religiosa do conjunto das pessoas.] Se bem que a pertença à verdadeira Igreja fosse uma condição necessária inerente à salvação,[28] a relação do calvinista com seu Deus se dava em profundo isolamento interior. Quem quiser sentir os efeitos específicos[29] dessa atmosfera peculiar confira, neste que de longe é o livro mais lido de toda a literatura puritana, *Pilgrim's Progress*, de Bunyan,[30] a descrição do comportamento do protagonista Christian após tomar consciência de que se encontra na "cidade da perdição" e ser então surpreendido por um chamamento que o conclama a sair sem demora em peregrinação à cidade celestial. A mulher e os filhos agarram-se a ele — mas ele, tapando os ouvidos com os dedos, vai em frente gritando "Vida, vida eterna!" [*"Life, eternal life!"*] Não há refinamento literário capaz de reproduzir melhor que a sensibilidade ingênua desse latoeiro — que se mete a escrever em versos na prisão e colhe o aplauso de um mundo inteiro [de crentes] — o estado de espírito do crente puritano que no fundo só se ocupa consigo mesmo e só pensa na própria salvação, conforme se vê pelos diálogos edificantes que no caminho ele trava com outros peregrinos movidos pela mesma ambição e que lembram [mais ou menos] os *Gerechter Kammacher* de Gottfried Keller. É só quando já está salvo que lhe ocorre a ideia de que seria bom ter a família junto de si. O medo da morte e do além-túmulo que o atormenta é o mesmo que se pode sentir, tão penetrante, em Afonso de Ligório na descrição de Döllinger — a léguas de distância do espírito de orgulhosa intramundanidade a que Maquiavel dá voz quando faz o elogio daqueles cidadãos florentinos — em luta contra o papa e o interdito {episcopal} — para os quais "o amor por sua cidade natal estava acima do medo pela salvação de suas almas" [e, claro, ainda mais distante de sentimentos como os que Richard Wagner põe nos lábios de Siegmund antes do combate mortal: "Salve Wotan, salve Valhala... Das ásperas delícias do Valhala, não me fales nada, deveras". Só que precisamente os *efeitos* desse medo em Bunyan e Afonso de Ligório são caracteristicamente bem diversos: o mesmo medo que instiga este último à humilhação de si nos limites do concebível incita o primeiro a uma luta sem descanso e sistemática com a vida. De onde vem essa diferença?]

Como associar essa tendência do indivíduo a se soltar interiormente dos laços mais estreitos com que o mundo o abraça à incontestável superioridade do calvinismo na organização social,[31] à primeira vista parece um enigma. É que, por estranho que possa parecer de início, tal superioridade é simplesmente resultado daquela conotação específica que o "amor ao próximo" cristão deve ter assumido sob a pressão do isolamento interior do indivíduo exercida pela fé calvinista. [A princípio ela é de fundo dogmático.[32]] O mundo está destinado a isto [e apenas a isto]: a servir à autoglorificação de Deus; o cristão [eleito] existe para isto [e apenas para isto]: para fazer crescer no mundo a glória de Deus, cumprindo, de sua parte, os mandamentos Dele. Mas Deus quer do cristão uma obra social *porque* quer que a conformação social da vida se faça conforme seus mandamentos e seja endireitada de forma a corresponder a esse fim. O trabalho social[33] do calvinista no mundo é exclusivamente trabalho *in majorem* Dei *gloriam* {para aumentar a glória *de Deus*}. Daí por que o trabalho *numa profissão* que está a serviço da vida intramundana da coletividade também apresenta esse caráter. Nós vimos já em Lutero a derivação da divisão do trabalho em profissões a partir do "amor ao próximo". Mas aquilo que nele não passou do estágio de um ensaio ainda incerto, [de pura construção ideal], nos calvinistas tornou-se parte característica de seu sistema ético. O "amor ao próximo" — já que só lhe é permitido servir à glória de *Deus*[34] e não à da *criatura*[35] — expressa-se *em primeiro lugar* no cumprimento da missão *vocacional-profissional* imposta pela *lex naturae*, e nisso ele assume um caráter peculiarmente objetivo-*im*pessoal: trata-se de um serviço prestado à conformação racional do cosmos social que nos circunda. Pois conformar e endireitar em relação a fins esse cosmos, que segundo a revelação da Bíblia e também segundo a razão natural está manifestamente talhado a servir à "*utilidade*" do gênero humano, permitem reconhecer como o trabalho a serviço dessa utilidade social [impessoal] promove a glória de Deus e, portanto, por Deus é querido. [A eliminação total do problema da teodiceia e de todas as indagações sobre o "sentido" do mundo e da vida, em função das quais outros se dilaceravam, era para o puritano algo tão evidente por si só quanto o era — por razões bem diversas — para o judeu. E, aliás, também para a religiosidade cristã não mística, em certo sentido. No calvinismo, ainda um outro traço atuando na mesma direção contribuiu para essa economia de forças. A cisão entre o "indivíduo" e a "ética" (no sentido de Sören Kierkegaard) não se punha para o calvinismo, embora em matéria de religião ele deixasse o indivíduo entregue a si mesmo.]

[Não é este o lugar de analisar as razões para isso, como também] não cabe analisar aqui a significação desses pontos de vista para o racionalismo político e econômico do calvinismo. Aí reside a fonte do caráter *utilitário* da ética calvinista, e daí igualmente advieram importantes peculiaridades da concepção calvinista de vocação profissional.[36] — Mas antes voltemos, mais uma vez, à consideração em especial da doutrina da predestinação.

Ora, o problema para nós decisivo é antes de tudo: como foi *suportada* essa doutrina[37] numa época em que o Outro Mundo era não só mais importante, mas em muitos aspectos também mais seguro do que os interesses da vida neste mundo.[38] Uma questão impunha-se de imediato a cada fiel individualmente e relegava todos os outros interesses a segundo plano: Serei *eu* um dos eleitos? E como *eu* vou poder ter certeza dessa eleição?[39] Para Calvino pessoalmente, isso não era problema. Ele se sentia uma "ferramenta" de Deus e tinha certeza do seu estado de graça. Assim sendo, para a pergunta de como o indivíduo poderia certificar-se de sua própria eleição, no fundo ele tinha uma resposta só: que devemos nos contentar em tomar conhecimento do decreto de Deus e perseverar na confiança em Cristo operada pela verdadeira fé. Ele rejeita por princípio que nos outros se possa reconhecer, pelo comportamento, se são eleitos ou condenados, presunçosa tentativa de penetrar nos mistérios de Deus. Nesta vida, os eleitos em nada diferem externamente dos condenados,[40] e mesmo todas as experiências subjetivas dos eleitos também são possíveis nos condenados — como *ludibria spiritus sancti* {ardilezas do Espírito Santo} —, a única exceção é a firme confiança de quem crê e persevera *finaliter* {até o fim}. Os eleitos são e permanecem, portanto, a Igreja *in*visível de Deus. Outra, naturalmente, é a posição dos epígonos — já desde Teodoro de Beza — e mais ainda a da ampla camada do comum dos mortais. Para eles a *certitudo salutis*, no sentido da *distinguibilidade* do estado de graça, haveria de assumir uma significação absolutamente prioritária,[41] e bem assim, onde quer que a doutrina da predestinação vigorasse, não faltou a questão de saber se existiam marcas certeiras com base nas quais se pudesse reconhecer quem pertencia aos "*electi*". Essa questão teve durante muito tempo uma significação em certo sentido central no desenvolvimento do pietismo, movimento que brotou originalmente no chão da *Igreja reformada* e, em dados momentos, foi um de seus traços constitutivos, mas não só isso: se considerarmos a enorme significação política e social da doutrina da ceia do Senhor e de sua práxis na Igreja reformada, não poderemos deixar de falar do papel que durante todo o século XVII, mesmo fora do pietismo, a distinguibilidade do estado de graça do indivíduo teve para a questão, digamos, de ser admitido à santa ceia, ou seja, ao ato de culto estratégico do ponto de vista da estima [ou: posição] social dos participantes.

Uma vez posta a questão do estado de graça *pessoal*, contentar-se com o critério a que Calvino remetia e que, em princípio ao menos, nunca foi abandonado formalmente pela doutrina ortodoxa,[42] a saber, o testemunho pessoal da fé perseverante que a graça opera no indivíduo,[43] era no mínimo impossível. Em particular na prática da cura de almas, que vira e mexe se viu às voltas com os tormentos provocados pela doutrina. E se arranjou como pôde com essas dificuldades, de diversas maneiras.[44] Com efeito, na medida em que a doutrina da predestinação não se altera, nem se atenua e nem é fundamentalmente abandonada,[45] surgem na cura de almas dois tipos básicos de aconselhamento, muito característicos e mutuamente relacionados. De um lado, torna-se pura e simplesmente um dever *considerar-se* eleito e repudiar toda e qualquer dúvida como tentação do diabo,[46] pois a falta de convicção, afinal, resultaria de uma fé insuficiente e, portanto, de uma atuação insuficiente da graça. A exortação do apóstolo a "se segurar" no chamado recebido é interpretada aqui, portanto, como dever de conquistar na luta do dia a dia a certeza subjetiva da própria eleição e justificação. Em lugar dos pecadores humildes a quem Lutero promete a graça quando em fé penitente recorrem a Deus, disciplinam-se dessa forma aqueles "santos" autoconfiantes[47] com os quais toparemos outra vez na figura dos comerciantes puritanos da época heroica do capitalismo, rijos como aço, e em alguns exemplares isolados do presente. E, de outro lado, distingue-se o *trabalho profissional sem descanso* como o meio mais saliente para se *conseguir* essa autoconfiança.[48] Ele, e somente ele, dissiparia a dúvida religiosa e daria a certeza do estado de graça.

Ora, que o trabalho profissional mundano fosse tido como capaz de um feito como *esse* [— que ele pudesse por assim dizer ser tratado como o meio apropriado de uma ab-reação dos afetos de angústia religiosa —] encontra sua explicação nas profundas peculiaridades da sensibilidade religiosa cultivada na Igreja reformada {calvinista}, cuja expressão mais nítida, em franca oposição ao luteranismo, está na doutrina da justificação pela fé. No belo ciclo de palestras de Schneckenburger[49] essas diferenças são analisadas objetivamente, com tamanha sutileza e tamanha isenção de qualquer juízo de valor, que as breves observações que vêm a seguir vão simplesmente retomar sua exposição.

A suprema experiência religiosa a que aspira a piedade luterana, tal como se desenvolveu notadamente no curso do século XVII, é a *unio mystica* com a divindade.[50] Como já sugere a própria expressão, que nesses precisos termos é desconhecida da doutrina reformada, trata-se de um sentimento substancial de Deus: a sensação de uma real penetração do divino na alma crente, qualitativamente igual aos efeitos da contemplação à maneira dos místicos alemães e caracterizada por um cunho de *passividade* orientada a preencher a saudade do *repouso* em Deus e por um estado interior de pura disponibilidade. [Ora, em si mesma, uma religiosidade misticamente orientada — conforme ensina a história da filosofia — não só é perfeitamente compatível com um senso de realidade marcadamente realista no plano do dado empírico, mas também muitas vezes, em consequência de sua rejeição das doutrinas dialéticas, chega a ser para este um suporte direto. E indiretamente a mística também pode, por assim dizer, trazer benefícios à conduta de vida racional. É claro, porém, que a esse seu modo de relação com o mundo falta a valoração positiva da atividade externa.] Além do mais, no luteranismo a *unio mystica* se combinava com aquele sentimento profundo de indignidade decorrente do pecado original, que devia manter o crente luterano na *poenitentia quotidiana* destinada a curti-lo na humildade e simplicidade indispensáveis ao perdão dos pecados. Já a religiosidade específica da Igreja reformada, em compensação, de saída se colocou [contra a fuga quietista do mundo defendida por Pascal bem como] contra essa forma luterana de piedade sentimental voltada puramente para dentro. A penetração real do divino na alma humana estava excluída pela absoluta transcendência de Deus em relação a tudo o que é criatura: *finitum non est capax infiniti* {o que é finito não é capaz de infinito}. A comunhão entre Deus e seus escolhidos e a tomada de consciência dessa comunhão só podem se dar pelo fato de Deus neles *agir* (*operatur*) e eles tomarem consciência disso — pelo fato, portanto, de a *ação* nascer da fé operada pela graça de Deus e essa fé, por sua vez, ser legitimada pela qualidade dessa ação. [Profundas diferenças quanto às condições decisivas para a salvação,[51] válidas em geral para a classificação de toda religiosidade prática, encontram expressão aqui: o virtuose religioso pode certificar-se do seu estado de graça *quer* se sentindo como receptáculo, *quer* como ferramenta da potência divina. No primeiro caso, sua vida religiosa tende para a cultura mística do sentimento; no segundo, para a *ação* ascética. Do primeiro tipo estava mais perto Lutero; o calvinismo pertencia ao segundo.] O reformado {o calvinista} também queria salvar-se *sola fide*. Entretanto, dado que já na visão de Calvino os simples sentimentos e estados de espírito, por mais sublimes que possam parecer, são enganosos,[52] a fé precisa se comprovar por seus *efeitos* objetivos a fim de poder servir de base segura para a *certitudo salutis*: precisa ser uma *fides efficax*[53] [e o chamado à salvação, um *effectual calling* (termo da *Savoy Declaration*)]. Ora, se perguntarmos: *em quais* frutos o reformado {o calvinista} é capaz de reconhecer sem sombra de dúvida a justa fé, a resposta será: numa condução da vida pelo cristão que sirva para aumento *da glória de Deus*. E o que leva a isso é deduzido de sua divina vontade diretamente revelada na Bíblia ou indiretamente manifestada nas ordens do mundo criadas segundo fins (*lex naturae*).[54] É possível controlar seu estado de graça comparando em especial seu próprio estado de alma com aquele que segundo a Bíblia era próprio dos eleitos, dos patriarcas por exemplo.[55] Só quem é eleito *possui* a verdadeira *fides efficax*,[56] só ele é capaz, por conta do seu renascimento (*regeneratio*) e da santificação (*sanctificatio*) da sua vida inteira, de aumentar a glória de Deus por meio de obras boas realmente, não apenas aparentemente boas. E estando consciente de que sua conduta — ao menos no tocante ao seu caráter fundamental e ao seu propósito constante (*propositum oboedientiae*) — se assenta numa força que nele habita[57] para a maior glória de Deus, e portanto [não é apenas] desejada por Deus, [mas sobretudo] *operada* por Deus,[58] alcança ele aquele bem supremo a que aspirava essa religiosidade: a certeza da graça.[59] Que ela possa ser alcançada é corroborado por 2Cor 13, 5.[60] E, portanto, por absolutamente incapazes que sejam as boas obras de servir como meio de obter a bem-aventurança eterna — já que o próprio eleito permanece criatura, e tudo o que ele faz permanece infinitamente aquém das exigências divinas —, não deixam de ser imprescindíveis como *sinais* da eleição.[61] [Elas são o meio técnico, não de comprar a bem-aventurança mas sim: de perder o medo de não tê-la.] Nesse sentido, de vez em quando elas são designadas diretamente como "indispensáveis à salvação",[62] ou a *possessio salutis* é vinculada a elas.[63] Ora, em termos práticos isso significa que, no fim das contas, Deus ajuda a quem se ajuda,[64] por conseguinte o calvinista, como de vez em quando também se diz, "*cria*" *ele mesmo*[65] sua bem-aventurança eterna — em rigor o correto seria dizer: a *certeza* dela —, mas esse criar *não pode* consistir, como no catolicismo, num acumular progressivo de obras meritórias isoladas, mas sim numa auto*inspeção sistemática* que *a cada instante* enfrenta a alternativa: eleito ou condenado? Com isso atingimos um ponto muito importante das nossas considerações.

É sabido que do lado dos luteranos sempre foi feita a acusação de "santificação pelas obras"[66] a essa linha de pensamento que com crescente nitidez se foi elaborando nas igrejas e seitas reformadas.[67] E com carradas de razão — por justificado que fosse o protesto dos acusados contra o fato de sua posição *dogmática* estar sendo assimilada à doutrina católica — quando se pensa nas consequências *práticas* dessa concepção para o cotidiano do cristão médio da Igreja reformada.[68] Pois talvez jamais haja existido forma mais intensa de valorização religiosa da *ação* moral do que aquela produzida pelo calvinismo em seus adeptos. Para atinar com a significação prática dessa forma de "santificação pelas obras", decisivo em primeiro lugar é saber reconhecer as *qualidades* que caracterizam essa conduta de vida para diferenciá-la da vida cotidiana de um cristão médio da Idade Média. Talvez se possa tentar formulá-la assim: o católico [leigo normal] da Idade Média[69] vivia, do ponto de vista ético, por assim dizer "*von der Hand in der Mund*" {"da mão para a boca"}. Antes de mais nada, cumpria conscienciosamente os deveres tradicionais. As "boas obras" que por acréscimo ele viesse a fazer permaneciam como ações *isoladas* [que não necessariamente formavam um conjunto coerente e tampouco eram racionalizadas na forma de um *sistema* de vida], ações essas que [dependendo da ocasião] ele executava, por exemplo, para compensar pecados concretos ou, sob influência dos padres ou então perto do fim da vida, como se fosse um prêmio de seguro. [Claro que a ética católica era ética de "convicção". Só que era a *intentio* concreta da ação *isolada* que decidia sobre seu valor. E a ação *isolada* — boa ou má — era lançada como crédito em favor do seu autor, influindo no seu destino eterno e também no temporal. Bastante realista, a Igreja {católica} apostava que o ser humano *não* era um todo unitário e não podia ser julgado de forma absolutamente inequívoca, e sabia que sua vida moral era (normalmente) um comportamento o mais das vezes muito contraditório, influenciado por motivos conflitantes. Claro que ela também exigia dele, como ideal, a mudança de vida em nível de *princípios*. Mas mesmo essa exigência vinha mitigada (para a média dos fiéis) por um de seus instrumentos mais eminentes de poder e educação: o sacramento da confissão, cuja função estava profundamente ligada à mais íntima das peculiaridades da religiosidade católica.

O desencantamento do mundo: a eliminação da *magia* como meio de salvação,[70] não foi realizado na piedade católica com as mesmas consequências que na religiosidade puritana (e, antes dela, somente na judaica). O católico[71] tinha à sua disposição a *graça sacramental* de sua Igreja como meio de compensar a própria insuficiência: o padre era um mago que operava o milagre da transubstanciação e em cujas mãos estava depositado o poder das chaves. Podia-se recorrer a ele em arrependimento e penitência, que ele ministrava expiação, esperança da graça, certeza do perdão e dessa forma ensejava a *descarga* daquela *tensão* enorme, na qual era destino inescapável e implacável do calvinista viver. Para este não havia consolações amigáveis e humanas, nem lhe era dado esperar reparar momentos de fraqueza e leviandade com redobrada boa vontade em outras horas, como o católico e também o luterano.] O Deus do calvinismo exigia dos seus, não "boas obras" isoladas, mas uma santificação pelas obras erigida em sistema.[72] [Nem pensar no vaivém católico e autenticamente humano entre pecado, arrependimento, penitência, alívio e, de novo, pecado, nem pensar naquela espécie de saldo da vida inteira a ser quitado seja por penas temporais seja por intermédio da graça eclesial.] A práxis ética do comum dos mortais foi assim despida de sua falta de plano de conjunto e sistematicidade e convertida num *método* coerente de condução da vida como um todo. Não foi por acaso que o rótulo "metodistas" colou naqueles que foram os portadores do último grande redespertar de ideias puritanas do século XVIII, da mesma forma que aos seus antepassados espirituais do século XVII fora aplicada, com plena equivalência de sentido, a designação de "precisistas".[73] Pois só com uma transformação radical do sentido de toda a vida, a cada hora e a cada ação,[74] o efeito da graça podia se comprovar como um arranque do *status naturae* rumo ao *status gratiae*. A vida do "santo" estava exclusivamente voltada para um fim transcendente, a bem-aventurança, mas *justamente por isso* ela era *racionalizada* [de ponta a ponta] em seu percurso intramundano e dominada por um ponto de vista exclusivo: aumentar a glória de Deus na terra — jamais se levou tão a sério a sentença *omnia in majorem Dei gloriam*.[75] E só uma vida regida pela reflexão constante podia ser considerada superação do *status naturalis*: foi com essa reinterpretação ética que os puritanos contemporâneos de Descartes adotaram o *cogito ergo sum*.[76] Essa racionalização conferiu à piedade reformada seu traço especificamente *ascético* e consolidou tanto seu parentesco íntimo[77] quanto seu antagonismo específico com o catolicismo. [Claro que coisas do gênero não eram estranhas ao catolicismo.]

A ascese cristã [sem dúvida abrigou em si, tanto na manifestação exterior quanto no sentido, elementos extremamente variegados. Mas no Ocidente ela] carregou, sim, em suas formas mais avançadas através da Idade Média [e em vários exemplos já na Antiguidade] um caráter *racional*. Nisso repousa a significação histórico-universal da conduta de vida monástica ocidental em seu contraste com o monasticismo oriental [— não em seu conjunto, mas em seu tipo geral]. Em princípio, já na regra de são Bento, e mais ainda entre os monges cluniacenses e [mais ainda entre] os cistercienses e, finalmente, da forma mais peremptória, entre os jesuítas, ela se emancipara seja da fuga do mundo desprovida de plano de conjunto, seja da virtuosística tortura de si. Tornara-se um método sistematicamente arquitetado de condução racional da vida com o fim de suplantar o *status naturae*, de subtrair o homem ao poder dos impulsos irracionais e à dependência em relação ao mundo e à natureza, de sujeitá-lo à supremacia de uma vontade orientada por um plano,[78] de submeter permanentemente suas ações à auto*inspeção* e à *ponderação* de sua envergadura ética, e dessa forma educar o monge — objetivamente — como um operário a serviço do reino de Deus e com isso lhe assegurar — subjetivamente — a salvação da alma. Esse [— ativo —] domínio de si, meta visada pelos *Exercícios espirituais* de Santo Inácio e, de modo geral, pelas formas mais requintadas das virtudes monásticas,[79] foi também o ideal de vida prático decisivo do puritanismo.[80] No profundo desdém com que os relatos dos interrogatórios dos mártires puritanos contrapõem ao barulhento falatório dos nobres prelados e funcionários[81] a reserva serena e calma de seus fiéis, já se nota aquele apreço pelo autocontrole reservado que caracteriza os melhores tipos do *gentleman* inglês e anglo-americano mesmo dos dias de hoje.[82] Falando em jargão corrente:[83] a ascese puritana — como toda ascese "racional" — trabalhava com o fim de tornar o ser humano capaz de enunciar afirmativamente e fazer valer, em face dos "afetos", seus "motivos constantes", em particular aqueles que ela mesma lhe "inculcava": — com o fim, portanto, de educá-lo como uma "personalidade", *neste* sentido da psicologia formal. Poder levar uma vida sempre alerta, consciente, clara, ao contrário do que se fala em muitas das representações populares, era a meta; eliminar a espontaneidade do gozo impulsivo da vida, a missão mais urgente; botar *ordem* na conduta de vida de seus seguidores, o *meio* mais importante da ascese. Todos esses pontos de vista, que são decisivos, encontram-se estampados nas regras do monasticismo católico[84] tanto quanto nos princípios de conduta de vida dos calvinistas.[85] Nessa abordagem metódica do ser humano por completo é que moram, num e noutro caso, seu enorme poder de triunfar do mundo e, sobretudo no calvinismo em comparação com o luteranismo, sua capacidade de assegurar o longo fôlego do protestantismo como *ecclesia militans*.

Fácil captar, por outro lado, em que ponto se dava o *contraste* entre a ascese calvinista e a medieval: na supressão dos *consilia evangelica* e, com isso, na transformação da ascese em ascese puramente *intra*mundana. Não que no seio do catolicismo a vida "metódica" tivesse permanecido circunscrita às celas de mosteiro. Não foi esse o caso, nem teoricamente, nem na prática. Já se salientou acima que, apesar da maior moderação moral do catolicismo, uma vida ética sem cunho sistemático *não* chegava a atingir os mais altos ideais para os quais ele apontava — mesmo em se tratando da vida intramundana.[86] A Ordem Terceira de São Francisco, por exemplo, foi uma vigorosa tentativa na direção de uma penetração ascética da vida cotidiana e, como se sabe, não foi a única. Livros como a *Imitação de Cristo*, precisamente pela maneira como exerceram sua forte influência, revelam como a espécie de conduta de vida que aí se prega era percebida como estando *um quê acima* do mínimo considerado suficiente, mostrando por outro lado que este último *não* era medido pelo metro de que dispunha o puritanismo. E a *práxis* de certas instituições eclesiásticas, particularmente a das indulgências, que na época da Reforma, também por isso, não foi sentida simplesmente como um abuso periférico mas como o pior de todos os males, não tinha como não tolher constantemente os recorrentes arroubos de ascese intramundana sistemática. Mas isto é que foi decisivo: o indivíduo que *par excellence* levava uma vida metódica no sentido religioso era e continuou sendo, *única e exclusivamente, o monge*, e portanto a ascese, quanto mais intensamente tomava conta do indivíduo, mais o apartava da vida cotidiana, já que a vida especificamente santa consistia mesmo em *suplantar* a moralidade intramundana.[87] Quem primeiro deixou isso de lado — e não como quem realiza alguma "tendência de desenvolvimento imanente", mas a partir de experiências absolutamente pessoais, [no começo aliás ainda hesitante em relação às consequências práticas,] depois impelido pela situação *política* — foi Lutero. E o calvinismo não fez mais que lhe seguir os passos.[88] [A bem da verdade, a propósito dessa forma de religiosidade Sebastian Franck já havia acertado no alvo, quando divisou a significação da Reforma no fato de que agora *cada* cristão devia ser um monge ao longo de toda sua vida.] Um dique foi erguido para impedir que a ascese continuasse a desbordar da vida cotidiana em meio ao mundo, e àquelas naturezas internalizadas e passionalmente sérias que até então haviam fornecido ao monacato os seus melhores representantes agora era ensinado que se devotassem a ideais ascéticos *dentro* da vida profissional mundana. Só que o calvinismo, na sequência de seu desenvolvimento, acrescentou a isso um aporte positivo: a ideia da necessidade de uma *comprovação da fé* na vida profissional mundana.[89] Fornecia assim [a amplas camadas de naturezas com pendor religioso] o *estímulo positivo* da ascese e, uma vez ancorada sua ética na doutrina da predestinação, a aristocracia espiritual dos monges situada além e acima do mundo cedia lugar à aristocracia espiritual dos santos *no* mundo desde toda a eternidade predestinados por Deus,[90] aristocracia essa que com seu *character indelebilis* {caráter indelével} está separada do resto da humanidade, constituído de réprobos desde toda a eternidade, por um abismo em princípio intransponível e ainda mais inquietante em sua invisibilidade[91] do que o do monge medieval apartado do mundo — um abismo sulcado com áspera agudez em *todos* os sentimentos sociais. É que para esse estado de graça dos eleitos e, portanto, santos pela graça divina, não era adequada a solicitude indulgente com os pecados do próximo apoiada na consciência da própria fraqueza, mas sim o ódio e o desprezo por um inimigo de Deus, alguém que portava em si o estigma da perpétua danação.[92] Esse modo de sentir era suscetível de um agravamento tal, que dependendo das circunstâncias desembocava na formação de *seitas*. Esse foi o caso quando — a exemplo das correntes "independentes" do século XVII — a crença genuinamente calvinista de que a glória de Deus exigia submeter os condenados à Lei por meio da Igreja foi sobrepujada pela convicção de que era para Deus um ultraje quando um não regenerado se encontrava em meio ao seu rebanho e tomava parte nos sacramentos ou até mesmo — no cargo de pastor — ministrava sacramentos.[93] [Foi o que aconteceu quando, em decorrência da ideia de comprovação, emergiu um conceito de Igreja de cunho donatista, valha a palavra, como foi o caso entre os batistas calvinistas.] E mesmo quando não se impôs a exigência [de uma Igreja "pura" enquanto comunidade de regenerados comprovados] em suas [últimas] consequências, [a saber], a formação de uma seita, foram múltiplas e diversas as configurações de constituição eclesiástica que resultaram da tentativa de separar os cristãos regenerados dos não regenerados — estes últimos, cristãos não maduros para o sacramento — [de reservar aos primeiros o governo da Igreja ou em todo caso uma posição de destaque] e de admitir como pregadores apenas os regenerados.[94]

Evidentemente, a Bíblia forneceu a essa conduta de vida ascética a norma fixa pela qual ela sempre podia se orientar e da qual manifestamente precisava. E na tão propalada "bibliocracia" do calvinismo, o importante para nós está no fato de que: o Antigo Testamento erguia-se de *igual para igual* com o Novo em matéria de dignidade, porque tão inspirado quanto o Novo em seus preceitos morais escritos, salvo aqueles visivelmente aplicáveis somente às condições históricas do judaísmo ou revogados expressamente por Cristo. Para os *crentes* calvinistas, a Lei fora dada como norma ideal, jamais totalmente executável e no entanto válida,[95] ao passo que Lutero — em seus primórdios — havia, pelo contrário, celebrado como um privilégio divino dos fiéis a *liberdade* frente à subserviência à Lei.[96] Pode-se sentir em toda a sua atmosfera de vida o efeito da sabedoria hebraica de vida, plena de Deus e entretanto plenamente sóbria, que se expressa nos livros da Bíblia mais lidos pelos puritanos: os Provérbios de Salomão e determinados salmos. Em particular o caráter *racional:* o abafamento [dos aspectos místicos e em geral] dos aspectos *sentimentais* da religiosidade remonta, como bem notou Sanford,[97] à influência do Antigo Testamento. Em si, não obstante, esse racionalismo vétero-testamentário era, como tal, essencialmente de cunho tradicionalista pequeno-burguês, e além do mais não se alternava somente com o intenso *pathos* dos profetas e de muitos dos salmos, mas também com elementos que já na Idade Média haviam fornecido os pontos de partida para o desenvolvimento de uma religiosidade especificamente sentimental.[98] No fim das contas, foi mais uma vez o caráter que *individualiza o* calvinismo, a saber: seu caráter fundamentalmente ascético, que acabou por selecionar e assimilar os elementos [da espiritualidade] do Antigo Testamento que lhe eram congeniais.

Aquela sistematização da conduta de vida ética, que a ascese do protestantismo reformado [ou: calvinista] tem em comum com as formas racionais da vida monacal católica já se faz ver, em seu aspecto puramente externo, na maneira como o "preciso" cristão reformado [ou: puritano] *controlava* continuamente seu estado de graça.[99] É certo que o diário íntimo religioso no qual eram registrados por extenso ou mesmo em forma de tabelas os pecados, as tentações e os progressos feitos na graça era comum à *devotio moderna* católica (nomeadamente na França), criada em primeiro lugar pelos jesuítas, e à espiritualidade dos círculos mais zelosos da Igreja reformada.[100] Mas enquanto no catolicismo ele servia à finalidade de uma confissão integral, ou oferecia ao *directeur de l'âme* {diretor espiritual} os elementos para um direcionamento autoritário do cristão [ou (o mais das vezes) da cristã], com a ajuda do diário o cristão reformado "tomava o pulso" de *si mesmo*. Todos os teólogos morais de relevo o mencionam, e um exemplo clássico é dado pela contabilidade sinóptica de Benjamin Franklin trazendo em tabelas as estatísticas de seus progressos em cada uma das virtudes.[101] E de outro lado, a velha imagem medieval (já presente na Antiguidade) da contabilidade feita por Deus, que Bunyan retoma na comparação de característico mau gosto que faz da relação entre o pecador e Deus com a relação entre um cliente e o *shopkeeper*: uma vez no vermelho, o devedor poderá, com a receita de todos os seus ganhos individuais, amortizar quando muito os juros incidentes, nunca porém saldar o principal.[102] Mas, a exemplo do que fazia com seu próprio comportamento, mais tarde o puritano passou a controlar também o de Deus e enxergava seu dedo em cada pormenor da vida. E daí, contrariamente à genuína doutrina de Calvino, sabia por que Deus tomara tal ou qual disposição. A santificação da vida quase chegava assim a assumir um caráter de administração de empresa.[103] Uma cristianização que penetrava a existência inteira foi a consequência dessa *metódica* da conduta de vida ética exigida pelo calvinismo, em contraste com o luteranismo. [Para compreender direito como foi o efeito do calvinismo, cumpre manter sempre diante dos olhos que essa *metódica* da conduta de vida ética, exigida pelo calvinismo mas não pelo luteranismo, foi decisiva para influenciar a vida. Disso resulta, de um lado, que somente *essa* característica podia exercer semelhante influência, mas de outro lado resulta também que, quando seus estímulos éticos eram análogos aos de outras confissões no que tange a este ponto decisivo — a saber: a ideia da comprovação —, elas não podiam deixar de operar na mesma direção.]

Até agora nos movemos no terreno da religiosidade calvinista e, portanto, pressupusemos a doutrina da predestinação como fundamento dogmático da moralidade puritana no sentido de uma conduta de vida ética metodicamente racionalizada. E assim fizemos porque esse dogma permaneceu como pedra angular da doutrina reformada para além dos círculos daquele partido religioso que em todos os aspectos manteve-se fixo no solo de Calvino, os "presbiterianos": ele estava contido não apenas na *Savoy Declaration,* de 1658, que é independente, mas igualmente na *Hanserd Knollys Confession*, de 1689, que é batista, e ainda no seio do metodismo, embora John Wesley, o grande talento organizador do movimento, fosse partidário da universalidade da graça, só que o grande agitador da primeira geração metodista e seu mais coerente pensador, Whitefield, assim como o círculo à volta de Lady Huntingdon, que numa certa época foi muito influente, eram partidários do "particularismo da graça". Dotada de formidável concatenação, foi essa doutrina que, na época fatídica do século XVII, sustentou nos aguerridos defensores da "vida santa" a ideia de serem ferramenta de Deus, executores de seus desígnios providenciais,[104] e evitou seu precoce colapso em uma forma de santificação pelas obras puramente utilitária, de estrita orientação mundana, que em última análise jamais teria sido capaz de motivar sacrifícios tão inauditos por metas irracionais e ideais. E a conjunção da crença em normas incondicionalmente válidas com o determinismo absoluto e a plena transcendência do suprassensível, que ela forjou em uma forma a seu modo genial, era enfim ao mesmo tempo — em linha de princípio — extraordinariamente mais "*moderna*" que a outra doutrina, mais suave e mais consoante ao sentimento, que sujeitava o próprio Deus à lei moral. Mas sobretudo a ideia da *comprovação* como ponto de partida psicológico da moralidade metódica, ideia que é fundamental para nossas considerações, conforme se constatará a cada passo, tinha que ser estudada em sua "forma pura" justamente na doutrina da predestinação e em sua significação para a vida cotidiana; recorrendo muito regularmente a essa ideia como esquema do encadeamento entre fé e moralidade nas denominações que ainda iremos analisar, tivemos que tomar como ponto de partida essa doutrina, que é a sua forma mais consequente. No seio do protestantismo, as consequências que *essa doutrina* necessariamente acarretou na conformação ascética da conduta de vida dos seus primeiros adeptos constituíram a antítese [mais] *fundamental* da impotência moral (relativa) do luteranismo. A *gratia amissibilis* luterana, que a todo instante podia ser recuperada com o arrependimento e a penitência, não continha *em si*, obviamente, nenhum estímulo àquilo que aqui nos importa como produto do protestantismo ascético: uma sistemática conformação racional da vida ética em seu conjunto.[105] Assim, a piedade luterana golpeava menos a vitalidade risonha e franca da ação impulsiva e da vida sentimental ingênua: faltava-lhe aquele estímulo à autoinspeção constante e, portanto, à regulamentação *planificada* da vida pessoal tal como implicado na inquietante doutrina do calvinismo. Um gênio religioso feito Lutero vivia descontraído nessa atmosfera de livre abertura ao mundo e — enquanto lhe valeu a força das asas — sem perigo de recair no *status naturalis*. E aquela forma de piedade singela, refinada e peculiarmente emotiva, que ornamentou vários dos mais destacados tipos de luterano, assim como sua moralidade solta das amarras da Lei, raramente encontra paralelos no terreno do puritanismo genuíno, mas muito mais no seio do suave anglicanismo de homens como Hooker, por exemplo, Chillingsworth e outros. Mas para o luterano comum, por mais zeloso que fosse, nada era mais certo que isto: ele foi tirado do *status naturalis* apenas temporariamente — só enquanto durar o influxo de cada confissão ou de cada prédica. Notória é a diferença, e tão impactante para as pessoas da época, entre o padrão ético das cortes reais calvinistas e o das luteranas, tantas vezes mergulhadas em farra e bebedeira,[106] assim como é célebre o desamparo do clero luterano, a pregar somente a fé, nada mais que a fé, tendo perante si os ascetas do movimento anabatista. Isso que nos alemães impressiona como "bom humor" e "naturalidade", em contraste com os anglo-americanos, que ainda hoje — até mesmo na fisionomia das pessoas — se acham sob o signo da anulação radical da espontaneidade do *status naturalis*, isso que geralmente causa estranheza aos alemães como se fosse estreiteza, falta de liberdade e retraimento interior — na verdade são antíteses de conduta de vida que decorrem [essencialmente mesmo] da *menor* impregnação da vida pela ascese no luteranismo quando comparado ao calvinismo. São sentimentos que exprimem bem a antipatia que nutre pelo ascetismo o "filho do mundo" dado aos prazeres terrenos. Faltava ao luteranismo, justamente por conta de sua doutrina da graça, o estímulo psicológico para a sistematização da conduta de vida, sua racionalização metódica. Esse estímulo, condição do caráter ascético de uma espiritualidade, *pôde* sem dúvida ser gerado, é o que veremos em breve, a partir de motivos religiosos de origem variada: a doutrina da predestinação do calvinismo foi somente *uma* entre muitas possibilidades. No entanto acabamos convencidos de que sua singularidade está não apenas em sua coerência absolutamente única, mas também em sua eficácia psicológica absolutamente formidável.[107] Os movimentos ascéticos *não* calvinistas, considerados puramente do ponto de vista da motivação religiosa de sua ascese, aparecem desde logo como *atenuações* da coerência interna do calvinismo.

Mas mesmo na realidade do desenvolvimento histórico as

coisas eram tais que a forma de ascese do calvinismo, não digo sempre, mas na maioria das vezes, ou foi imitada pelo resto dos movimentos ascéticos ou lhes serviu de termo de comparação e complemento na hora de desenvolver princípios próprios que dela divergissem ou desbordassem. [Onde, apesar de uma fundamentação doutrinal divergente, ainda assim surgiu igual coerência ascética, isso de modo geral foi resultado da *constituição* eclesiástica, e disso se há de falar noutro contexto.[108]]

{B. PIETISMO}

Historicamente, a ideia da predestinação foi para todos os efeitos ponto de partida para a corrente ascética habitualmente designada como "*pietismo*". Enquanto esse movimento se manteve no seio da Igreja reformada {calvinista}, fica praticamente impossível traçar uma fronteira nítida entre os calvinistas pietistas e os calvinistas não pietistas.[109] Quase todos os expoentes do puritanismo foram vez por outra tidos na conta de pietistas, e é uma opinião perfeitamente lícita a que vê todas aquelas conexões acima expostas entre as ideias de predestinação e as de comprovação alicerçadas no interesse em obter subjetivamente a *certitudo salutis* já como uma reinterpretação pietista da doutrina original de Calvino. [A eclosão de reavivamentos ascéticos no seio das comunidades calvinistas quase sempre esteve ligada, notadamente na Holanda, a um reaquecimento da doutrina da predestinação após período de momentâneo esquecimento, ou abatimento.] Por isso, na Inglaterra o mais das vezes não se costuma sequer empregar o conceito de "pietismo".[110] O próprio pietismo reformado do Continente (nos Países Baixos e no Baixo Reno) foi de início, pelo menos em seu núcleo, simplesmente uma radicalização da ascese calvinista, a exemplo, digamos, da religiosidade de Bailey. Tamanha foi a ênfase que recaiu na *praxis pietatis*, que a ortodoxia dogmática passou a segundo plano, quando não se tornou, por vezes, diretamente indiferente. Os predestinados, afinal, vez por outra podiam incorrer em erros dogmáticos, como de resto em outros pecados, e ensinava a experiência que inúmeros cristãos sem nenhum pendor para a teologia acadêmica rendiam os frutos mais manifestos da fé, ao passo que, por outro lado, ficava evidente que o simples conhecimento teológico estava longe de conduzir por si só à certeza da fé comprovada na mudança de vida.[111] Não era, portanto, pelo conhecimento teológico que se podia comprovar a condição de eleito.[112]

Daí por que o pietismo, nutrindo profunda desconfiança em relação à Igreja dos teólogos,[113] à qual — esta é uma de suas características — apesar de tudo continuou a pertencer oficialmente, começou a recolher os adeptos da *praxis pietatis* em "conventículos" apartados do mundo.[114] O pietista queria puxar para a terra e tornar visível a Igreja invisível dos santos e, recolhido nessa comunidade, sem chegar ao ponto de formar uma seita, levar uma vida morta para os influxos do mundo, orientada em todos os detalhes para a vontade de Deus, e assim permanecer com a certeza da própria regeneração, mesmo nos aspectos externos e mais corriqueiros de sua conduta de vida. A *ecclesiola* dos verdadeiros conversos desejava assim — traço comum a todo pietismo em sentido específico — saborear já neste mundo, em ascese intensificada, a comunhão com Deus em sua bem-aventurança. Ora bem, esta última pretensão tinha íntimo parentesco com a *unio mystica* luterana e muitas vezes levava a um cultivo do lado *sentimental* da religião mais pronunciado do que na média do cristianismo reformado. É possível então apontar, até onde chega *nosso* ponto de vista, que *essa* era a marca decisiva do "pietismo" no campo calvinista. Pois o fator sentimento, originalmente estranho à piedade calvinista como um todo, porém intimamente aparentado com certas formas da religiosidade medieval, desviava a religiosidade prática para os trilhos do gozo da bem-aventurança eterna já neste mundo, em detrimento da luta ascética com vistas a ter certeza quanto ao futuro no Outro Mundo. E esse sentimento *podia* intensificar-se a tal ponto que a religiosidade assumia um caráter francamente histérico e produzia então, conforme mostram inúmeros exemplos, uma alternância de fundo psicológico [neuropático] entre estados semiconscientes de êxtase religioso e períodos de letargia nervosa ressentidos como "afastamento de Deus", cujo *efeito* era exatamente o inverso daquela disciplina sóbria e rigorosa na qual a vida santa sistematizada do puritano capturava o indivíduo: um enfraquecimento daquelas "inibições" que escudavam a personalidade racional do calvinista contra os "afetos".[115] Do mesmo modo, a ideia calvinista de danação da criatura, transposta em forma de *sentimento* — por exemplo, o chamado "*Wurmgefühl*" {"sentimento de ser um verme"} —, *podia* dar em esgotamento da energia na vida profissional.[116] E a ideia de predestinação *podia*, por sua vez, converter-se em fatalismo, quando — ao arrepio das genuínas tendências da religiosidade calvinista racional — se tornava um objeto de apropriação por estados de espírito e *sentimentos*.[117] E finalmente, a propensão a isolar os santos do mundo, se sofresse forte intensificação de cunho *sentimental*, *podia* levar à formação de uma espécie de comunidade conventual de caráter semicomunista, conforme demonstrado recorrentemente pelo pietismo, mesmo dentro da Igreja reformada.[118] Mas enquanto não se chegava a esse extremo provocado pelo cultivo do fator *sentimento*, vale dizer, enquanto os pietistas reformados ainda buscavam certificar-se de sua salvação no interior da vida *profissional* mundana, o efeito prático dos princípios pietistas resumia-se pura e simplesmente a um controle ascético *ainda* mais estrito da conduta de vida na profissão, com um embasamento religioso da moralidade profissional ainda mais firme do que o desenvolvido pela simples "honestidade" mundana dos cristãos calvinistas normais, que a "elite" pietista via como um cristianismo de segunda ordem. A aristocracia religiosa dos santos que se desenvolveu em todo o leque da ascese calvinista, quanto mais se levava a sério, mais segura de si se mostrava e em seguida — esse foi o caso da Holanda — passou a se organizar voluntariamente no interior mesmo da Igreja na forma de conventículos, ao passo que no puritanismo inglês ela levou, em parte, a que a distinção formal entre cristãos ativos e passivos fosse incorporada na *constituição* da Igreja e, em parte, conforme já dissemos antes, à formação de seitas.

O desenvolvimento do pietismo *alemão* em terreno luterano — associado aos nomes de Spener, Francke, Zinzendorf — afasta-nos desde logo do terreno da doutrina da predestinação. Mas sem que necessariamente se desviasse ela própria daquelas linhas de ideias de cujo conjunto foi uma coroação lógica, como atesta especialmente a influência do pietismo anglo-holandês sobre Spener, por ele mesmo reivindicada de voz própria e promovida, por exemplo, na leitura de Bailey em seus primeiros conventículos.[119] Seja como for, do *nosso* ponto de vista específico, o pietismo significou unicamente a penetração da conduta de vida metodicamente cultivada e controlada, isto é, da *conduta de vida ascética*, até mesmo em zonas de religiosidade não calvinista.[120] Mas ao luteranismo não era dado sentir tal ascese racional a não ser como um corpo estranho, e a falta de coerência da doutrina pietista alemã se explica pelas dificuldades daí decorrentes. Para a fundamentação dogmática da conduta de vida religiosa sistemática, Spener combinou linhas de ideias luteranas com um marcador especificamente calvinista, a saber, as boas obras realizadas enquanto tais "em vista da *honra* de Deus",[121] e com a crença, de ressonâncias igualmente calvinistas, na possibilidade dada aos regenerados de alcançarem relativo grau de perfeição cristã.[122] Só que faltava justamente coerência à teoria: o caráter sistemático da conduta de vida cristã, que era essencial também ao seu pietismo, Spener, fortemente influenciado pelos místicos,[123] tratou mais de descrevê-lo de maneira um tanto imprecisa embora essencialmente luterana, do que de fundamentá-lo; ele não fez derivar a *certitudo salutis* da santificação invocando a ideia da comprovação, mas, em vez dela, escolheu a vinculação mais frouxa com a fé de cunho luterano,[124] antes mencionada. Mas a cada vez que no pietismo o elemento ascético-racional mantinha predominância sobre a parte do sentimento, as concepções que do nosso ponto de vista são decisivas pleiteavam seu direito, a saber: 1) o desenvolvimento metódico da santidade pessoal em crescente solidez e perfeição, controlada a partir da *Lei*, era *sinal* do estado de graça;[125] 2) era a Providência de Deus que "*operava*" naqueles que assim se aperfeiçoavam, e o sinal disso estava em sua paciente perseverança e *reflexão metódica*.[126] O trabalho profissional, também aos olhos de A. H. Francke, era o meio ascético *par excellence*;[127] tanto ele, quanto — assim veremos — os *puritanos* estavam firmemente convencidos de que era o próprio Deus que abençoava os seus com o sucesso no trabalho. E como sucedâneo do "duplo decreto" o pietismo produziu para si representações que, de maneira essencialmente idêntica, se bem que mais tênue, estabeleciam uma aristocracia dos regenerados pela graça particular de Deus,[128] com todas as consequências psicológicas acima descritas a propósito do calvinismo. Entre elas, por exemplo, a assim chamada doutrina do "terminismo",[129] imputada em geral ao pietismo pelos seus adversários (sem dúvida injustamente), ou seja, a suposição de que a graça é oferecida universalmente, mas uma única vez a cada qual, num momento bem determinado da vida ou num momento qualquer, pela primeira e última vez.[130] Quem portanto deixasse escapar aquele momento, para ele o universalismo da graça não valia mais nada: estava na situação dos réprobos da doutrina calvinista. Efetivamente muito próxima dessa teoria era também, por exemplo, a suposição sustentada por Francke a partir de experiências pessoais e amplamente difundida no pietismo — pode-se muito bem dizer: a hipótese predominante — segundo a qual a "irrupção" {da graça} só podia ocorrer em circunstâncias específicas, únicas e peculiares, sobretudo quando antecedida de uma "batalha penitencial".[131] Mas como, aos olhos dos próprios pietistas, nem todos estavam predispostos a essa experiência, aquele que por ela não passasse apesar de haver instruções de método ascético destinadas a provocá-la, permanecia aos olhos dos regenerados uma espécie de cristão passivo. Por outro lado, com a criação de um *método* destinado a provocar essa "batalha penitencial", o acesso mesmo à graça divina se tornava, de fato, objeto de institucionalização humana *racional*. Mesmo as reservas acerca da confissão auricular manifestadas não digo por todos os pietistas — não por Francke, por exemplo — mas com certeza por muitos deles, até mesmo pelos *curas de almas* pietistas, como demonstram as interpelações volta e meia endereçadas a Spener, reservas essas que contribuíram para solapá-la até no próprio luteranismo, originaram-se desse aristocratismo da graça: o *efeito* visível que a graça obtida através da penitência exercia sobre a *conduta* santa é que devia afinal decidir quanto à viabilidade da absolvição, e sendo assim era impossível concedê-la contentando-se com uma simples "*attritio*" ["*contritio*"].[132]

A *auto*análise religiosa de *Zinzendorf*, se bem que oscilasse dependendo dos ataques que lhe movesse a ortodoxia, desembocava sempre na representação de si como "ferramenta". De resto, é difícil atinar inequivocamente com o ponto de apoio conceitual desse surpreendente "diletante da religião", como o chama Ritschl.[133] Ele próprio se disse, repetidas vezes, representante do "tropo paulino-luterano" *contra* o "tropo jacobista-pietista", que permanecia apegado à *Lei*. Entretanto, a própria comunidade dos irmãos hernutos e sua práxis, as quais ele acabou por admitir e que fomentou apesar do seu luteranismo explícito, profissão de fé que recorrentemente fazia,[134] adotavam já em seu protocolo notarial de 12 de agosto de 1729 uma posição que, em muitos aspectos, correspondia perfeitamente à aristocracia calvinista dos santos.[135] A discutidíssima atribuição do cargo de decano a Cristo, em 12 de novembro de 1741, ilustrava expressamente algo parecido, inclusive no aspecto externo. Dois dos três "tropos" da fraternidade, além do mais, o calvinista e o morávio, orientaram-se desde o início pela ética profissional calvinista. Zinzendorf ele mesmo retorquiu a John Wesley, bem ao modo puritano, que, se nem sempre o próprio justificado era capaz de *reconhecer* sua justificação, *outros* com certeza poderiam fazê-lo pela *espécie* de sua conduta.[136] Por outro lado, no entanto, o fator sentimento ganhou plano de proeminência na devoção especificamente hernutense, e Zinzendorf pessoalmente procurou sempre mais, digamos, interceptar em sua fraternidade a tendência à santificação ascética em sentido puritano[137] e infletir a santificação pelas obras para moldes luteranos.[138] Desenvolveu-se ademais sob o influxo da condenação dos conventículos e da manutenção da prática da confissão, uma ligação de inspiração essencialmente luterana com a mediação sacramental da salvação. Isso porque o próprio princípio especificamente zinzendorfiano, segundo o qual a *infantilidade* do sentimento religioso era marca de sua autenticidade (assim como, por exemplo, o recurso à *leitura da sorte* como meio de revelação da vontade divina), agiu com tal veemência contra o racionalismo da conduta de vida que, no conjunto, até onde alcançava a influência do conde,[139] os elementos antirracionais, *sentimentais*, prevaleceram na espiritualidade da comunidade de Hernhut muito mais do que no resto do pietismo, aliás.[140] O vínculo entre moralidade e perdão dos pecados na *idea fidei fratrum* de Spangenberg é tão frouxo[141] quanto no luteranismo de modo geral. A rejeição zinzendorfiana da busca da perfeição ao estilo metodista corresponde — aqui como em tudo o mais — a seu ideal no fundo eudemonista de permitir aos homens, já no *presente*,[142] experimentar *sentimentalmente* a bem-aventurança eterna (a "felicidade", como ele diz), em vez de instruí-los a adquirir pelo trabalho racional a certeza de ir gozá-la no Outro Mundo.[143] Por outro lado, a ideia de que o valor decisivo da comunidade de irmãos, à diferença de outras igrejas, residia na intensidade de uma vida cristã ativa, na obra missionária e — este nexo foi acrescentado — no trabalho profissional,[144] também aqui tinha permanecido viva. De mais a mais, a racionalização prática da vida do ponto de vista da *utilidade* era um elemento totalmente essencial também da concepção de vida de Zinzendorf.[145] Para ele — como para outros representantes do pietismo — ela derivava, por um lado, da decidida repulsa pelas especulações filosóficas que punham a fé em risco e da correspondente predileção pelo saber empírico especializado,[146] e, por outro lado, de seu bom senso de missionário profissional. A comunidade dos irmãos, como centro de irradiação missionária, era ao mesmo tempo uma empresa comercial e, assim, guiava os seus membros pelos trilhos da ascese intramundana, a qual, também na vida em geral, demanda antes de tudo "tarefas" e em vista delas conforma a existência de forma sóbria e planejada. Único obstáculo é, outra vez, aquela glorificação — inspirada no exemplo da vida missionária dos apóstolos — do carisma da *pobreza* apostólica entre os "discípulos" eleitos por Deus pela "predestinação",[147] o que de fato significava uma repristinação parcial dos *consilia evangelica*. A criação de uma ética profissional racional à maneira dos calvinistas foi com isso, quando nada, retardada, se bem que — como mostra o exemplo da transformação do movimento anabatista — não totalmente excluída [sendo pelo contrário preparada espiritualmente por intermédio da ideia de trabalhar *exclusivamente* "por causa da vocação"].

Tudo somado, se considerarmos o pietismo alemão dos pontos de vista que aqui *nos* interessam, teremos de constatar no embasamento religioso de sua ascese uma hesitação e uma incerteza que contrastam a olhos vistos com a férrea coerência do calvinismo e que em parte se deve a influências luteranas, em parte ao caráter *sentimental* de sua religiosidade. Unilateralidade, e muita, seria apresentar esse elemento sentimental como o aspecto específico do pietismo em oposição ao *luteranismo*.[148] Mas em comparação com o *calvinismo*, a intensidade da racionalização da vida teria de ser necessariamente menor, porque o estímulo interno da ideia centrada no estado de graça a ser comprovado sempre de novo, inclusive como garantia do *futuro* eterno foi desviado sentimentalmente para o *presente*, e no lugar da autoconsciência que o predestinado almejava conquistar passo a passo no trabalho profissional sem descanso e bem-sucedido foram colocadas essa humildade e essa fragmentação[149] do ser, decorrente em parte da agitação dos sentimentos voltada puramente para experiências interiores, em parte do instituto luterano da confissão, considerado pelo pietismo muitas vezes com pesadas reservas, embora tolerado de modo geral.[150] Em tudo isso, na verdade, manifesta-se esse modo especificamente luterano de buscar a salvação, para o qual o fator decisivo é o "perdão dos pecados" e não: a "santificação" prática. No lugar da busca racional e planejada para adquirir e conservar o *conhecimento* certo da bem-aventurança futura (no Outro Mundo), entra aqui a necessidade do *sentimento* da reconciliação e comunhão com Deus já agora (neste mundo). Mas, do mesmo modo que na vida exterior, "material", [econômica,] a tendência à fruição no presente entra em luta com a organização racional da "economia", que está ancorada na preocupação com o futuro, assim também ocorre, em certo sentido, no campo da vida religiosa. Com toda a clareza, a orientação da necessidade religiosa na direção de um afeto *sentimental* íntimo, situado no presente, continha um *minus* em estímulo à racionalização da *ação* intramundana se comparada à necessidade de comprovação dos "santos" reformados {calvinistas} direcionada somente ao Outro Mundo, ao passo que, se comparada à crença do luterano ortodoxo aferrado por tradição à palavra e ao sacramento, certamente estava talhada a no mínimo desenvolver um *plus* em penetração religiosa *metódica* da conduta de vida. Em seu conjunto o pietismo, de Francke e Spener a Zinzendorf, moveu-se no sentido de *crescente* ênfase no caráter sentimental. Não se tratava, porém, de nenhuma "tendência de desenvolvimento imanente" a expressar--se aí. Antes, aquelas diferenças resultavam de antagonismos do meio religioso (e social) de que provinham seus líderes. [Não se pode nesse passo descer a detalhes, da mesma forma que:] não vem ao caso o modo como a peculiaridade do pietismo alemão ganha expressão em sua *distribuição* social e geográfica.[151] Cabe lembrar aqui mais uma vez que as nuances que opõem esse pietismo sentimental e a conduta de vida religiosa do santo puritano apresentam-se, naturalmente, em gradações muito tênues. Se fosse preciso caracterizar ao menos provisoriamente uma consequência prática da diferença, pode-se apontar que as virtudes que o pietismo inculcava eram antes aquelas que podiam pôr em prática, de um lado, o funcionário, o empregado, o operário e o trabalhador que produz em domicílio[152] "fiéis à sua profissão" e, do outro, empregadores de conformação preponderantemente patriarcal, ostentando sua *condescendência* a fim de agradar a Deus (à maneira de Zinzendorf). O calvinismo, em comparação, parece ter mais afinidade eletiva com o rígido senso jurídico e ativo do empresário capitalista-burguês.[153] O *puro* pietismo do sentimento, por fim — como já ressaltou Ritschl[154] —, é um passatempo religioso para *leisure classes* {classes ociosas}. Por menos exaustiva que seja essa caracterização, ela corresponde a certas diferenças ainda hoje presentes na peculiaridade econômica dos povos que estiveram sob a influência de uma ou outra dessas duas correntes ascéticas. —

{C. METODISMO}

A liga de uma religiosidade sentimental porém ascética com uma crescente indiferença quando não rejeição pelos fundamentos dogmáticos da ascese calvinista caracteriza também a contrapartida anglo-americana do pietismo continental: o *metodismo*.[155] Já seu nome revela o que saltava aos olhos dos contemporâneos como próprio de seus seguidores: a sistematização "metódica" da conduta de vida com o fim de alcançar a *certitudo salutis*: pois aqui também é *dela* que se trata desde o início, tendo se mantido como ponto central da aspiração religiosa. Ora, o incontestável parentesco que, apesar de todas as diferenças, o metodismo tem com certas correntes do pietismo alemão[156] revela-se antes de tudo no fato de que essa *metódica* fosse usada especialmente para provocar o ato *sentimental* da "conversão". E de fato, uma vez que o metodismo se pautou desde o início pela missão entre as massas, nele a sentimentalidade — e nisto John Wesley teve influências hernuto-luteranas — assumiu forte caráter *emocional*, especialmente em solo americano. Uma batalha penitencial que às vezes se exasperava até os êxtases mais espantosos, e que na América se consumava de preferência numa reunião pública conhecida como "banco dos angustiados" {*anxious' bench*}, levava à fé na graça de Deus como dom imerecido e, ao mesmo tempo, à consciência imediata da justificação e da reconciliação. Ora, essa religiosidade emocional, não sem poucas dificuldades internas, acabou por estabelecer um vínculo [peculiar] com a ética [ascética] de uma vez por todas marcada com o selo *racional* do puritanismo. Primeiro, em contraste com o calvinismo, que reputava como suspeito de ilusão tudo quanto pertencesse ao sentimento, afirmava-se em termos de princípio, como único fundamento incontestável da *certitudo salutis*, uma certeza absoluta puramente *sentida* pelo agraciado como se emanasse diretamente de um testemunho do Espírito — e cuja irrupção, normalmente ao menos, devia ocorrer num dia determinado e com hora marcada. Ora, segundo a doutrina de Wesley, a qual representa não só uma radicalização consequente da doutrina da santificação, mas também um desvio decisivo de sua versão ortodoxa, quem dessa forma renasce ou se regenera é capaz de obter já nesta vida, por força do efeito da graça sobre si, a consciência da *perfeição* no sentido de ausência de pecado, através de um segundo processo interior, que de regra acontece à parte e não raro de improviso: a "santificação". Por difícil que seja atingir essa meta — o mais das vezes só lá pelo fim da vida —, imprescindível será ambicionar por ela. Pois é ela que garante em definitivo a *certitudo salutis* e põe no lugar da "soturna" preocupação dos calvinistas uma alegre certeza,[157] pois afinal de contas ao verdadeiro convertido cumpre provar para si mesmo e para os outros ao menos isto, que o pecado "não mais tem poder sobre ele". Apesar da significação decisiva da autoevidência do *sentimento*, ficava mantida a adesão a uma conduta santa de acordo com a *Lei*. Quando, em sua época, Wesley combatia a justificação pelas obras, estava na verdade reavivando a velha ideia puritana de que as obras não são a causa real do estado de graça, mas apenas a causa do conhecimento desse estado e, mesmo isso, com a condição de que elas sejam realizadas exclusivamente para a glória de Deus. A conduta correta *por si só* não era suficiente, isso ele sabia por experiência própria: havia que acrescentar o *sentimento* do estado de graça. Ele próprio chegou certa vez a designar as obras como uma "condição" da graça; na declaração de 9 de agosto de 1771[158] ele ressaltou que quem não realiza boas obras bom crente não é [e os metodistas desde sempre enfatizaram que da Igreja oficial da Inglaterra eles se diferenciavam, não pela doutrina, mas pela maneira de mostrar devoção. Para fundamentar a significação que atribuíam ao "fruto" da fé, o mais das vezes recorriam à passagem da 1ª Epístola de João 3, 9, e com isso a mudança do fiel era apresentada como *sinal* inequívoco da regeneração]. Apesar de tudo isso, surgiram dificuldades.[159] Para aqueles metodistas que seguiam a doutrina da predestinação, deslocar a *certitudo salutis*, de uma consciência da graça que está constantemente sendo comprovada na própria conduta de vida ascética, para o *sentimento* imediato da graça e da perfeição[160] — pois afinal a certeza da *perseverantia* prendia-se agora ao caráter *único* da batalha penitencial — significava que das duas uma: ou bem, no caso das naturezas fracas, a interpretação antinomista da "liberdade cristã", portanto o colapso da conduta de vida metódica, — ou bem, no caso de recusa a tirar essa consequência, uma autoconfiança do santo que atingia alturas vertiginosas:[161] uma exacerbação do tipo puritano pela via do *sentimento*. Ante os ataques dos adversários, por um lado buscou-se fazer frente a essas consequências conferindo maior ênfase à validade da norma bíblica e à indispensabilidade da comprovação,[162] mas na sequência, por outro, elas levaram a um fortalecimento, no interior do movimento, da corrente anticalvinista de Wesley, que professava a amissibilidade da graça. As fortes influências luteranas a que Wesley estivera exposto por intermédio das fraternidades hernutenses[163] reforçaram essa evolução e intensificaram o caráter *indeterminado* da orientação religiosa da moralidade metodista.[164] Como resultado final, foram mantidos de forma consequente somente os conceitos de *regeneration* — este como fundamento indispensável, ou seja: uma certeza da salvação enquanto fruto da *fé* que se atesta imediatamente na forma de sentimento — e de santificação, com seu resultado que é a liberdade (ao menos virtual) em relação ao poder do pecado, como prova do estado de graça resultante da regeneração, enquanto se desvalorizava correspondentemente a importância dos meios externos da graça, em particular os sacramentos. [E seja como for, o *general awakening* {despertamento geral} que se seguiu ao metodismo em todo canto, mesmo, por exemplo, na Nova Inglaterra, indica uma intensificação da doutrina da graça e da eleição.[165]]

O metodismo aparece assim à *nossa* consideração como uma edificação apoiada em alicerces éticos tão vacilantes quanto o pietismo. Também para ele a ambição por uma *higher life* {vida superior}, por uma "segunda bênção", funcionou como uma espécie de sucedâneo da doutrina da predestinação e, crescida no solo da Inglaterra, a prática de sua ética orientou-se inteiramente pela do cristianismo reformado [natural dali mesmo], cujo *revival* ele pretendia ser no fim das contas. O ato emocional da conversão era suscitado *metodicamente*. E uma vez alcançado, não irrompia um gozo piedoso de estar em comunhão com Deus à maneira do pietismo sentimental de Zinzendorf, mas de pronto o sentimento despertado era canalizado para os trilhos do empenho racional na perfeição. O caráter emocional da religiosidade não conduziu, assim, a um cristianismo sentimental de traço íntimo, à maneira do pietismo alemão. Schneckenburger já mostrou, e esse segue sendo um ponto recorrente na crítica ao metodismo, que isso estava relacionado a um menor desenvolvimento do sentimento de *pecado* (em parte tributário justamente do arranque emocional da conversão). Aqui permaneceu terminante o caráter fundamentalmente *reformado* de sua sensibilidade religiosa. A excitação do sentimento assumiu o caráter de um entusiasmo apenas ocasional, ainda que entusiasmo "coribântico", que de resto não atrapalhava em nada o caráter racional da conduta de vida.[166] A *regeneration* do metodismo criou assim um único *complemento* da pura salvação pelas obras: uma ancoragem religiosa para a conduta de vida ascética na eventualidade de ser abandonada a predestinação. Os sinais da mudança de conduta, indispensáveis para controle da verdade da conversão, como sua "condição", conforme disse Wesley oportunamente, eram a bem da verdade exatamente os mesmos que no calvinismo. Na discussão da ideia de vocação profissional que vem a seguir, basicamente podemos deixar de lado o metodismo, uma vez que, como fruto tardio,[167] não contribuiu com nada de novo para seu desdobramento.[168]

{D. SEITAS ANABATISTAS E BATISTAS}

O pietismo da Europa continental e o metodismo dos povos anglo-saxões, tanto em seu conteúdo conceitual como em seu desenvolvimento histórico, são fenômenos secundários.[169] Mas o segundo a ocupar, ao lado do calvinismo, a posição de portador *autônomo* da ascese protestante é o *anabatismo*, junto com as seitas que dele se originaram diretamente ou que adotaram suas formas de pensamento religioso ao longo dos séculos XVI e XVII,[170] como os *batistas* {propriamente ditos}, os *menonitas* e sobretudo os *quakers*.[171] Com eles chegamos a comunidades religiosas cuja ética repousa sobre um fundamento que é por princípio heterogêneo em relação à doutrina reformada {calvinista}. O esboço a seguir, que por sinal realça apenas o que importa para *nós*, não será capaz de dar uma ideia da diversidade desse movimento. Naturalmente, vamos outra vez dar o destaque principal ao seu desenvolvimento nos velhos países capitalistas. — A ideia mais importante de todas essas comunidades, quer em termos históricos quer em termos teóricos, cujo alcance para o nosso desenvolvimento cultural só poderá ficar perfeitamente claro num outro contexto, nós já fizemos aflorar em ligeiros traços: a *believers' Church* { igreja dos crentes}.[172] Ou seja: a comunidade religiosa, isto é, a "Igreja visível" no linguajar usado pelas igrejas reformadas,[173] deixou de ser apreendida como uma espécie de instituto de fideicomissos com fins supraterrenos, uma *instituição* que abrangia necessariamente justos e injustos — seja para aumentar a glória de Deus (Igreja calvinista), seja para dispensar aos humanos os bens de salvação (Igrejas católica e luterana) —, e passou a ser vista exclusivamente como uma comunidade daqueles que se tornaram *pessoalmente crentes e regenerados*, e só destes: noutras palavras, não como uma "Igreja", mas como uma "seita".[174] É apenas este, no fim das contas, o significado simbólico do princípio, em si puramente exterior, de batizar exclusivamente adultos que tivessem encontrado a fé em seu íntimo e a professassem.[175] Ora, para os anabatistas, a "justificação" *por* essa fé, e é isso que vinha sendo repetido insistentemente em todas as discussões religiosas, era radicalmente distinta da ideia de uma *imputação* "forense" do mérito de Cristo, noção imposta pela ortodoxia dogmática do antigo protestantismo.[176] Consistia, antes, na *apropriação interior* de sua obra de redenção. E implicava *revelação* individual: vinha através da ação do Espírito divino no indivíduo, e *somente* através dela. Era oferecida a todo indivíduo, bastando esperar persistentemente pelo Espírito, não resistindo à sua vinda por apego pecaminoso ao mundo. Diante disso, entra em franco retrocesso a significação da fé no sentido de conhecimento da doutrina da Igreja, mas também no sentido de obtenção penitente da graça divina, ao mesmo tempo que ocorre uma *renaissance* de ideias pneumático-religiosas encontradiças no cristianismo primitivo — claro que modificadas. Por exemplo, a seita à qual Menno Simons foi o primeiro a dar, em seu *Fondamentboek* de 1539, uma doutrina mais ou menos coerente, apresentava-se, do mesmo modo que as demais seitas anabatistas, como sendo *a* verdadeira e irrepreensível Igreja de Cristo: composta, a exemplo das comunidades primitivas, exclusivamente daqueles a quem Deus havia *pessoalmente* despertado e vocacionado. Os regenerados, e somente eles, são irmãos de Cristo, porque assim como Cristo eles foram gerados diretamente pelo Espírito de Deus.[177] Rigorosa *evitação* do "mundo", ou seja, de todo comércio com as pessoas do mundo que não fosse estritamente necessário, junto com a mais estrita bibliocracia com vistas à imitação da vida exemplar da primeira geração de cristãos — foi o que resultou para as primeiras comunidades anabatistas; e o princípio da evitação do mundo, enquanto permaneceu vivo o espírito inicial, jamais desapareceu por completo.[178] Desses temas dominantes em seus primerios tempos, permanente patrimônio, as seitas anabatistas retiveram aquele princípio que — com fundamentação algo diversa — já chegamos a conhecer no calvinismo, e cuja importância fundamental não cansará de vir à tona: a *condenação* incondicional *de toda "divinização da criatura"* enquanto desvalorização do respeito devido somente a Deus.[179] A conduta de vida bíblica foi pensada na primeira geração de anabatistas, tanto os da Suíça quanto os do Sul da Alemanha, de forma tão radical quanto aquela que se encontra originalmente em são Francisco: como brusco rompimento com todo contentamento com o mundo e uma vida segundo o estrito modelo dos apóstolos. E de fato a vida de muitos de seus primeiros representantes lembra a de santo Egídio. Só que nessa rigorosíssima observância da Bíblia[180] não se achavam bases assim tão firmes onde apoiar o caráter pneumático da religiosidade. Daí que, no fim das contas, aquilo que Deus revelou aos profetas e aos apóstolos não era mesmo tudo o que ele podia e queria revelar. Pelo contrário: a perpetuação da palavra, não como um documento escrito, mas como uma potência do Espírito Santo atuante na vida diária do crente falando diretamente ao indivíduo que quiser ouvi-la, era, segundo o testemunho das comunidades primitivas, o único signo de reconhecimento da verdadeira Igreja — como já ensinava Schwenckfeld contra Lutero e mais tarde Fox contra os presbiterianos. Dessa ideia de uma revelação continuada resultou a célebre doutrina, mais tarde desenvolvida de forma coerente pelos quakers, da significação em última instância decisiva do testemunho interior do Espírito na razão e na *consciência*. Com isso se punha de lado, não a validade da Bíblia, mas sim sua autocracia e, no mesmo passo, iniciava-se uma evolução que varria radicalmente todos os resquícios da doutrina da salvação por via eclesiástica e, finalmente com os quakers, sumia com o batismo e a santa ceia.[181] [As denominações anabatistas, ao lado dos predestinacianos e sobretudo dos calvinistas estritos, consumaram a mais radical desvalorização de todos os sacramentos como meios de salvação e assim levaram o "desencantamento" religioso do mundo às suas últimas consequências.] Somente a "luz interior" [da revelação continuada] habilitava de modo geral à verdadeira compreensão das próprias revelações bíblicas de Deus.[182] Seu efeito, por outro lado, podia estender-se a seres humanos que jamais haviam conhecido a forma bíblica da revelação, ao menos segundo a doutrina dos quakers, que nisso foram às últimas consequências. A máxima "*extra ecclesiam nulla salus*" só valia, portanto, para essa Igreja *in*visível dos iluminados pelo Espírito. *Sem* a luz interior o homem natural, mesmo quando guiado pela razão natural,[183] não passa de um ser puramente criatura, cuja distância em relação a Deus os anabatistas, quakers incluídos, sentiam de maneira quase mais contundente que os calvinistas. Por sua vez, a regeneração que o Espírito suscita, se *perseveramos em sua espera* e a ele nos entregamos interiormente, *pode*, porquanto obra de Deus, conduzir a um estado de superação tão completa do poder do pecado[184] que as recaídas ou mesmo a perda do estado de graça se tornam de fato impossíveis, embora, como mais tarde no metodismo, o acesso a esse estado não fosse uma regra geral, uma vez que o grau de perfeição do indivíduo era passível de evolução. *Todas* as comunidades anabatistas, porém, queriam ser comunidades "puras" no sentido de uma conduta imaculada de seus membros. O afastamento interior perante o mundo e seus interesses e a submissão incondicional ao domínio de Deus que nos fala à consciência eram as únicas marcas infalíveis de uma efetiva regeneração, e a conduta correspondente, por conseguinte, um pré-requisito da bem-aventurança. Obtê-la por mérito não se podia, posto que dom da graça divina, mas somente àquele que vivia segundo sua consciência era lícito considerar-se regenerado. As "boas obras", nesse sentido, eram *causa sine qua non*. Já se vê: estas últimas linhas de argumentação a que nos ativemos praticamente se igualam em Barclay à doutrina reformada {calvinista} e certamente foram desenvolvidas ainda sob influência da ascese calvinista, com a qual depararam as seitas anabatistas na Inglaterra e nos Países Baixos, e cuja apropriação internalizada, levada a sério, tomou conta da pregação de G. Fox em toda a primeira fase de sua atividade missionária.

Mas psicologicamente — visto que eles condenavam a doutrina da predestinação — o caráter especificamente *metódico* da moralidade dos anabatistas repousava antes de tudo na ideia de "espera perseverante" pela ação do Espírito, que ainda hoje imprime seu cunho ao *meeting* quaker e foi lindamente analisada por Barclay: finalidade dessa perseverança, que deve ser silenciosa, é triunfar do quanto há de instintivo e irracional em cada um, triunfar das paixões e subjetividades do homem "natural"; por isso *ele* deve calar-se, a fim de criar na alma silêncio profundo, que só no silêncio Deus pode vir a falar. Claro, a ação dessa "espera perseverante" *podia* desembocar em estados histéricos, profecias e, enquanto persistissem esperanças escatológicas, por vezes até mesmo numa explosão de entusiasmo [quiliástico], [como é possível ocorrer em todas as modalidades de piedade fundamentadas de modo similar] e que de fato ocorreu naquela corrente que acabou exterminada em Münster. Mas quando o anabatismo se carreou para vida profissional mundana normal, a ideia de que Deus fala somente quando a criatura se cala passou a ter claramente o sentido de educar para uma *ponderação* serena da ação, orientada por um cuidadoso exame de consciência individual.[185] Esse caráter sereno, sóbrio e sobretudo *consciencioso* foi então adotado também pela práxis vital das comunidades anabatistas mais tardias, mui especificamente a dos quakers. [O radical desencantamento do mundo não deixava interiormente outro caminho a seguir a não ser a ascese intramundana. Para comunidades que não quisessem ter nada a ver com os poderes políticos e seu quefazer, daí resultou, externamente mesmo, que essas virtudes ascéticas confluíram para o trabalho profissional.] Enquanto os líderes do movimento anabatista dos primódios haviam sido de um radicalismo brutal em seu divórcio do mundo, é natural que já na primeira geração a conduta de vida estritamente apostólica *não* mais fosse considerada necessariamente por *todos* como indispensável para dar prova de regeneração. A essa geração já pertenciam elementos burgueses endinheirados e, mesmo antes de Menno, que fincou bem o pé no terreno da virtude profissional intramundana e na ordem da propriedade privada, o estrito rigor moral dos anabatistas já se havia voltado em termos práticos a esse leito aberto pela ética reformada {calvinista},[186] justamente *porque* desde Lutero, a quem nesse ponto até os anabatistas seguiram, estava fora de cogitação caminhar para a forma monástica de ascese, *extra*mundana, porquanto não bíblica e assimilada à santificação pelas obras. Acontece que, para não falar das comunidades semicomunistas dos primeiros tempos, das quais não cabe tratar aqui, até os dias de hoje uma seita anabatista — os chamados *tunker* (*dompelaers*, *dunckards*) — insiste na condenação da educação e de toda propriedade que exceda o limite vital do indispensável, mas até mesmo Barclay, por exemplo, não entende a fidelidade à vocação profissional de modo calvinista, nem sequer de modo luterano, mas sim tomista, a saber, como uma *consequência* "*naturali ratione*" inevitável do enredamento do fiel no mundo.[187] Se nessas visões se instalava uma diluição da concepção calvinista de vocação profissional assim como em muitas afirmações de Spener e dos pietistas alemães, nas seitas anabatistas, por outro lado, *aumentava* substancialmente a intensidade do interesse profissional de cunho econômico, e isso por diversos fatores. Primeiro, pela recusa de assumir cargos públicos, originalmente concebida como um dever religioso decorrente do afastamento do mundo, recusa que, mesmo deixando de ser um princípio, persistiu na prática, ao menos entre menonitas e quakers, por conta de uma estrita proibição de portar armas e prestar juramento, o que desde logo os desqualificava para os cargos públicos. De braço dado com isso vinha, em todas as denominações anabatistas, a invencível hostilidade ao estilo de vida aristocrático em qualquer de suas modalidades, que era em parte uma decorrência da proibição da glorificação da criatura, como nos calvinistas, em parte igualmente consequência desses princípios apolíticos ou mesmo antipolíticos. Toda a metódica sóbria e conscienciosa da conduta de vida anabatista era com isso canalizada para os trilhos da vida profissional *a*política. Nesse sentido, a enorme significação que a doutrina anabatista da salvação imprimia à inspeção exercitada pela consciência, enquanto revelação individual de Deus, conferiu à atitude dos anabatistas perante a vida profissional um caráter cuja grande significação para o desdobramento de importantes aspectos do espírito capitalista só chegaremos a conhecer de perto [mais adiante, e mesmo então só na medida em que isso for possível] ao discutirmos o conjunto da ética política e social da ascese protestante. Veremos então — para antecipar ao menos isto — que a forma específica que essa ascese intramundana assumiu entre os anabatistas, especialmente os quakers,[188] a juízo do século XVII já se manifestara na comprovação prática daquele importante princípio da "ética" capitalista que se usa formular assim: *honesty is the best policy* {honestidade é a melhor política}[189] e que, aliás, encontrou no tratado de Franklin supracitado o seu documento clássico. Em contrapartida, cabe supor que os efeitos do calvinismo foram mais na direção de soltar a energia aquisitiva no campo da economia privada: pois apesar de todo o apego do "santo" à legalidade formal, no frigir dos ovos o que para o calvinista vigorava era o mais das vezes a máxima de Goethe: "O homem de ação não tem consciência, consciência só tem aquele que contempla".[190]

Um outro elemento importante que favoreceu a intensidade da ascese intramundana das denominações anabatistas só pode ser considerado em sua plena significação num outro contexto. Não obstante, podem-se adiantar a propósito alguns comentários, até para justificar a ordem de exposição aqui escolhida. De caso pensado, *não* partimos das instituições sociais objetivas das antigas igrejas protestantes e suas influências éticas, nem, em particular, da *disciplina eclesiástica*, tão importante, mas dos efeitos que a apropriação *subjetiva* da religiosidade ascética por parte do *indivíduo* estava talhada a suscitar na conduta de vida. E não só porque esse lado da coisa foi de longe o menos estudado até hoje. Mas também porque o efeito da disciplina eclesiástica nem sempre ia na mesma direção. O controle eclesiástico-policial da vida do indivíduo, tal como foi praticado nos territórios das igrejas estatais calvinistas, tocando as raias da Inquisição, *podia* ao contrário *contra*por-se, por assim dizer, àquela liberação das forças individuais que era condicionada pela busca ascética da apropriação metódica da salvação, e de fato assim ocorreu em certas circunstâncias. E do mesmo modo que a regulamentação estatal do mercantilismo podia evidentemente fazer valer sua disciplina desenvolvendo indústrias, mas não, pelo menos sozinha, o "espírito" capitalista — muito pelo contrário, pois onde assumia um caráter policial e autoritário ela muitas vezes paralisou o desenvolvimento deste —, assim também podia surtir o mesmo efeito a regulamentação da ascese pela disciplina eclesiástica quando desenvolvia modos excessivamente policialescos: ela impunha então um determinado comportamento exterior, mas em certas circunstâncias paralisava os estímulos subjetivos à conduta de vida metódica. Toda discussão desse ponto[191] deve pois levar em conta a grande diferença que, em seus efeitos, havia entre a polícia moral das *igrejas* oficiais, que era autoritária, e a polícia moral das *seitas*, que repousava na submissão voluntária. Que o movimento anabatista em todas as suas denominações tenha produzido fundamentalmente "seitas", e não "igrejas", é um fato que de todo modo reverteu em benefício da intensidade de sua ascese, tanto quanto — em graus diversos — foi esse o caso daquelas comunidades calvinistas, pietistas e metodistas, que foram impelidas por sua situação *de fato* para os trilhos da formação de comunidades voluntárias.[192]

Depois que o presente esboço procurou deslindar a fundamentação religiosa da ideia puritana de vocação profissional, agora só falta acompanhá-la em seu efeito sobre a vida de *negócios*. Apesar de todas as divergências no detalhe e de toda a discrepância de acento que nas diversas comunidades religiosas ascéticas recai sobre os pontos de vista que nos são decisivos, estes últimos mostraram-se presentes e eficazes em todas elas.[193] Para recapitular: o decisivo para nossa consideração sempre foi a concepção do "estado de graça" religioso, encontradiça em todas as denominações, precisamente como um estado (*status*) que separa o homem do estado de danação em que jaz tudo quanto é criatura,[194] ou seja, separa do "mundo", mas cuja posse só se pode garantir — seja lá como tenha sido obtida, e isso depende da dogmática da respectiva denominação — [*não* por um meio mágico-sacramental de qualquer espécie, nem pela descarga na confissão nem por obras pias isoladas, mas somente] pela *comprovação* em uma conduta de tipo específico, inequivocamente distinta do estilo de vida do homem "natural". É daí que provém para o indivíduo o *estímulo* ao *controle metódico* de seu estado de graça na condução da vida e, portanto, à sua impregnação pela *ascese*. Esse estilo de vida ascético significava, porém, como vimos, precisamente uma conformação *racional* de toda a existência, orientada pela vontade de Deus. E essa ascese *não* era mais um *opus supererogationis*, mas um feito exigido de todo aquele que quisesse certificar-se de sua bem-aventurança. [Essa singular vida dos santos, cobrada pela religião e distinta da vida "natural", passava-se — o decisivo é isto — não mais fora do mundo em comunidades monásticas, senão *dentro* do mundo e suas ordens.] Essa *racionalização* da conduta de vida no mundo mas de olho no Outro Mundo é [o efeito d]a *concepção de profissão* do protestantismo ascético.

A ascese cristã, que de início fugira do mundo para se retirar na solidão, a partir do claustro havia dominado eclesiasticamente o mundo, enquanto a ele renunciava. Ao fazer isso, no entanto, deixou de modo geral intacta a vida cotidiana no mundo com seu caráter naturalmente espontâneo. Agora ela ingressa no mercado da vida, fecha atrás de si as portas do mosteiro e se põe a impregnar com sua metódica justamente a vida mundana *de todo dia*, a transformá-la numa vida racional *no mundo*, não *deste* mundo, não *para este* mundo. Com que resultado, a sequência de nossas exposições procurará mostrar.

2. Ascese e capitalismo[*]

Para discernir o nexo entre as concepções religiosas fundamentais do protestantismo ascético e as máximas de vida econômica cotidiana, é preciso antes de mais nada recorrer àqueles textos teológicos que manifestamente nasceram da práxis pastoral da cura de almas. Pois numa época em que o pós-morte era tudo, em que a posição social do cristão dependia de sua admissão à santa ceia e em que — como mostra cada consulta que se faz a coletâneas de *consilia*, *casus conscientiae* etc. — a atuação do líder religioso na cura de almas, na disciplina eclesiástica e na pregação exercia uma influência da qual nós modernos simplesmente *já não somos capazes de fazer a menor ideia*, os poderes religiosos que se faziam valer *nessa práxis* foram plasmadores decisivos do "caráter de um povo".

Neste capítulo, à revelia de discussões posteriores, vamos nos permitir tratar o protestantismo ascético como *um* bloco. Mas como o puritanismo inglês, nascido do calvinismo, oferece a fundamentação mais coerente da ideia de vocação profissional, nós,

[*] Na edição de 1920, este capítulo intitula-se "Ascese e espírito capitalista".

de acordo com o nosso princípio, centraremos o foco em um de seus representantes. Richard *Baxter* destaca-se entre muitos outros propagadores literários da ética puritana por sua posição eminentemente prática e irênica, bem como pelo reconhecimento universal que seus trabalhos tiveram já em seu tempo, sempre com repetidas reedições e traduções. Presbiteriano e apologeta do sínodo de Westminster, mas paulatinamente se desvencilhando — como tantos dos melhores espíritos da época — da posição dogmática do calvinismo original, no íntimo um opositor da usurpação de Cromwell, porque avesso a toda revolução, ao sectarismo e sobretudo ao zelo fanático dos "santos", mas de grande magnanimidade no tocante a especificidades de superfície, objetivo em face do adversário, orientou seu campo de ação essencialmente na direção do fomento prático à vida moral religiosa e — sendo um dos mais bem-sucedidos curas de almas que a história já viu nascer — em prol desse trabalho se colocou à disposição do governo parlamentar bem como de Cromwell e da Restauração,[195] até que, sob esta última — antes já da Noite de São Bartolomeu — exonerou-se do cargo. Seu *Christian Directory* é o compêndio mais abrangente de teologia moral puritana, sempre orientado pelas experiências práticas de seu próprio ministério na cura de almas. — Como termo de comparação, para o pietismo alemão vamos nos valer dos *Theologische Bedenken* de Spener, para os quakers, da *Apology* de Barclay e de outros representantes mais da ética ascética.[196] Por uma questão de espaço, serão citados em nota na medida do possível.[197]

Quando se folheia o *Descanso eterno dos santos*, de Baxter, ou seu *Christian Directory*, ou qualquer outro trabalho aparentado a eles,[198] o que à primeira vista salta aos olhos nos juízos sobre a riqueza[199] e sua aquisição é justamente a ênfase nos elementos ebionitas do Novo Testamento.[200] A riqueza como tal é um grave perigo, suas tentações são contínuas, a ambição[201] por ela não só não tem sentido diante da significação suprema do reino de Deus, como ainda é moralmente reprovável. De maneira mais nítida que em Calvino, que não via na riqueza dos pastores um obstáculo a sua performance, mas, ao contrário, enxergava aí um aumento plenamente desejável de seu prestígio e permitia a eles investirem suas posses lucrativamente com a única condição de evitarem o escândalo, aqui a ascese parece se dirigir *contra* toda ambição de ganho em bens temporais. [Poderíamos amontoar à vontade os exemplos de condenação da ambição de ter bens e dinheiro que dá para tirar dos textos puritanos e contrastá-los com os tratados de moral da Baixa Idade Média, nesse aspecto muito mais descontraídos.] E essas objeções eram de fato levadas a sério — basta um exame mais acurado para captar-lhes o sentido e o contexto éticos, decisivos. Efetivamente condenável em termos morais era, nomeadamente, o *descanso* sobre a posse,[202] o *gozo* da riqueza com sua consequência de ócio e prazer carnal, mas antes de tudo o abandono da aspiração a uma vida "santa". E é *só porque* traz consigo o perigo desse relaxamento que ter posses é reprovável. O "descanso eterno dos santos" está no Outro Mundo; na terra o ser humano tem mais é que buscar a certeza do seu estado de graça, "levando a efeito, enquanto for de dia, as obras daquele que o enviou". Ócio e prazer, não; *só* serve a *ação*, o agir conforme a vontade de Deus inequivocamente revelada a fim de aumentar sua glória.[203] A *perda de tempo* é, assim, o primeiro e em princípio o mais grave de todos os pecados. Nosso tempo de vida é infinitamente curto e precioso para "consolidar" a própria vocação. Perder tempo com sociabilidade, com "conversa mole",[204] com luxo,[205] mesmo com o sono além do necessário à saúde[206] — seis, no máximo oito horas — é absolutamente condenável em termos morais.[207] Ainda não se diz aí, como em Franklin, que "tempo é dinheiro", mas a máxima vale em certa medida em sentido espiritual: o tempo é infinitamente valioso porque cada hora perdida é trabalho subtraído ao serviço da glória de Deus.[208] Sem valor, portanto, quando não diretamente condenável, é também a contemplação inativa, ao menos quando feita às custas do trabalho profissional.[209] Pois ela é *menos* agradável a Deus do que o fazer ativo de sua vontade na vocação profissional.[210] Além do que, domingo existe é para isso mesmo, e, de acordo com Baxter, são sempre os ociosos em sua profissão que não acham tempo para Deus nem sequer quando é hora.[211]

Uma pregação percorre a obra maior de Baxter, uma pregação repisada a cada passo, às vezes quase apaixonada, exortando ao *trabalho* duro e continuado, tanto faz se corporal ou intelectual.[212] Dois motivos temáticos confluem aqui.[213] Primeiro, o trabalho é um meio ascético há muito comprovado, desde sempre apreciado[214] na Igreja do Ocidente [em nítido contraste não só com o Oriente, mas com quase todas as Regras monásticas do mundo inteiro[215]]. É o preservativo específico contra todas aquelas tentações que o puritanismo junta no conceito de *unclean life* {vida impura} — cujo papel não é pequeno. Afinal, a ascese sexual no puritanismo só se distingue em grau, não em princípio, da ascese monástica e, pelo fato de abarcar também a vida conjugal, o alcance daquela é maior do que o desta. Com efeito, também *no* casamento o intercurso sexual *só* é lícito porque é o meio desejado por Deus para multiplicar sua glória na forma do mandamento: "Sede fecundos, multiplicai-vos" {Gn 1, 28}.[216] Contra todas as tentações sexuais, do mesmo modo que contra as dúvidas religiosas e os escrúpulos torturantes, além de uma dieta sóbria à base de refeições vegetarianas e banhos frios, receita-se: "Trabalha duro na [tua] profissão".[217]

Mas ainda por cima, e antes de tudo, o trabalho é da vida o fim *em si* prescrito por Deus.[218] A sentença de Paulo: "Quem não trabalha não coma" vale incondicionalmente e vale para todos.[219] A falta de vontade de trabalhar é sintoma de estado de graça ausente.[220]

Clara se revela aqui a divergência com relação à doutrina [ou melhor: postura] medieval. Também Tomás de Aquino tinha interpretado essa máxima. Só que, segundo ele,[221] o trabalho é necessário apenas *naturali ratione* {por razão natural} para a manutenção da vida do indivíduo e da coletividade. Na falta desse fim, cessa também a validade do preceito. Ele concerne apenas à espécie, não a cada indivíduo. Não se aplica a quem pode viver de suas posses sem trabalhar, e assim também a contemplação, na medida em que é uma forma espiritual de operar no reino de Deus, paira evidentemente acima do mandamento tomado ao pé da letra. Para a teologia popular, a forma suprema de "produtividade" dos monges consistia exclusivamente na multiplicação do *thesaurus ecclesiae* {tesouro da Igreja} pela oração e pelo canto coral. Em Baxter, no entanto, não só são abolidas essas exceções ao dever ético de trabalhar, o que é compreensível, como ainda se vai inculcar com o máximo de energia o princípio segundo o qual nem mesmo a riqueza dispensa desse preceito, que é incondicional.[222] Também ao homem de posses não é permitido comer sem trabalhar, pois se ele de fato não precisa do trabalho para cobrir suas necessidades, nem por isso deixa de existir o mandamento de Deus, ao qual ele deve obediência tanto quanto o pobre.[223] A todos, sem distinção, a Providência divina pôs à disposição uma vocação (*calling*) que cada qual deverá reconhecer e na qual deverá trabalhar, e essa vocação não é, como no luteranismo,[224] um destino no qual ele deve se encaixar e com o qual vai ter que se resignar, mas uma ordem dada por Deus ao indivíduo a fim de que seja operante por sua glória. Essa nuance aparentemente sutil teve consequências [psicológicas] de largo alcance, engatando-se aí, a seguir, uma reelaboração daquela interpretação *providencialista* do cosmos econômico que já era corrente na escolástica.

Entre outros, já Tomás de Aquino (a quem por comodidade nos reportamos uma vez mais) havia concebido o fenômeno da divisão do trabalho e da articulação profissional da sociedade como emanação direta do plano de Deus para o mundo. Acontece, porém, que a inserção dos seres humanos nesse cosmos resultava *ex causis naturalibus* e era aleatória (ou, para usar o vocabulário da escolástica, "contingente"). Já para Lutero, como vimos, a inserção mesma dos seres humanos nas profissões e nos estamentos já dados, que é um produto da ordem histórica objetiva, torna-se ela própria uma emanação direta da vontade divina e, portanto, vira uma obrigação religiosa para o indivíduo *permanecer* na posição social e nos limites em que Deus o confinou.[225] Isso tanto mais, quando justamente as relações da espiritualidade luterana com o "mundo" em geral são incertas desde o começo e incertas continuavam. Das linhas de pensamento de Lutero, que de sua parte jamais rejeitou por completo a indiferença paulina pelo mundo, não era possível extrair princípios éticos para com eles dar forma ao mundo; por isso era preciso assumir o mundo como ele é, e não se devia aplicar o rótulo de obrigação religiosa senão a *isso*. — Na visão puritana, por sua vez, outro é o matiz do caráter providencial do jogo recíproco de interesses econômicos privados. Segundo o esquema de interpretação pragmática dos puritanos, é pelos seus *frutos* que se reconhece qual é o fim providencial da articulação da sociedade em profissões. Ora, acerca desses frutos Baxter deixa fluir argumentos que em mais de um ponto lembram diretamente a célebre apoteose que Adam Smith faz da divisão do trabalho.[226] A especialização das profissões, por facultar ao trabalhador uma competência (*skill*), leva ao incremento quantitativo e qualitativo do rendimento do trabalho e serve, portanto, ao bem comum (*common best*), que é idêntico ao bem do maior número possível. Por mais que a motivação seja puramente utilitária, por mais cabal que seja seu parentesco com muitos pontos de vista já correntes na literatura profana da época,[227] desponta aquele timbre caracteristicamente puritano logo que Baxter, no ápice de sua discussão, toca o seguinte motivo temático: "Fora de uma profissão fixa, os trabalhos que um homem faz não passam de trabalho ocasional e precário, e ele gasta mais tempo vadiando que trabalhando", e o mesmo se nota quando ele conclui da seguinte maneira: "e aquele (que tem uma profissão) fará seu trabalho *de forma ordenada*, enquanto um outro patina em perpétua confusão,com negócios a fazer não se sabe onde ou não se sabe quando;[228] ... eis por que uma profissão fixa (*certain calling*, noutras passagens se lê *stated calling*) é o melhor para todo mundo". O trabalho instável a que se vê obrigado o homem comum que trabalha por dia é um estado precário, muitas vezes inevitável, sempre indesejável. Falta justamente à vida de quem não tem profissão o caráter metódico-sistemático que, como vimos, é exigido pela ascese intramundana. Também para a ética quaker a vida profissional de uma pessoa deve ser um consistente exercício ascético das virtudes, uma comprovação de seu estado de graça com base na *conscienci*osidade que se faz sentir no desvelo[229] e no método com que ela se desincumbe de sua profissão. Não o trabalho em si, mas o trabalho profissional racional, é isso exatamente que Deus exige. A ênfase da ideia puritana de profissão recai sempre nesse caráter metódico da ascese vocacional, e não, como em Lutero, na resignação à sorte que Deus nos deu de uma vez por todas.[230] Daí, não só a resposta afirmativa, sem rodeios, que se dava à pergunta sobre a possibilidade de alguém combinar vários *callings* — sim, se isso for para favorecer o bem comum ou o bem pessoal,[231] e se não for nocivo a ninguém mais, e se não levar a pessoa a se tornar desleal (*unfaithful*) a uma dessas profissões combinadas — mas inclusive a *mudança* de profissão não é de forma alguma encarada como algo em si condenável, desde que não se faça de forma leviana e sim para abraçar uma profissão mais agradável a Deus,[232] ou seja, segundo o princípio geral, uma profissão mais útil. E antes de mais nada: a utilidade de uma profissão com o respectivo agrado de

Deus se orienta em primeira linha por critérios morais e, em seguida, pela importância que têm para a "coletividade" os bens a serem produzidos nela, mas há um terceiro ponto de vista, o mais importante na prática, naturalmente: a "*capacidade de dar lucro*", lucro econômico privado.[233] Pois se esse Deus, que o puritano vê operando em todas as circunstâncias da vida, indica a um dos seus uma oportunidade de lucro, é que ele tem lá suas intenções ao fazer isso. Logo, o cristão de fé tem que seguir esse chamado e aproveitar a oportunidade.[234] "Se Deus vos indica um caminho no qual, sem dano para vossa alma ou para outrem, *possais ganhar* nos limites da lei *mais* do que num outro caminho, e vós o rejeitais e seguis o caminho que vai trazer ganho menor, então *estareis obstando um dos fins do vosso chamamento* (*calling*), *estareis vos recusando* a ser o *administrador de Deus* (*stewart*) e a receber os seus dons para poderdes empregá-los para Ele se Ele assim o exigir. Com certeza não para fins da concupiscência da carne e do pecado, *mas sim para Deus, é permitido trabalhar para ficar rico.*"[235] A riqueza é reprovável precisamente e somente como tentação de abandonar-se ao ócio, à preguiça e ao pecaminoso gozo da vida, e a ambição de riqueza somente o é quando o que se pretende é poder viver mais tarde sem preocupação e prazerosamente. Quando porém ela advém enquanto desempenho do dever vocacional, ela é não só moralmente lícita, mas até mesmo um mandamento.[236] A parábola daquele servo que foi demitido por não ter feito frutificar a moeda que lhe fora confiada parecia também exprimir isso diretamente.[237] *Querer* ser pobre, costumava-se argumentar, era o mesmo que querer ser um doente,[238] seria condenável na categoria de santificação pelas obras, nocivo portanto à glória de Deus. E, ainda por cima, quem pede esmola estando apto ao trabalho não só comete o pecado da preguiça, como também afronta o amor ao próximo, diz a palavra do apóstolo.[239]

Assim como o aguçamento da significação ascética da profissão estável transfigura eticamente o moderno *tipo de homem especializado*, assim também a interpretação providencialista das oportunidades de lucro transfigura o homem *de negócios*.[240] A posuda lassidão do grão-senhor e a ostentação rastaquera do novo-rico são igualmente execráveis para a ascese. Em compensação, verdadeiro clarão de aprovação ética envolve o sóbrio *self-made man* burguês:[241] *God blesseth his trade* {Deus abençoa seu negócio} era expressão usual quando alguém se referia àqueles santos[242] que haviam seguido com sucesso os desígnios divinos, e todo o peso do *Deus do Antigo Testamento*, que remunera a piedade dos seus já *nesta* vida,[243] haveria de operar na mesma direção para o puritano que, seguindo o conselho de Baxter, controlava seu próprio estado de graça comparando-o com a constituição anímica dos heróis bíblicos[244] e interpretava assim as sentenças da Bíblia "como os parágrafos de um código de leis". — Ocorre que as máximas do Antigo Testamento não são, em si, totalmente unívocas. Vimos como Lutero empregou idiomaticamente o conceito de *Beruf* pela primeira vez em sentido mundano na tradução de uma passagem do Eclesiástico. Mas o Eclesiástico, já por toda a atmosfera que o anima e a despeito da influência helenística, pertence aos livros do Antigo Testamento (ampliado) que operam em sentido tradicionalista. É característico que entre os camponeses alemães adeptos do luteranismo esse livro pareça gozar até os dias de hoje de particular popularidade,[245] assim como o caráter luteranamente enviesado de amplas correntes do pietismo alemão costumava despontar na predileção pelo Eclesiástico.[246] Os puritanos reprovaram os apócrifos por não inspirados, consoante sua rígida alternativa ou entre o que é de Deus e o que é da criatura.[247] Tanto mais influente dentre os livros canônicos foi o Livro de Jó, que combina uma celebração grandiloquente da majestade absolutamente soberana de Deus pairando muito acima dos padrões humanos — o que, convenhamos, era totalmente congenial às concepções calvinistas — com aquela certeza, que rebenta novamente no desfecho do livro, de que Deus costuma abençoar os seus também e até mesmo [no Livro de Jó: — somente!] nesta vida, incluindo aí o aspecto material, ideia tão secundária para Calvino quanto relevante para o puritanismo.[248] O quietismo oriental, patente em alguns dos versículos mais inspirados dos Salmos e dos Provérbios de Salomão, foi ignorado, a exemplo do que fez Baxter com o tom tradicionalista da passagem da 1ª Epístola aos Coríntios que entrou na constituição do conceito de vocação profissional. Em contrapartida, ênfase tanto maior era dada às passagens do Antigo Testamento que louvam a *justeza formal* como marca distintiva da conduta agradável a Deus. A teoria segundo a qual a Lei mosaica foi despojada de sua validade pela nova aliança apenas na medida em que continha prescrições ou de cunho ritual para o povo hebreu ou que eram historicamente condicionadas, mas no fim das contas mantinha a validade que possuía desde sempre enquanto expressão da *lex naturae*[249] e por isso ainda vigente, possibilitou por um lado a eliminação daquelas prescrições desde logo incapazes de se encaixar na vida moderna enquanto, por outro lado, os incontáveis traços de parentesco com a moralidade do Antigo Testamento desimpediam os trilhos para um vigoroso fortalecimento daquele espírito de legalidade sóbria e autocorretiva que era próprio da ascese intramundana desse protestantismo.[250] Se, portanto, como muitas vezes já os contemporâneos e assim também escritores recentes usam para designar a disposição ética fundamental específica do puritanismo inglês a expressão "*English Hebraism*",[251] ela é, se corretamente entendida, de todo pertinente. Só não se há de pensar no judaísmo palestino da época em que surgiram os escritos do Antigo Testamento, mas no judaísmo tal como se plasmou gradualmente sob o influxo de muitos séculos de educação legal-formalista e talmúdica [e mesmo então é preciso ter muita cautela com paralelos]. A disposição do judaísmo antigo para a espontânea valorização da vida como tal estava a léguas de distância da peculiaridade específica do puritanismo. [Igualmente distante — e isso também não pode passar despercebido — estava a ética econômica do judaísmo medieval e moderno no que tange aos traços decisivos para a posição de um e outro no bojo do desenvolvimento do *ethos* capitalista. O judaísmo postava-se ao lado do capitalismo "aventureiro" politicamente orientado ou de orientação especulativa: seu *ethos*, numa palavra, era o do capitalismo-*pária* — ao passo que o puritanismo portava em si o *ethos* da *empresa* racional burguesa e da organização racional do *trabalho*. Tomou da ética judaica só o que cabia nesses horizontes.]

Apresentar as consequências caracterológicas da impregnação da vida pelas normas do Antigo Testamento — tarefa instigante que entretanto se acha até hoje pendente no que concerne ao próprio judaísmo[252] — seria impossível nos horizontes deste esboço. A par das relações apontadas, é de interesse para se compreender o habitus interior do puritano antes de mais nada o fato de que haja aí vivenciado uma *renaissance* magnífica a crença de pertencer ao povo eleito de Deus.[253] Mesmo o afável Baxter dava graças a Deus por ter vindo ao mundo na Inglaterra e no seio da verdadeira Igreja, e não noutro lugar, e é nesse tom que a gratidão pela irrepreensibilidade pessoal como obra da graça de Deus percorria a disposição vital[254] da burguesia puritana e favorecia aquele caráter firme e formalisticamente correto que era próprio dos expoentes daquela época heroica do capitalismo.

Procuremos agora tornar claros especialmente os pontos nos quais a concepção puritana de vocação profissional e a exigência de uma conduta de vida ascética haveriam de influenciar *diretamente* o desenvolvimento do estilo de vida capitalista. Como vimos, a ascese se volta com força total principalmente contra uma coisa: o *gozo descontraído* da existência e do que ela tem a oferecer em alegria. Esse traço veio a se expressar do modo mais característico na luta em torno do *Book of Sports*,[255] que Jaime I e Carlos I erigiram em lei com o fim declarado de combater o puritanismo, e cuja leitura do alto de todos os púlpitos Carlos I ordenou. Se os puritanos combateram furiosamente o decreto do rei segundo o qual aos domingos eram permitidas por lei certas diversões populares fora do tempo dedicado aos ofícios divinos, pois bem, o que os indignava *não* era apenas o fato de isso perturbar o repouso sabático, mas o fato de desviar de propósito os santos de sua conduta de vida ordeira. E se o rei ameaçava com penas severas cada afronta à legalidade desses esportes, o objetivo era justamente o de romper com esse lance de *ascetismo*, perigoso para o Estado porque *antiautoritário*. A sociedade monárquico-feudal defendia os "desejosos de diversão" contra a moral burguesa emergente e o conventículo ascético hostil à autoridade, assim como hoje a sociedade capitalista costuma proteger os "desejosos de trabalho" contra a moral de classe dos operários e o sindicalismo hostil à autoridade. Diante disso, os puritanos defendiam sua peculiaridade mais decisiva: o princípio da conduta de vida ascética. Na verdade, aliás, a aversão do puritanismo ao esporte não era uma questão simplesmente de princípio, mesmo entre os quakers. Apenas devia servir a um fim racional: à necessária restauração da potência física. Já como simples meio de descontrair e descarregar impulsos indisciplinados, aí se tornava suspeito e, evidentemente, na medida em que fosse praticado por puro deleite ou despertasse fissura agonística, instintos brutais ou o prazer irracional de apostar, é evidente que o esporte se tornava pura e simplesmente condenável. O gozo *instintivo* da vida que em igual medida afasta do trabalho profissional e da devoção era, exatamente enquanto tal, o inimigo da ascese racional, quer se apresentasse na forma de esporte "grã-fino" ou, da parte do homem comum, como frequência a salões de bailes e tabernas.[256]

Desconfiada, portanto, e de muitas maneiras hostil é a postura assumida também em relação aos bens culturais cujo valor não seja diretamente religioso. Não que no ideal de vida do puritanismo estivesse implicado um desprezo obscurantista e filisteu pela cultura. Pelo menos no campo científico, exceção feita à execrada escolástica, a verdade é justo o contrário. E além do mais, os maiores representantes do movimento puritano mergulhavam fundo na cultura da Renascença: os sermões da ala presbiteriana do movimento regurgitavam classicismos,[257] e mesmo os mais radicais, se bem que fizessem disso motivo de escândalo, não dispensavam essa espécie de erudição na polêmica teológica. Jamais, talvez, um país foi tão opulento em diplomados como a Nova Inglaterra da primeira geração. A sátira de seus adversários, como por exemplo a de Butler no *Hudibras*, investia igualmente contra a cultura livresca e a dialética escolarizada dos puritanos: isso *em parte* se deveu à valorização religiosa do saber, decorrente da posição assumida perante a *fides implicita* de cunho católico. — Já totalmente outro é o quadro tão logo se põem os pés no terreno da literatura não científica e ainda mais no das belas-artes, dirigidas aos sentidos.[258] Aqui, sem dúvida, a ascese caiu feito geada na vida da "radiante Inglaterra de outrora". [E não só as festas profanas foram afetadas. O ódio enfurecido dos puritanos contra tudo quanto cheirasse a *superstition*, contra todas as reminiscências da dispensação mágica ou hierúrgica da graça, perseguiu a festa cristã do Natal tanto quanto a árvore de maio,[259] além da prática de uma arte sacra *naïf*.] Que na Holanda houvesse, apesar de tudo, sobrado espaço para o desenvolvimento de uma grande arte, não raro cruamente realista,[260] prova apenas que a regulamentação dos costumes, que lá era aplicada autoritariamente no âmbito dessas correntes, não era exclusiva, devendo fazer frente não só à influência da corte e do estamento dos regentes [(uma camada de *rentistas*)], mas também à vontade de viver de pequeno-burgueses enriquecidos depois que a breve dominação da teocracia calvinista se diluiu numa insípida Igreja estatal, tendo com isso o calvinismo perceptivelmente perdido em força de atração ascética.[261] O teatro, para o puritano, era condenável[262] e, com a estrita exclusão do erótico e da nudez do âmbito do possível {de encenar}, as concepções mais radicais não tiveram como se firmar na dramaturgia, como nas artes. Os conceitos de *idle talk* {conversa mole}, *superfluities* {superfluidades},[263] *vain ostentation* {ostentação vã} — todas designações de um comportamento irracional, sem finalidade e por conseguinte não ascético, e que ainda por cima não servia à glória de Deus, mas à do homem — lá estavam, ao alcance da mão, para enaltecer decisivamente a sóbria adequação dos meios aos fins em detrimento de todo recurso a motivos artísticos. Mais do que nunca isso se verificava quando se tratava da ornamentação direta da pessoa, por exemplo, dos trajes.[264] Essa poderosa tendência para a uniformização do estilo de vida, que hoje vai lado a lado com o interesse capitalista na *standardization* da produção,[265] tinha seu fundamento ideal na rejeição à "divinização da criatura".[266] Certo, não se deve esquecer que o puritanismo encerrava em si um mundo de contrastes, que o sentido instintivo do que existe de grandeza atemporal na arte era sem dúvida mais forte em seus líderes do que na atmosfera vivida pelos "cavaleiros",[267] e que um gênio singularíssimo como Rembrandt foi decisivamente condicionado em seu impulso criativo pelo meio religioso sectário ao qual pertencia[268] por menos que sua "mudança de conduta" tivesse encontrado graça aos olhos do Deus puritano. Entretanto, isso em nada modifica o quadro geral, na medida em que a vigorosa internalização da personalidade, que foi capaz de trazer consigo e, juntamente com outros fatores, efetivamente codeterminou o desenvolvimento ulterior de uma atmosfera vital puritana, acabou revertendo em benefício principalmente da literatura e, mesmo nesse caso, somente nas gerações seguintes.

Sem poder aqui descer a detalhes na discussão das influências do puritanismo em todas essas direções, tenhamos presente apenas que a liceidade da alegria proporcionada por bens culturais puramente destinados à fruição estética ou esportiva esbarrava em todo caso em *um* limite característico: ela *não devia custar nada.* O ser humano não passa de um administrador dos bens que lhe dispensou a graça de Deus e, como o servo da parábola bíblica, deve prestar contas de cada centavo [que lhe foi confiado],[269] e é no mínimo temerário despender uma parte deles para um fim que tem validade não para a glória de Deus, mas para a fruição pessoal.[270] Quem, por menos que tenha os olhos abertos, até hoje não deparou com representantes dessa concepção?[271] A ideia da *obrigação* do ser humano para com a propriedade que lhe foi confiada, à qual se sujeita como prestimoso administrador ou mesmo como "máquina de fazer dinheiro", estende-se por sobre a vida feito uma crosta de gelo. Quanto mais posses, tanto mais cresce — *se* a disposição ascética resistir a essa prova — o peso do sentimento da responsabilidade não só de conservá-las na íntegra, mas ainda de multiplicá-las para a glória de Deus através do trabalho sem descanso. Mesmo a gênese desse estilo de vida remonta em algumas de suas raízes à Idade Média[272] como aliás tantos outros elementos do espírito do capitalismo [moderno], mas foi só na ética do protestantismo ascético que ele encontrou um fundamento ético consequente. Sua significação para o desenvolvimento do capitalismo é palpável.[273]

A ascese protestante intramundana — para resumir o que foi dito até aqui — agiu dessa forma, com toda a veemência, contra o *gozo* descontraído das posses; estrangulou o *consumo*, especialmente o consumo de luxo. Em compensação, teve o efeito [psicológico] de liberar o *enriquecimento* dos entraves da ética tradicionalista, rompeu as cadeias que cerceavam a ambição de lucro, não só ao legalizá-lo, mas também ao encará-lo (no sentido descrito) como diretamente querido por Deus. A luta contra a concupiscência da carne e o apego aos bens exteriores *não* era, conforme atesta de forma explícita o grande apologista dos quakers, Barclay, junto com os puritanos, uma luta contra o *ganho* [racional] [mas contra o uso irracional das posses]. Este consistia sobretudo na valorização das formas *ostensivas* de luxo, tão aderidas à sensibilidade feudal e agora condenadas como divinização da criatura,[274] em vez do emprego racional e utilitário da riqueza, querido por Deus, para os fins vitais do indivíduo e da coletividade. Às pessoas de posses ela queria impingir *não a mortificação*,[275] mas o uso de sua propriedade para coisas necessárias e *úteis em termos práticos*. A noção de *comfort* circunscreve de forma característica o âmbito de seus empregos eticamente lícitos, e sem dúvida não é casual que o desenvolvimento do estilo de vida que obedece a essa palavra de ordem tenha encontrado suas manifestações mais precoces e de maior nitidez entre os representantes mais consequentes dessa visão de mundo: os quakers. Aos brilhos e clarões do fausto cavalheiresco, que, assentado em bases econômicas vacilantes, prefere a elegância sórdida à sóbria simplicidade, eles opõem como ideal o conforto asseado e sólido do *home* burguês.[276]

A ascese lutou do *lado da produção* da riqueza privada contra a improbidade, da mesma forma que contra a avidez puramente *impulsiva* — condenando esta última com os nomes de *covetousness* {cobiça}, *mamonismo* etc.: a ambição de riqueza com o fim último de *ser* rico. Pois enquanto tal, a posse de fato era uma tentação. Mas aí a ascese era a força "que sempre quer o bem e sempre faz o mal" {*} — ou seja, o mal no sentido que ela tinha em mente: a posse e suas tentações. Pois, a exemplo do Antigo Testamento e em plena analogia com a valorização ética das "boas obras", ela via, sim, na ambição pela riqueza como *fim* o cúmulo da culpa, mas na obtenção da riqueza como *fruto* do trabalho em uma profissão, a bênção de Deus. Eis porém algo ainda mais importante: a valorização religiosa do trabalho profissional mundano, sem descanso, continuado, sistemático, como o meio ascético simplesmente

{*} Citação às avessas do mefistotélico verso que diz: "Die Kraft, die stets das Böse will, und stets das Gute schafft" {a força que sempre quer o mal e sempre faz o bem} (Goethe, *Faust*, ato I, v. 1337).

supremo e a um só tempo comprovação o mais segura e visível da regeneração de um ser humano e da autenticidade de sua fé, tinha que ser, no fim das contas, a alavanca mais poderosa que se pode imaginar da expansão dessa concepção de vida que aqui temos chamado de "espírito" do capitalismo.[277] E confrontando agora aquele estrangulamento do consumo com essa desobstrução da ambição de lucro, o resultado externo é evidente: *acumulação de capital* mediante *coerção ascética à poupança*.[278] Os obstáculos que agora se colocavam contra empregar em consumo o ganho obtido acabaram por favorecer seu emprego produtivo: o *investimento* de capital. Qual terá sido a magnitude desse efeito naturalmente escapa a um cálculo mais exato. Na Nova Inglaterra, a conexão resultou tão palpável, que não se furtou já aos olhos de um historiador tão notável como Doyle.[279] Mas mesmo num país como a Holanda, que a rigor esteve dominada pelo calvinismo estrito só por sete anos, a maior simplicidade de vida das pessoas muito ricas, predominantes nos círculos mais seriamente religiosos, acarretou uma excessiva compulsão a acumular capital.[280] Além do mais, salta aos olhos que a tendência existente em todos os tempos e lugares de "enobrecer" fortunas burguesas, cujos efeitos ainda hoje estão bem vivos entre nós, só podia ser sensivelmente entravada pela antipatia do puritanismo a formas de vida feudais. Escritores mercantilistas ingleses do século XVII atribuíam a superioridade do poderio capitalista holandês diante da Inglaterra ao fato de que, lá, fortunas recém-adquiridas não buscavam, como cá, enobrecer-se via de regra pelo investimento em terras nem — o importante está nisto: *não só* pela compra de terras — tampouco pela adoção de hábitos de vida feudais, o que subtrairia tais fortunas à valorização capitalista.[281] É bem verdade que entre os puritanos a *agricultura* era estimada como um ramo de negócios particularmente importante e particularmente salutar até mesmo para a devoção (veja-se o exemplo de Baxter), só que a estima não se endereçava ao *landlord*, mas ao *yeoman* e ao *farmer*, e no século XVII não ao *junker*, mas ao *agricultor* "racional".[282] [A partir do século XVII, a sociedade inglesa se vê atravessada pela cisão entre a "*squirearchy*", portadora da "*merrie old England*" {radiante Inglaterra de outrora}, e os círculos puritanos, cujo poder social oscilava muito.[283] Os dois traços: um deles, a alegria de viver ingênua, integral, e o outro, o domínio de si reservado e estritamente regulado por um vínculo ético convencional, figuram até hoje lado a lado na imagem do "caráter do povo" inglês.[284] E da mesma forma atravessa o período histórico mais remoto da colonização norte-americana o agudo contraste entre os *adventurers*, de um lado, que instituíram *plantations* com a mão de obra escrava dos *indentured servants* e queriam viver ao modo de senhores, e, no outro polo, a disposição especificamente burguesa dos puritanos.][285]

Até onde alcançou a potência da concepção puritana de vida, em todos esses casos ela beneficiou — e isso, naturalmente, é muito mais importante que o mero favorecimento da acumulação de capital — a tendência à conduta de vida burguesa economicamente *racional*; ela foi seu mais essencial, ou melhor, acima de tudo seu único portador consequente. Ela fez a cama para o "*homo oeconomicus*" moderno. Pois bem: esses ideais de vida puritanos fraquejaram diante da duríssima prova de resistência a que os submeteram as "tentações" da riqueza, suas velhas conhecidas. É muito frequente encontrarmos os mais genuínos adeptos do espírito puritano nas fileiras das camadas de pequeno-burgueses *em vias de ascensão*,[286] dos *farmers* e dos *beati possidentes* {proprietários felizardos}, quase sempre prontos, mesmo entre os quakers, a renegar os velhos ideais.[287] Sim, este foi, afinal de contas, o mesmo destino a que sucumbiu sempre de novo [a precursora da ascese intramundana,] a ascese monacal da Idade Média: se aqui, na sede de uma vida rigidamente regrada e de consumo refreado, a direção racional da economia produziu o máximo de seus efeitos, aconteceu que, uma vez acumulada a fortuna, ou se cedeu diretamente ao enobrecimento — e isso ocorria na época anterior ao cisma — ou, quando menos, a disciplina monástica ficava a ponto de se arrebentar, e aí acabava tendo que intervir uma daquelas incontáveis "reformas". A história inteira das regras das ordens monásticas é em certo sentido uma luta perpetuamente renovada com o problema do efeito secularizante dos haveres. O mesmo também vale em maior escala para a ascese intramundana do puritanismo. O vigoroso *revival* metodista, que antecedeu a eclosão da indústria inglesa no final do século XVIII, pode muito bem ser comparado a uma dessas reformas monásticas. [Aqui é bem o lugar para citar uma passagem do próprio John Wesley,[288] a qual bem que poderia vir a ser apropriada à guisa de mote para tudo o que foi dito até agora. De fato, ela revela como os cabeças das próprias correntes ascéticas tinham perfeita clareza das conexões aparentemente tão paradoxais que aqui expusemos, e isto, inteiramente no mesmo sentido aqui desenvolvido.[289] Escreve ele:

> Temo: que onde quer que a riqueza tenha aumentado, na mesma medida haja decrescido a essência da religião. Por isso não vejo como seja possível, pela natureza das coisas, que qualquer reavivamento da verdadeira religião possa ser de longa duração. Religião, com efeito, *deve necessariamente gerar*, seja laboriosidade (*industry*), seja frugalidade (*frugality*), e estas não podem originar senão riqueza. Mas se aumenta a riqueza, aumentam também orgulho, ira e amor ao mundo em todas as suas formas. Como haverá de ser possível, então, que o metodismo, isto é, uma religião do coração, por mais que floresça agora feito uma árvore verdejante, continue nesse estado? Os metodistas tornam-se em toda parte laboriosos e frugais; prospera, consequentemente, seu cabedal de bens. Daí

crescer neles, na mesma proporção, o orgulho, a ira, a concupiscência da carne, a concupiscência dos olhos e a arrogância na vida. Assim, embora permaneça a forma da religião, o espírito vai desvanecendo pouco a pouco. Não haverá maneira de impedir essa decadência contínua da religião pura? Não nos é lícito impedir que as pessoas sejam laboriosas e frugais; *temos que exortar todos os cristãos a ganhar tudo quanto puderem, e poupar tudo quanto puderem; e isso na verdade significa: enriquecer.*

(Segue-se a admoestação de que aqueles que "ganham tudo quanto podem e poupam tudo quanto podem" devem também "dar tudo quanto podem" para assim crescerem na graça e amealharem um tesouro no céu.) — Dá para ver, até nos mínimos detalhes, a conexão aqui elucidada.[290]]

[Exatamente como Wesley nos diz aqui,] aqueles vigorosos movimentos religiosos cuja significação para o desenvolvimento econômico repousava em primeiro lugar em seus efeitos de *educação* para a ascese, só desenvolveram com regularidade toda a sua eficácia *econômica* quando o ápice do entusiasmo *puramente* religioso já havia sido ultrapassado, quando a tensão da busca pelo reino de Deus começou pouco a pouco a se resolver em sóbria virtude profissional, quando a raiz religiosa definhou lentamente e deu lugar à intramundanidade utilitária — quando, para falar como Dowden, na fantasia popular *Robinson Crusoe*, esse *homem econômico isolado* que simultaneamente faz as vezes de missionário,[291] assumiu o posto do "peregrino" de Bunyan que avança apressadamente pela "feira das vaidades" movido interiormente pela solitária aspiração ao reino dos céus. Quando em seguida tornou-se dominante o princípio "*to make the best of both worlds*" {aproveitar o melhor de cada mundo}, era fatal — o próprio Dowden já havia feito essa observação — que a boa consciência fosse simplesmente posta no rol dos meios para uma vida burguesa confortável, tal como vem expresso lindamente no ditado alemão do "travesseiro macio" {*Ein gutes Gewissen ist ein sanftes Ruhekissen.* — "Uma consciência limpa é um travesseiro macio."}. O que essa época religiosamente vivaz do século XVII legou à sua herdeira utilitária foi sobretudo e precisamente uma consciência imensamente boa — digamos sem rodeios: *farisaicamente* boa — no tocante ao ganho monetário, contanto que ele se desse tão só na forma da lei. Desaparecera todo resquício do *Deo placere non* [ou melhor: *vix*] *potest.*[292] Surgira um *ethos profissional* especificamente *burguês.* Com a consciência de estar na plena graça de Deus e ser por ele visivelmente abençoado, o empresário burguês, com a condição de manter-se dentro dos limites da correção formal, de ter sua conduta moral irrepreensível e de não fazer de sua riqueza um uso escandaloso, podia perseguir os seus interesses de lucro e *devia* fazê-lo. O poder da ascese religiosa, além disso, punha à sua disposição trabalhadores sóbrios, conscienciosos, extraordinariamente eficientes e aferrados ao trabalho como se finalidade de sua vida, querida por Deus.[293] E ainda por cima dava aos trabalhadores a reconfortante certeza de que a repartição desigual dos bens deste mundo era obra toda especial da divina Providência, que, com essas diferenças, do mesmo modo que com a graça restrita {não universalista}, visava a fins por nós desconhecidos.[294] Calvino já havia enunciado a frase, muitas vezes citada, segundo a qual o "povo", ou, dito de outra forma, a massa dos trabalhadores e dos artesãos, só obedece a Deus enquanto é mantido na pobreza.[295] Os holandeses (Pieter de la Court etc.) "secularizaram" tal sentença ao dizer que a massa dos seres humanos só *trabalha* se a tanto a impelir a necessidade, e essa formulação de um *Leitmotiv* da economia capitalista iria desembocar mais tarde na correnteza da teoria da "produtividade" dos baixos salários. Aqui também a virada utilitária insinuou-se no pensamento {original} com a atrofia de sua raiz religiosa, em plena concordância com o esquema de desenvolvimento que recorrentemente vimos observando. [A ética medieval não só havia tolerado a mendicância, mas por assim dizer a glorificara com as ordens mendicantes. Mesmo os leigos mendigos, pelo fato de proporcionarem aos mais abastados a oportunidade de realizar boas obras dando esmola, foram vez por outra designados e valorizados como um verdadeiro "estado", um estamento. No fundo, a própria ética social anglicana dos Stuart ainda se mantinha intimamente próxima dessa atitude. Estava reservado à ascese puritana colaborar na criação daquela dura legislação inglesa sobre os pobres, ao introduzir nesse particular uma mudança de conduta fundamental. E disso ela foi capaz porque na verdade as seitas protestantes e as comunidades puritanas estritas de modo geral *não conheciam* a mendicância em seu próprio seio.[296]]

Por outro lado: aliás, a partir do outro lado, o lado dos trabalhadores, a variante zinzendorfiana do pietismo, por exemplo, exaltava o trabalhador que é fiel à profissão e que não anseia pelo ganho como alguém que vive segundo o exemplo dos apóstolos e portanto é dotado do carisma dos discípulos.[297] Concepções análogas ainda mais radicais se alastraram entre os anabatistas nos primeiros tempos. Ora, é claro que o conjunto da literatura ascética de quase *todas* as confissões religiosas está impregnado pelo ponto de vista segundo o qual o trabalho leal, ainda que mal remunerado, da parte daqueles a quem a vida não facultou outras possibilidades, era algo extremamente aprazível a Deus. *Nesse particular* a ascese protestante em si não trouxe nenhuma novidade. Só que: ela não apenas aprofundou ao máximo esse ponto de vista, como fez mais, produziu para essa norma *exclusivamente aquilo que importava* para sua eficácia, isto é, o *estímulo* psicológico, quando concebeu esse trabalho como *vocação* profissional, como o meio ótimo, muitas vezes como o *único* meio, de uma pessoa se certificar do estado de graça.[298] E, por outro lado, legalizou a exploração dessa disposição específica para o trabalho quando interpretou a atividade lucrativa do empresário também como "vocação profissional".[299] É palpável o poder de que dispunha para fomentar a "produtividade" do trabalho no sentido capitalista da palavra a aspiração *exclusiva* pelo reino dos céus através do cumprimento do dever do trabalho profissional e da ascese rigorosa que a disciplina eclesiástica impingia como coisa natural, precisamente às classes não proprietárias. Tratar o trabalho como uma "vocação profissional" tornou-se tão característico para o trabalhador moderno, como, para o empresário, a correspondente vocação para o lucro. [Como reflexo desse novo estado de coisas, um observador anglicano tão atilado quanto Sir William Petty atribuía o poderio econômico holandês do século XVII ao fato de lá haver *dissenters* (calvinistas e batistas) em quantidade particularmente numerosa, os quais viam "trabalho e zelo industrial como um dever para com Deus". À constituição social "orgânica" de formato fiscalista-monopolista adotada na Inglaterra sob os Stuart, particularmente nas concepções de Laud: — a aliança do Estado e da Igreja com os "monopolistas" sobre a base de uma infraestrutura social-cristã — o puritanismo, cujos representantes se incluíam entre os adversários mais apaixonados *dessa* espécie de capitalismo de comerciantes, subcontratadores e mercadores coloniais, um capitalismo sustentado pelo Estado, opôs os *estímulos* subjetivos do lucro racional legal obtido por conta da capacidade e da iniciativa pessoais, tendo então com isso uma participação decisiva na criação das novas indústrias, cujo desenvolvimento se fazia sem o apoio das autoridades constituídas, e às vezes apesar delas e à revelia delas — ao passo que as indústrias monopolistas patrocinadas pelo Estado, na Inglaterra, não tardariam a desaparecer completamente.[300] Os puritanos (Prynne, Parker) rejeitavam toda transação com a classe eticamente suspeita dos grandes capitalistas "cortesãos e projetistas", orgulhosos que eram da superioridade de sua própria moral de negócios burguesa, vendo nela o verdadeiro alvo das perseguições que contra eles partiam daqueles círculos. Defoe chegou a sugerir que se combatesse o *dissent* com boicote a letras de câmbio e retirada de depósitos bancários. O antagonismo entre essas duas modalidades de conduta capitalista em grande parte caminhava de mãos dadas com os antagonismos religiosos. Ainda no século XVIII, os adversários dos não conformistas escarneciam deles como portadores do *spirit of shopkeepers* {espírito de merceeiros} e os perseguiram como corruptores dos velhos ideais da Inglaterra. *Aqui* se assentava também o contraste entre o *ethos* econômico puritano e o *ethos* econômico judaico, pois já os contemporâneos (Prynne) sabiam que era o primeiro, e não o segundo, o *ethos* econômico *burguês*.[301]]

Um dos elementos componentes do espírito capitalista [moderno], e não só deste, mas da própria cultura moderna: a conduta de vida racional fundada na ideia de profissão como vocação, nasceu — como queria demonstrar esta exposição — do espírito da *ascese cristã*. Basta ler mais uma vez o tratado de Franklin citado no início deste ensaio para ver como os elementos essenciais da disposição ali designada de "espírito do capitalismo" são precisamente aqueles que aqui apuramos como conteúdo da ascese profissional puritana,[302] embora sem a fundamentação religiosa, que já em Franklin se apagara. — A ideia de que o trabalho profissional moderno traz em si o cunho da ascese também não é nova. Restringir-se a um trabalho especializado e com isso renunciar ao tipo fáustico do homem universalista é, no mundo de hoje, o pressuposto da atividade que vale a pena de modo geral, pois atualmente "ação" e "renúncia" se condicionam uma à outra inevitavelmente: esse motivo ascético básico do estilo de vida burguês — se é que é estilo e não falta de estilo — também Goethe, do alto de sua sabedoria de vida, nos quis ensinar com os *Wanderjahre* {*Anos de peregrinação*} e com o fim que deu à vida de Fausto.[303] Para ele essa constatação significava um adeus de renúncia a uma época de plenitude e beleza da humanidade, que não mais se repetirá no decorrer do nosso desenvolvimento cultural como também não se repetiu a era do esplendor de Atenas na Antiguidade. O puritano *queria* ser um profissional — nós *devemos* sê-lo. Pois a ascese, ao se transferir das celas dos mosteiros para a vida profissional, passou a dominar a moralidade intramundana e assim contribuiu [com sua parte] para edificar esse poderoso cosmos da ordem econômica moderna ligado aos pressupostos técnicos e econômicos da produção pela máquina, que hoje determina com pressão avassaladora o estilo de vida de todos os indivíduos que nascem dentro dessa engrenagem — *não* só dos economicamente ativos — e talvez continue a determinar até que cesse de queimar a última porção de combustível fóssil. Na opinião de Baxter, o cuidado com os bens exteriores devia pesar sobre os ombros de seu santo apenas "qual leve manto de que se pudesse despir a qualquer momento".[304] Quis o destino, porém, que o manto virasse uma rija crosta de aço {na célebre tradução de Parsons: *iron cage* = jaula de ferro}. No que a ascese se pôs a transformar o mundo e a produzir no mundo os seus efeitos, os bens exteriores deste mundo ganharam poder crescente e por fim irresistível sobre os seres humanos como nunca antes na história. Hoje seu espírito — quem sabe definitivamente? — safou-se dessa crosta. O capitalismo vitorioso, em todo caso, desde quando se apoia em bases mecânicas, não precisa mais desse arrimo. Também a rósea galhardia de sua risonha herdeira, a Ilustração, parece definitivamente fadada a empalidecer, e a ideia do "dever profissional" ronda nossa vida como um fantasma das crenças religiosas de outrora. A partir do momento em que não se pode remeter diretamente o "cumprimento do dever profissional" aos valores espirituais supremos da cultura — ou que, vice-versa, também não se pode mais experimentá-lo subjetivamente como uma simples coerção econômica —, aí então o indivíduo de hoje quase sempre renuncia a lhe dar uma interpretação de sentido. Nos Estados Unidos, território em que se acha mais à solta porquanto despida de seu sentido metafísico [ou melhor: ético-religioso], a ambição de lucro tende a associar-se a paixões puramente agonísticas que não raro lhe imprimem até mesmo um caráter esportivo.[305] Ninguém sabe ainda quem no futuro vai viver sob essa crosta e se ao cabo desse desenvolvimento monstro hão de surgir profetas inteiramente novos, ou um vigoroso renascer de velhas ideias e antigos ideais, *ou* — se nem uma coisa nem outra — o que vai restar não será uma petrificação chinesa [ou melhor: mecanizada], arrematada com uma espécie convulsiva de autossuficiência. Então, para os "últimos homens" desse desenvolvimento cultural, bem poderiam tornar-se verdade as palavras: "Especialistas sem espírito, gozadores sem coração: esse Nada imagina ter chegado a um grau de humanidade nunca antes alcançado".

Mas com isso ingressamos no terreno dos juízos de valor e juízos de fé, com os quais esta exposição puramente histórica não deve ser onerada. A tarefa seria muito mais a de mostrar a significação que o racionalismo ascético, apenas aflorada no presente esboço, teve para o conteúdo da ética *político-social*, ou seja, para o modo de organização e de funcionamento das comunidades sociais, desde o conventículo até o Estado. Depois seria preciso analisar sua relação com o racionalismo humanista[306] e seus ideais de vida, suas influências culturais e, além disso, com o desenvolvimento do empirismo filosófico e científico, sua relação com o desenvolvimento técnico e com os bens culturais espirituais. Por fim, valeria a pena acompanhar seu vir a ser *histórico*, desde os primeiros ensaios medievais de uma ascese intramundana até a sua dissolução no puro utilitarismo, passando em revista cada uma das zonas de disseminação da religiosidade ascética. Só daí se poderia *tirar a medida* da significação cultural do protestantismo ascético em comparação com outros elementos que plasmam a cultura moderna. [O que aqui se tentou foi apenas, se bem que num ponto único mas importante, fazer remontar a seus motivos o fato e o *modo* de sua influência.] Mas depois, ainda seria preciso trazer à luz o modo como a ascese protestante foi por sua vez influenciada, em seu vir-a-ser e em sua peculiaridade, pelo conjunto das condições sociais e culturais, também e especialmente as *econômicas*.[307] Porquanto, embora o homem moderno, mesmo com a melhor das boas vontades, geralmente não seja capaz de imaginar o *efetivo* alcance da significação que os conteúdos de consciência religiosos tiveram para a conduta de vida, a cultura e o caráter de um povo, não cabe contudo, evidentemente, a intenção de substituir uma interpretação causal unilateralmente "materialista" da cultura e da história por uma outra espiritualista, também ela unilateral. *Ambas* são *igualmente possíveis*,[308] mas uma e outra, se tiverem a pretensão de ser, não a *etapa preliminar*, mas a *conclusão* da pesquisa, igualmente pouco servem à verdade histórica.[309]

Notas do autor

PARTE I — O PROBLEMA

1. CONFISSÃO RELIGIOSA E ESTRATIFICAÇÃO SOCIAL (PP. 29-39)

1. Os casos discrepantes explicam-se — nem sempre, mas com frequência — pelo fato de a religião professada pelos trabalhadores de uma indústria depender *em primeiro lugar*, naturalmente, da confissão dominante da localidade em que se encontra ou da região onde é recrutada sua mão de obra. Tal circunstância à primeira vista não raro distorce o quadro oferecido por muitas das estatísticas confessionais, por exemplo, para a província da Renânia. Além disso, os dados só são conclusivos nos casos em que a especialização e a contagem das ocupações permitem uma boa identificação de cada categoria num certo decurso de tempo. Do contrário, empresários de empresas muito grandes podem de repente ser incluídos junto com "mestres artesãos" por conta própria na categoria dos "diretores de empresa". [Antes de mais nada, porém, há que lembrar que o "capitalismo avançado" {*Hochkapitalismus*} dos dias de *hoje* tornou-se independente daquelas influências que a religião professada *podia* exercer no passado, particularmente junto à vasta camada inferior da mão de obra não qualificada. Volto a isso mais adiante.]

2. Ver por exemplo B. Schell, *Der Katholizismus als Prinzip des Fortschrittes*. Würzburg, 1897, p. 31; v. Hertling, *Das Prinzip des Katholizismus und die Wissenschaft*. Freiburg, 1899, p. 58.

3. Um de meus alunos trabalhou o farto material estatístico que possuímos a respeito: as estatísticas confessionais *de Baden*. Ver Martin Offenbacher, *Konfession und soziale Schichtung. Eine Studie über die wirtschaftliche Lage der Katholiken und Protestanten in Baden*. Tübingen/Leipzig, 1901 (vol. IV, fasc. 5 dos *Volkswirtschaftliche Abhandlungen der badischen Hochschulen*). Os fatos e os números com que ilustramos a seguir nosso argumento provêm todos desse trabalho.

4. Em Baden, por exemplo, no ano de 1895, a receita tributária sobre *rendas de capital* foi de 954 060 marcos por mil evangélicos, contra 589 mil marcos por mil católicos. Os judeus, com mais de 4 milhões de marcos por mil indivíduos, atingiram de longe o ponto mais alto (cifras obtidas por Offenbacher, *op. cit.*, p. 21.).

5. Comparar a respeito o conjunto dos argumentos do trabalho de Offenbacher.

6. Também aqui, para análises mais detalhadas sobre Baden, ver os dois primeiros capítulos do trabalho de Offenbacher.

7. No ano de 1895, a população de Baden era composta de 37% de protestantes, 61,3% de católicos e 1,5% de judeus. Mas nos estabelecimentos escolares de nível superior ao ensino fundamental {*Volksschule*}, cuja frequência já *não* é obrigatória, a distribuição religiosa dos alunos entre 1885 e 1891 se apresentava da seguinte maneira (segundo Offenbacher, *op. cit.*, p. 16):

	Protestantes %	Católicos %	Judeus %
Gymnasien	43	46	9,5
Realgymnasien	69	31	9
Oberrealschulen	52	41	7
Realschulen	49	40	11
höhere Bürgerschulen	51	37	12
Média	48	42	10

Exatamente os mesmos fenômenos verificam-se na Prússia, na Baviera, no Württemberg, nos chamados Estados imediatos {Alsácia-Lorena}, na Hungria (ver as cifras em Offenbacher, *op. cit.*, pp. 18ss.).

8. Ver as cifras dadas na nota anterior, segundo as quais a taxa de frequência aos estabelecimentos de ensino médio pelos católicos é inferior em quase um terço à sua taxa na população, e é superada em alguns pontos percentuais *somente* nos *Gymnasien* clássicos (essencialmente enquanto requisito para os estudos

de teologia). Remetendo à nossa exposição subsequente, cabe ainda assinalar como característico o fato de na Hungria os *reformados* acusarem num grau ainda mais acentuado os fenômenos típicos da frequência escolar dos protestantes aos estabelecimentos de ensino médio (Offenbacher, *op. cit.*, p. 19, nota).

9. Ver a demonstração disso em Offenbacher, *op. cit.*, p. 54, e as tabelas no final do trabalho.

10. [Particularmente bem ilustrada nas passagens dos escritos de Sir W. Petty, que haveremos de citar adiante.]

11. [Isso porque o exemplo da Irlanda de que Petty lança mão oportunamente tem uma razão muito simples: é que lá a camada protestante era constituída apenas de *landlords* absenteístas. Afirmasse mais do que isso, a escolha do exemplo estaria (notoriamente) errada, como atesta a posição dos "*Scotch-Irish*". A relação típica entre capitalismo e protestantismo existia na Irlanda como alhures. (Sobre os "Scotch-Irish" na Irlanda, ver C. A. Hanna, *The Scotch-Irish*, 2 vols., Nova York, Putnam.)]

12. Isso não exclui, naturalmente, o fato de que também estas últimas situações tiveram consequências da mais alta importância e, sobretudo, não contradiz o fato de muitas seitas protestantes, como se discutirá mais adiante, representarem minorias diminutas, e por conseguinte homogêneas, e serem ao mesmo tempo de significação decisiva para o desenvolvimento de toda uma atmosfera de vida, com repercussões também em sua participação na vida econômica, como de regra foi o caso, por exemplo, dos calvinistas *estritos* fora de Genebra e da Nova Inglaterra, mesmo onde eles dominavam politicamente. — [Que *emigrantes* de todas as confissões religiosas da terra — indianos, árabes, chineses, sírios, fenícios, gregos, lombardos, caorcinos etc. — mudassem para outros países na condição de portadores do *aprendizado comercial* dos países mais desenvolvidos dos quais provinham, constituiu um fenômeno universal que não tem nada a ver com o nosso problema. (Brentano, no ensaio que citaremos com certa frequência, *Die Anfänge des modernen Kapitalismus* {Os primórdios do capitalismo moderno}, menciona o exemplo de sua própria família. Contudo, em todos os países e em *todas* as épocas, os *banqueiros* de origem estrangeira foram os portadores preferenciais da experiência e das relações comerciais. Não constituem de modo algum uma especificidade do capitalismo *moderno* e — como adiante se verá — os protestantes os encaravam como eticamente suspeitos. Outro foi o caso dos Muralt, Pestalozzi etc., famílias protestantes de Locarno emigradas para Zurique, que ali não tardaram a fazer parte das camadas portadoras de um desenvolvimento capitalista (*industrial*) especificamente *moderno*.)]

13. Offenbacher, *op. cit.*, p. 68.

14. Observações de extrema sutileza sobre a peculiaridade característica das confissões religiosas na Alemanha e na França e o cruzamento desses contras-

tes com os demais elementos culturais na luta das nacionalidades da Alsácia podem ser encontradas no excelente escrito de W. Wittich, "Deutsche und französiche Kultur im Elsass", publicado na *Illustrierte Elsäss. Rundschau*, 1900, publicado também em separata).

15. [Bem entendido: quando a *possibilidade* de um desenvolvimento capitalista estivesse dada de algum modo na respectiva região.]

16. Ver a respeito Dupin de St. André, "L'Ancienne église réformée de Tours. Les membres de l'église" (*Bulletin de la Société de l'Histoire du protestantisme*, tomo 4, p. 10). Também aqui se poderia uma vez mais considerar como motivo eficiente — e essa ideia soa natural principalmente ao juízo dos observadores católicos — a compulsão por *emancipação* do controle monástico ou do controle eclesiástico em geral. Mas a isso se opõe não só o juízo de adversários contemporâneos da Reforma (Rabelais inclusive), mas ainda, digamos, os escrúpulos de consciência manifestados pelos primeiros sínodos nacionais dos huguenotes (por exemplo, Primeiro Sínodo, particip. C, qu. 10, ver Aymon, *Synodes nationaux de l'église réformée de France*, p. 10) quanto a saber se um *banqueiro* poderia ser decano de uma Igreja e, não obstante a tomada de posição inequívoca de Calvino, a recorrente discussão levantada nos sínodos nacionais por membros das comunidades que se mostravam apreensivos quanto à permissão da cobrança de juros, tudo isso na verdade revela a forte participação dos círculos interessados na questão, mas mostram *igualmente*: que o desejo de praticar a "*usuraria pravitas*" sem o controle de um confessor pode *não* ter sido tão difundido.[(O mesmo vale para a Holanda — ver adiante). A *proibição da usura* inscrita no direito canônico, para falar francamente, não desempenha papel nenhum *nas presentes* investigações.)]

17. *Wirtschaftsgeschichte des Schwarzwalds*, I, p. 67.

18. Ver a propósito as rápidas observações de Sombart, *Der moderne Kapitalismus*, 1ª ed., p. 380. [Mais tarde, infelizmente, naquela que a meu aviso é a mais fraca de suas grandes obras nesse particular (*Der Bourgeois*, Munique, 1913), Sombart defendeu uma "tese" totalmente equivocada, à qual voltaremos oportunamente, influenciado por um escrito de F. Keller ("Unternehmung und Mehrwert", publicações da *Görresgesellschaft*, caderno 12), igualmente *abaixo* do nível de outros trabalhos modernos de apologética do catolicismo apesar de muitas observações pertinentes (mas nem por isso novas *neste* aspecto).]

19. Pois está absolutamente assente que o simples fato da mudança de pátria constitui um dos meios mais poderosos de intensificação do trabalho (ver *supra*, nota 12). A mesma moça polonesa a quem nenhuma oportunidade de lucro em sua terra, por mais atraente que fosse, conseguia arrancar de sua indolência tradicionalista, parece mudar totalmente sua natureza e é capaz de um formidável rendimento quando trabalha como trabalhadora sazonal em terra

estrangeira. Exatamente o mesmo fenômeno se dá com os emigrados italianos. Que o decisivo aqui não seja somente a influência educativa de ingressar num "meio cultural" mais elevado — por mais que esse fator evidentemente concorra para tal — revela-se no fato de que o mesmo fenômeno ocorre (como na agricultura, por exemplo) lá onde o *modo* de atividade é exatamente o mesmo que no país de origem e o alojamento dos trabalhadores em barracas provisórias etc. condiciona até mesmo um rebaixamento temporário do nível de vida que jamais seria tolerado na terra natal. O simples fato de trabalhar num ambiente totalmente diverso do habitual rompe aqui o tradicionalismo, um fator "educativo". Mas é preciso frisar o quanto o desenvolvimento econômico americano repousa em tais efeitos. Na Antiguidade, pode-se dizer que o exílio na Babilônia teve para os judeus uma significação sensivelmente análoga, e o mesmo vale para os persas, por exemplo. — Para os protestantes, no entanto, como já revela a inegável diferença na peculiaridade econômica das colônias puritanas da Nova Inglaterra em relação ao Maryland católico, ao Sul episcopal e ao Rhode Island interconfessional, o impacto de sua peculiaridade religiosa desempenhou manifestamente o papel de um fator *independente* [como na Índia para os jainistas].

20. [Como todos sabem, na maioria de suas formas ela é um calvinismo ou um zwinglianismo mais ou menos *temperado*.]

21. [Na Hamburgo quase puramente luterana, a *única* fortuna que remonta ao século XVII pertence a uma conhecida família *reformada* (devo essa informação à amabilidade do professor A. Wahl).]

22. [Não é pois nenhuma "novidade" afirmar aqui essa correlação, sobre a qual já se debruçaram Lavaleye, Matthew Arnold e outros; novidade é duvidar dela sem a menor fundamentação. *Explicá-la* é que é o xis do problema.]

23. Isso naturalmente não impede que o pietismo oficial, do mesmo modo que outras correntes religiosas, mais tarde se opusesse a certos "progressos" da organização capitalista da economia — por exemplo, a transição da indústria em domicílio para o sistema fabril — apelando para convicções patriarcais. Cumpre justamente distinguir com toda a nitidez entre o que uma corrente religiosa *almejava* como ideal e o impacto *efetivamente exercido* sobre a conduta de vida de seus adeptos, como ainda haveremos de constatar várias vezes. [(Sobre a específica disposição para o trabalho da mão de obra pietista, há alguns exemplos que encontrei numa fábrica na Vestfália em meu ensaio "Zur Psychophysik der gewerblichen Arbeit", *Archiv für Sozialwissenschaft*, vol. XXVIII, p. 263ss.)]

2. O "ESPÍRITO" DO CAPITALISMO (PP. 41-69)

24. A passagem final foi extraída de *Necessary Hints to Those that Would Be*

Rich (escrito em 1736); o restante, de *Advice to a Young Tradesman* (1748), *Works*, ed. Sparks, vol. II, p. 87.

25. *Der Amerikamüde* (Frankfurt, 1855), famosa paródia poética das impressões americanas de *Lenau*. O livro hoje dificilmente seria apreciável como obra de arte, mas permanece simplesmente insuperável como documento dos contrastes (hoje há muito empalidecidos) entre a sensibilidade alemã e a americana, um documento, pode-se dizer, da vida interior que apesar de tudo, desde a mística alemã da Idade Média, tem sido um traço *comum* a católicos e protestantes alemães em oposição à capacidade de ação puritano-capitalista. [A tradução algo livre que Kürnberger fez do tratado de Franklin foi aqui revista segundo o original.] {N. E. : A presente tradução brasileira levou em conta os originais em inglês.}

26. Sombart estampa essa frase como epígrafe do capítulo sobre a "Gênese do capitalismo" (*Der moderne Kapitalismus*, 1ª ed., p. 193; ver ainda p. 390).

27. [Isso obviamente não significa nem que Jakob Fugger tenha sido um homem eticamente indiferente ou sem religião, nem muito menos que *toda a* ética de Benjamin Franklin se esgote nessas sentenças. Não é preciso recorrer às citações de Brentano (*Die Anfänge des modernen Kapitalismus*, Munique, 1916, pp. 150ss.) para defender o célebre filantropo do desconhecimento que este parece imputar-me. O problema é exatamente o contrário: como pôde um filantropo desse naipe sustentar precisamente *tais sentenças* no estilo de um *moralista* (sentenças aliás cuja formulação particularmente característica Brentano deixou de reproduzir)?]

28. Aqui se parte de uma colocação do problema diversa da de Sombart. A considerável significação prática dessa diferença aparecerá em seguida. Note-se desde logo que Sombart não deixou passar em branco esse aspecto ético do empresário capitalista. Só que no conjunto de sua concepção, este aparece como efeito do capitalismo, enquanto, para nós, com os nossos atuais objetivos, a hipótese inversa é que precisa ser considerada. Uma posição definitiva só pode ser tomada ao término da pesquisa. A respeito da concepção de Sombart, ver *op. cit.*, pp. 357, 380 etc. As linhas de seu pensamento ligam-se nesse particular às imagens brilhantes da *Philosophie des Geldes* de Simmel (último capítulo). [Adiante voltarei a falar da polêmica que Sombart sustentou contra mim em seu *Bourgeois*.] Por enquanto, vejo-me obrigado a protelar qualquer discussão mais detalhada.

29. Na tradução alemã: "Finalmente me convenci de que *verdade*, *honestidade* e *franqueza* no trato entre os humanos são da mais alta importância *para nossa felicidade* e a partir daquele instante me decidi, e cheguei a *inscrever a decisão em meu diário*, a praticá-las por toda a minha vida. A revelação divina como tal de fato não representava para mim peso algum, sendo eu da opinião de que,

embora certas ações sejam más simplesmente *porque* a doutrina revelada as proíba, ou boas *porque* as recomende, ainda assim — ponderando todas as circunstâncias — é provável que essas ações só nos tenham sido proibidas *porque* são por natureza prejudiciais, ou recomendadas *porque* benéficas".

30. "Eu fazia o possível para não dar na vista e fiz passar essa empreitada" [— um projeto seu de criação de uma biblioteca —] "como tendo sido idealizada por 'alguns amigos' que teriam me pedido para sair a campo e propor o projeto às pessoas que eles consideravam amigas da leitura. Desse modo meu negócio progrediu a passos largos e mais tarde me servi desse procedimento em oportunidades análogas; e, em vista de meus repetidos sucessos, penso francamente que posso recomendá-lo. O pequeno sacrifício momentâneo do amor-próprio em que se incorre é profusamente recompensado mais tarde. Se *por algum tempo* o benemérito passa despercebido, outro alguém, mais vaidoso, será encorajado a reivindicar o mérito, e aí então a própria inveja tenderá a fazer justiça ao primeiro, arrebatando a palma que lhe fora usurpada e restituindo-a a seu legítimo proprietário."

31. [Brentano (*op. cit.*, pp. 125, 127, nota 1) aproveita o ensejo dessa observação para criticar as explanações que apresento a seguir sobre "a racionalização e o disciplinamento" que a ascese intramundana operou no ser humano: seria, diz ele, uma "racionalização" para uma "conduta de vida irracional". E de fato é isso mesmo. Nunca uma coisa é "irracional" em si, mas sempre de um determinado *ponto de vista* "racional". Para quem é irreligioso, toda conduta de vida religiosa é "irracional", assim como para o hedonista é irracional toda conduta de vida ascética, por mais que, levando-se em conta o valor último *de cada qual*, se trate de uma "racionalização". Se o presente ensaio tiver que contribuir para algo, que seja para pôr a descoberto em sua polivalência o conceito apenas aparentemente unívoco de "racional".]

32. Provérbios 22, 29. Lutero traduz: *in seinem Geschäft*, isto é, em seu negócio; as bíblias inglesas mais antigas trazem: *business*. Ver adiante, nota 53.

33. [Contra a minuciosa porém um tanto imprecisa apologia que Brentano (*op. cit.*, pp. 150ss.) faz das qualidades éticas de Franklin supostamente ignoradas por mim, limito-me a remeter a essa observação, que a meu ver teria bastado para tornar desnecessária aquela apologia.]

34. [Aproveito a oportunidade para tecer de antemão algumas observações "anticríticas". — É uma alegação insustentável a que faz Sombart (*Der Bourgeois*, Munique/Leipzig, 1913) quando vez por outra assegura que essa "ética" de Franklin é a repetição "literal" de argumentos do grande gênio universal da Renascença: Leon Battista Alberti, o qual, ao lado de escritos teóricos sobre matemática, escultura, pintura, arquitetura (sobretudo), bem como acerca do amor (pessoalmente ele tinha aversão às mulheres), escreveu também uma obra em

quatro livros (*Della famiglia*) sobre o governo do lar (infelizmente no momento não tenho acesso à edição feita por Mancini, apenas à mais antiga, de Bonucci). — Pois bem, a passagem de Franklin, eu a reproduzo textualmente aqui — mas onde encontrar passagens correspondentes nas obras de Alberti, em particular a máxima "tempo é *dinheiro*" erguida em frontispício com as correspondentes admoestações? Que eu saiba, a única passagem que só de muito longe lhes faz eco se encontra lá pelo final do primeiro livro *Della famiglia* (ed. Bonucci, vol. II, p. 353), onde se fala em termos muito gerais do dinheiro como *nervus rerum* {nervo das coisas} do governo do lar, que por isso deve ser especialmente bem administrado — tal como de resto já dizia Catão no *De re rustica*. Tratar Alberti, que insiste enfaticamente no fato de ser descendente de uma das mais nobres famílias de cavaleiros de Florença (*nobilissimi cavalieri*: *Della famiglia*, pp. 213, 228, 247 na edição de Bonucci), como se ele fosse um homem de "sangue bastardo", cheio de ressentimento contra as estirpes nobres por se tratar de um burguês excluído das linhagens senhoriais — devido ao seu nascimento ilegítimo (que na verdade não o desclassificava minimamente) — é absolutamente equivocado. É característica incontestável de Alberti sua recomendação de fazer *grandes* negócios, os únicos que, por custarem menos trabalho, são dignos de uma *nobile e onesta famiglia* e de um *libero e nobile animo* (*ibid.*, p. 209), (ver *Del governo della famiglia*, IV, p. 55; a mesma ideia se acha no texto dedicado aos Pandolfini, p. 116: *daí* a preferência pelo comércio da lã e da seda!), mas não menos típica é sua recomendação de uma administração do lar ordenada e estrita, noutras palavras: limitem-se às despesas em função das receitas. Por conseguinte: a *santa masserizia*, da qual ouve falar pela boca de Gianozzo, é primeiramente um princípio de condução do governo do lar, mas não um princípio de *lucro* (e isso o próprio Sombart poderia muito bem ter reconhecido) — do mesmíssimo modo que a discussão sobre a natureza do dinheiro (*op. cit.*) recai primeiramente no aumento do *patrimônio* (dinheiro ou *possessioni*), mas não na valorização do *capital*. Alberti recomenda — como proteção de si contra as incertezas da "*Fortuna*" — adquirir desde cedo o hábito de uma atividade constante *in cose magnifiche e ample* (p. 192), único meio aliás de assegurar-se uma saúde duradoura (pp. 73-74), e evitar a ociosidade, sempre perigosa para quem quer manter sua posição social, daí o aprendizado primoroso de um ofício ajustado ao seu estamento para o caso de um revés (só que no *Della famiglia* toda e qualquer *opera mercenaria* não combina com tal status: livro I, I, pp. 209ss). Seu ideal da *tranquillità dell'animo* e sua forte propensão ao "*láthe biôsas*" epicurista (*vivere a sè stesso*, *ibid.*, p. 262), particularmente sua aversão a todo cargo oficial (*ibid.*, p. 258) por ser fonte de desassossego, inimizade e envolvimento em negócios sujos, seu ideal de vida retirada numa *villa* campestre, a satisfação do amor-próprio com a memória dos antepassados e o cultivo da *honra da família* como critério decisivo e fim último (devendo por isso mesmo conservar-se na íntegra o patrimônio familiar, à maneira florentina, evitando-lhe a partilha): tudo isso constituiria aos olhos de um puritano uma pecaminosa "divinização da criatura" e, aos olhos de Benjamin Franklin, a expressão de um *pathos* aristocrático que ele desconhecia. Note-se ainda sua elevada estima pelas letras (porquanto a virtude da *industria* está orientada sobretudo para o trabalho literário-científico, que só este é verdadeiramente digno do ser humano e, no fundo, só na boca do iletrado Gianozzo se defende como tendo igual valor a *masserizia* — no sentido de "governo racional do lar" como um meio para se viver com independência dos outros e não cair na miséria — atribuindo assim a um antigo padre (p. 249) a origem desse conceito na verdade originário da ética monástica (ver adiante). Compare-se tudo isso com a ética e a conduta de vida de Benjamin Franklin e de seus antepassados puritanos, comparem-se os escritos do literato renascentista endereçados ao patriciado humanista com os escritos de Franklin dirigidos à massa do *Mittelstand* burguês — aos comerciantes, nomeadamente — e ainda com os tratados e os sermões dos puritanos para aí então avaliar a profundidade da diferença. O racionalismo econômico de Alberti, de regra escorado em citações de autores antigos, é no essencial semelhante ao modo como é tratada a matéria econômica nos escritos de Xenofonte (que ele não conhecia), de Catão, Varrão e Columella (que ele cita) — só que, especialmente no caso de Catão e Varrão, o *ganho* como tal, à diferença do que ocorre nas obras de Alberti, ocupa o primeiro plano. De resto, os comentários sem dúvida muito esporádicos de Alberti sobre o emprego dos *fattori*, sobre a divisão do trabalho e a disciplina, sobre a pouca confiabilidade dos camponeses etc. de fato impressionam como transposição de uma sabedoria de vida ao estilo de Catão do terreno da agricultura escravista para o do trabalho livre na indústria doméstica e na agricultura de parceria. Quando Sombart (cuja referência à ética estoica é indiscutivelmente falha) encontra já em Catão o racionalismo econômico "desenvolvido até as últimas consequências", ele não está, em rigor, totalmente errado. Com efeito, pode-se reunir sob a mesma categoria o *diligens pater familias* dos romanos e o ideal do *massajo* em Alberti. Em Catão, é antes de mais nada característico o fato de a propriedade fundiária ser tratada como objeto de "*investimento*" de uma fortuna e como tal avaliada. O conceito de *industria*, no entanto, assume nele outro matiz em decorrência do influxo cristão. E eis que justamente aí se revela a diferença. Na concepção de *industria* oriunda da ascese monástica e desenvolvida nos escritos dos monges mora o germe de um *ethos* que (ver adiante!) será desenvolvido em toda a sua plenitude na "ascese" protestante exclusivamente *intra*mundana (*daí*, como teremos ocasião de sublinhar muitas vezes, o parentesco de ambas, que aliás é *menor* com a doutrina eclesiástica oficial do tomismo do que com os moralistas das ordens mendicantes em Florença e Siena). Em Catão, e também nas próprias exposições de Alberti, falta esse *ethos*:

em ambos se trata de ensinar *sagacidade* na vida, não uma ética. É de utilitarismo ainda que se trata em Franklin. Só que o *pathos* ético de seu sermão aos jovens comerciantes é inconfundível e constitui — isto sim é o que importa — seu traço característico. Falta de cuidado com o dinheiro significa para ele o mesmo que "assassinar" — por assim dizer — embriões de capital e é por isto que também é uma deficiência *ética*.

Parentesco íntimo entre os dois (Alberti e Franklin) só há de fato na medida em que Alberti — a quem Sombart chama de "pio", mas que na verdade, embora se houvesse ordenado padre e recebesse uma sinecura de Roma como aliás tantos outros humanistas, não valoriza de jeito nenhum (a não ser em duas passagens insignificantes) motivos religiosos como ponto de orientação para a conduta de vida que recomendava — *ainda não* põe em relação concepções religiosas com seus conselhos de "gestão econômica", ao passo que Franklin *não* as põe *mais*. Tanto num como noutro, o utilitarismo — e, no elogio que Alberti faz do negócio atacadista de lã e seda, até mesmo o utilitarismo social mercantilista ("que muitos sejam postos a trabalhar", *op. cit.*, p. 292) — é o único que dá as cartas nesse terreno, ao menos formalmente. As considerações de Alberti a esse respeito são um paradigma perfeitinho daquela espécie de "racionalismo" econômico por assim dizer imanente, que, mesmo em escritores interessados puramente na "coisa em si", de fato se encontra por toda parte e em todas as épocas como "reflexo" das condições econômicas, na China clássica e na Antiguidade não menos que na Renascença e na época da Ilustração. É bem verdade, pois, que também em Alberti e seus pares, tanto quanto na Antiguidade, por exemplo, em Catão, Varrão e Columella, a *ratio* econômica se acha amplamente desenvolvida sobretudo no que diz respeito à doutrina da *industria*. Mas como se há de acreditar que semelhante *doutrina* de literatos pudesse desdobrar-se numa potência capaz de virar de ponta-cabeça a vida do mesmo modo que uma fé religiosa que destina a uma determinada conduta de vida (neste caso: uma conduta de vida metódico-racional) o *prêmio da salvação*? Em contrapartida, dá para vislumbrar o que significa uma "racionalização" *religiosamente* orientada da conduta de vida (e eventualmente também da atividade econômica) quando além dos puritanos de todas as denominações se observam os exemplos, extremamente diversos entre si quanto ao sentido, dos jainistas, dos judeus, de certas seitas ascéticas da Idade Média, de Wyclif, dos irmãos morávios (reminiscência do movimento hussita), dos *skoptsy* e *stundistas* da Rússia e de numerosas ordens monásticas. O traço decisivo da diferença (só para antecipar) reside nisto: uma ética ancorada na religião destina para o comportamento por ela suscitado *prêmios psicológicos* (*não* de caráter econômico) bem específicos e altamente eficazes enquanto a fé religiosa permanecer viva, e é justamente desses prêmios que uma simples doutrina da arte de viver feito a de Alberti *não* dispõe. Só na medida em que esses prêmios funcionam e sobretudo quando agem (e o decisivo é isto) numa *direção* que se afasta bastante da *doutrina* dos teólogos (a qual por sua vez não passa mesmo de "doutrina"), consegue a fé religiosa uma influência autônoma sobre a conduta de vida e, através dela, sobre a economia: sim, para falar claro, é este o nó de todo o presente ensaio, e não dava para esperar que ele passasse assim tão completamente sem ser notado. Sobre os teólogos moralistas da Baixa Idade Média (Antonino de Florença e Bernardino de Siena), relativamente "favoráveis ao capital" e certamente também muito mal compreendidos por Sombart, tornarei a falar noutro lugar. Seja como for, L. B. Alberti por nada pertencia a esse círculo. Foi só o conceito de *industria* que ele tomou da linha de pensamento monástica, seja lá por quais mediações. Alberti, Pandolfini e seus pares, apesar de sua obediência oficial à Igreja, são representantes daquela disposição interiormente já emancipada da eclesialidade tradicional e, a despeito de todo vínculo com a ética cristã vigente, amplamente orientada em sentido "pagão" bem ao gosto da Antiguidade, disposição essa que Brentano pôs na cabeça que "eu teria ignorado" em sua significação para o desenvolvimento da doutrina econômica moderna (bem como da política econômica moderna). Ora, está plenamente correto eu não tratar aqui *dessa* série causal: num estudo sobre a "*ética protestante* e o espírito do capitalismo" ela não tem o menor cabimento. Como se mostrará noutra oportunidade, longe de negar sua significação, por boas razões eu era e sou da seguinte opinião: a esfera de sua eficácia assim como a direção de sua eficácia eram totalmente *diversas* das da ética protestante (cujos precursores nada irrelevantes em termos práticos foram as seitas e a ética de Wyclif e Huss). O que ela influenciou *não* foi a *conduta de vida* (da burguesia nascente), mas sim: a política dos estadistas e dos príncipes, e essas duas séries causais, convergentes em parte mas não em todos os pontos, devem num primeiro tempo ser limpidamente separadas uma da outra. No que tange a Benjamin Franklin, seus tratados de economia privada — a seu tempo usados como leitura escolar na América — fazem parte por isso mesmo da categoria que exerceu influência sobre a *práxis* de vida, ao contrário da volumosa obra de Alberti, que mal se tornou conhecida fora do círculo dos eruditos. E ainda por cima, Franklin é citado expressamente por mim por ser um homem situado para além da regulamentação de vida puritana, que entrementes já desbotara, do mesmo modo que a "Ilustração" inglesa em geral, cujas relações com o puritanismo foram mostradas tantas vezes, já o ultrapassara.]

35. [Infelizmente Brentano (*op. cit.*) começa por meter no mesmo saco toda espécie de ambição de ganho (não importa se bélico ou pacífico) e aponta então como traço específico da ambição de ganho "capitalista" (em oposição à feudal, por exemplo) apenas a orientação para o *dinheiro* (e não mais para a terra); e além de recusar qualquer outra distinção — sem o que fica impossível

chegar a conceitos claros — faz ainda uma afirmação (p. 131) que me é incompreensível: que o conceito de "espírito" do capitalismo (moderno!) elaborado para os fins da presente pesquisa tomaria já em seus pressupostos o que deve ser demonstrado.]

36. Ver os comentários de Sombart, pertinentes em todos os aspectos, *Die deutsche Volkswirtschaft im neunzehnten Jahrhundert* (p. 123). Aliás, nem é preciso sublinhar — se bem que os estudos a seguir remontem em [todos os] seus pontos de vista [decisivos] a trabalhos muito mais antigos — o quanto [em sua formulação] eles devem ao mero fato da existência dos grandes trabalhos de Sombart com suas atiladas formulações, mesmo – *e precisamente* – onde enveredam por caminhos outros. Mesmo quem sempre se sentiu instigado a contradizer decididamente as opiniões de Sombart e a refutar diretamente algumas de suas teses tem o dever de as levar na devida conta.

37. Não enfrentaremos aqui, naturalmente, a questão de saber *onde* se localizam tais limites, assim como não vamos tomar posição quanto à famosa teoria do nexo entre alto salário e alta produtividade do trabalho apresentada de início por Brassey, formulada e defendida em termos teóricos por Brentano e, em termos históricos e ao mesmo tempo construtivos, por Schulze-Gävernitz. A discussão foi reaberta pelos penetrantes estudos de Hasbach (*Schmollers Jahrbuch*, 1903, pp. 385-91 e 417ss.) [e ainda não chegou a uma solução definitiva]. Aqui nos basta o fato, por ninguém posto em dúvida e aliás indubitável, de que salário baixo e lucros altos, salário baixo e oportunidades favoráveis ao desenvolvimento industrial, nem sempre coincidem pura e simplesmente — e, principalmente, que meras operações pecuniárias não desembocam mecanicamente em "educação" para a cultura capitalista e, com isso, na viabilidade de uma economia capitalista. Os exemplos escolhidos são todos de caráter puramente ilustrativo.

38. Por isso, a implantação *também de indústrias capitalistas* muitas vezes não tem sido possível sem amplos movimentos migratórios provenientes de regiões com cultura mais antiga. Por corretos que sejam os comentários de Sombart sobre o contraste entre, de um lado, as "aptidões" e segredos de ofício do artesão, que são inseparáveis da pessoa, e, do outro, a técnica moderna cientificamente objetivada, essa diferença mal se fazia presente à época do surgimento do capitalismo — aliás, as qualidades (por assim dizer) éticas do operário no capitalismo (e em certa medida também do empresário) adquiriam um "valor de raridade" cada vez mais alto em relação às aptidões do artesão, solidificadas por séculos de tradicionalismo. E mesmo a indústria hodierna, ao escolher os lugares de sua implantação, não é de todo independente das qualificações já adquiridas pela população ao cabo de uma longa tradição e através de uma educação para o trabalho intensivo. É encontradiça no círculo mais amplo das representações científicas hodiernas a tendência a atribuir essa dependência, quando cons-

tatada, não à tradição e à educação, mas a determinadas qualidades raciais herdadas, algo que a meu juízo é muito duvidoso.

39. [Ver meu artigo supracitado na nota 23.]

40. As observações precedentes podem dar lugar a mal-endendidos. A tendência de um conhecido tipo de gente de negócios a tirar proveito à sua maneira da sentença "O povo deve ser mantido na religião" e a tendência [outrora não rara] de amplos círculos notadamente de eclesiásticos luteranos, em geral movidos por uma simpatia de princípio pelo que fosse autoritário, de tirar proveito do título de "polícia negra" quando se tratava de estigmatizar a greve como pecado e os sindicatos como fomentadores da "cobiça" etc. — tudo isso não tem nada a ver com os fenômenos de que estamos tratando aqui. Nos pontos evocados no texto, não se trata de fatos isolados, mas sim de fatos muito frequentes que, como veremos, se repetem de modo típico.

41. *Der moderne Kapitalismus*, vol. I, 1ª ed., p. 62.

42. Ibid., p. 195.

43. [Claro que estamos falando da *empresa* racional *moderna* específica do Ocidente, não do capitalismo dos usurários, financiadores de guerras, arrendatários dos cargos públicos e da coleta de impostos, dos grandes mercadores e dos magnatas das finanças, dispersos pelo mundo há três milênios já, na China, na Índia, na Babilônia, na Grécia, em Roma, em Florença, até os dias de hoje. Ver minha "Introdução" à *Ética Econômica das Religiões Mundiais*, GARS I: 237-275.]

44. *A priori* não é de modo algum obrigatório supor — e é só isso que precisa ser ressaltado aqui — que, de um lado, a *técnica* do empreendimento capitalista e, do outro, o espírito de "trabalho numa profissão" que sói emprestar ao capitalismo sua energia expansiva tivessem que encontrar seu húmus *originário* nas mesmas camadas sociais. O mesmo se dá com as relações sociais dos conteúdos de consciência religiosos. O calvinismo foi historicamente um dos portadores da educação para o "espírito capitalista". Mas por razões a serem discutidas mais adiante, justamente os grandes financistas, na Holanda por exemplo, não eram, predominantemente, adeptos de um calvinismo estrito, mas sim arminianos. Ali como alhures, foi a *pequena* [*e média*] burguesia em ascensão [ao empresariado] o portador "típico" da ética capitalista e da eclesialidade calvinista. [E mesmo essa constatação concorda plenamente com o que aqui expusemos a respeito: grandes financistas e grandes mercadores em todos os tempos houve; porém uma organização capitalista racional do trabalho industrial burguês, só quem a viu nascer foi a passagem da Idade Média para os tempos modernos.]

45. [Consultar a propósito a boa dissertação de J. Maliniak, (Universidade de Zurique, 1913).]

46. O retrato exposto a seguir constitui uma compilação "típico-ideal" feita a partir das condições de diferentes ramos em diversas localidades; tendo sido

elaborado com o fim de ilustrar nosso propósito, pouco importa, naturalmente, que em nenhum dos exemplos que tenhamos pensado o processo tenha se desenrolado exatamente da maneira como aparece descrito aqui.

47. [Não é à toa, também por essa razão, que esse primeiro período de um racionalismo nascente, vale dizer, as primeiras batidas de asa da indústria alemã, vá de par com uma total decadência do estilo dos objetos necessários à vida cotidiana.]

48. [Isso não quer dizer que o movimento das reservas de metais preciosos seja visto como indiferente para a economia.]

49. Isso quer dizer tão só: aquele tipo de empresário que *nós* tomamos aqui como objeto de nossa consideração e não qualquer média empírica. (Sobre o conceito de "tipo ideal", ver meu artigo "A objetividade do conhecimento nas ciências sociais e na política social", *Archiv für Sozialwissenschaft*, vol. XIX, fascículo I).

50. [Talvez seja aqui o local apropriado para examinar brevemente os comentários feitos por F. Keller na obra já citada (*Görresgesellschaft*, caderno 12) e as observações que Sombart faz no seu *Bourgeois* inspirando-se nele, ao menos na medida em que vêm a propósito. É realmente o cúmulo que um escritor critique um estudo no qual a proibição canônica dos juros *não é de modo algum mencionada* (a não ser *numa* nota ocasional e sem *nenhuma* relação com a argumentação como um todo) na pressuposição de que seria justamente tal proibição — que por sinal encontra paralelos em quase todas as éticas religiosas da terra! — o que aqui é tomado como sinal distintivo entre a ética católica e a ética da Reforma: só se podem criticar trabalhos que realmente foram lidos ou cujos argumentos, se tiverem sido lidos, ainda não tiverem sido esquecidos. A luta contra a *usuraria pravitas* atravessa de cabo a rabo a história da Igreja huguenote bem como a da Igreja holandesa do século XVI. "Lombardos", ou seja, banqueiros, foram muitas vezes excluídos enquanto tais da santa ceia (ver nota 12). A concepção de Calvino, mais liberal (e que entretanto não impediu, diga-se de passagem, que no primeiro esboço das Ordenanças fossem previstas medidas sobre a usura), só triunfou por intermédio de Salmásio. Não é *aqui*, pois, que reside o antagonismo: pelo contrário. — Piores ainda são as argumentações pessoais do autor, as quais, quando comparadas com os escritos de Funck (a meu ver citado pouco por ele) e de outros estudiosos católicos e com as pesquisas de Endemann, hoje ultrapassadas no pormenor mas ainda fundamentais, contrastam tristemente por sua superficialidade. É certo que Keller evitou excessos do feitio dos comentários de Sombart (*op. cit.*, p. 321): de que bem se podia notar em "homens pios" (referência feita essencialmente a Bernardino de Siena e Antonino de Florença) "o quanto eles queriam a todo custo instigar o espírito de empresa" — e isso por interpretarem como proibição do juro a proibição da usura, tal como ocorreu no mundo inteiro, no afã de se manter intato o investimento de capital

"produtivo" (para usar a terminologia de hoje). (Que em Sombart, por um lado, os romanos fossem incluídos entre os "povos heroicos", enquanto por outro lado se afirme — uma contradição aliás insuperável em sua obra — que o racionalismo econômico já em Catão estava desenvolvido "até as últimas consequências" (p. 267) é, note-se de passagem, um sintoma de que estamos às voltas precisamente com um "livro de tese", no mau sentido da palavra.) Ocorre que ele deturpou por completo a significação da proibição dos juros, o que aqui não cabe expor no pormenor (de início ela foi muitas vezes superestimada, depois fortemente subestimada e agora, na era dos multimilionários inclusive católicos, foi virada — para fins apologéticos — literalmente de ponta-cabeça), proibição que, como todos sabem — apesar da fundamentação bíblica! — só foi revogada no século passado mediante instrução da Congregação do Santo Ofício, e mesmo assim somente *temporum ratione habita* e de forma *indireta*, ou seja: por meio da proibição de importunar com indagações sobre a *usuraria pravitas* os fiéis confessantes e contanto que se pudesse deles esperar obediência *também para o caso* de a norma voltar a ter vigência. Ora, todo aquele que se aventurou um pouco mais a fundo nos estudos sobre a intrincadíssima história da doutrina eclesiástica sobre a usura, com suas infindáveis controvérsias, por exemplo, em torno da licitude da compra de ações, do desconto de letras e dos mais diversos contratos, e sobretudo se levarmos em conta que a decisão supramencionada da Congregação do Santo Ofício foi tomada tendo em vista o empréstimo *a uma cidade*, não pode afirmar (p. 24) que a proibição da cobrança de juros se limitasse a empréstimos em casos de emergência, nem que seu objetivo fosse "proteger o capital" ou que fosse sim "favorável à empresa capitalista" (p. 25). A verdade é que a Igreja só muito mais tarde veio a rever sua posição quanto à proibição dos juros e, quando o fez, as formas costumeiras de investimento puramente comercial do capital *não* eram empréstimos a juro fixo, mas eram (e assim *tinham* de ser, dado o caráter da taxa sobre empréstimos ao empresário) o *foenus nauticum*, a *commenda*, a *societas maris* e o *dare ad proficuum de mari* (empréstimos nos quais a participação nas perdas e nos ganhos era proporcional ao grau de risco); todas essas formas não eram condenáveis (ou só o eram para alguns canonistas individuais muito rigorosos); mas quando o investimento de capital a juro fixo e os descontos bancários se tornaram usuais, esses canonistas (mesmo mais tarde) esbarraram com notáveis dificuldades quanto ao motivo da proibição do juro: dificuldades que levaram a toda sorte de medidas severas por parte das guildas de mercadores (as listas negras!); é bem verdade, no entanto, que o tratamento que em regra os canonistas dispensavam à proibição dos juros era *puramente* jurídico-formal, sem nenhuma intenção de "proteger o capital" como pensa Keller; finalmente, *na medida em que* é possível identificar de algum modo tomadas de posição relativas ao capitalismo como tal, os fatores determinantes terão sido: de um lado, uma aversão tradicionalista, sentida o mais das vezes de forma confusa, contra o crescente poder *impessoal* do capital — dificilmente suscetível, por isso mesmo, de eticização (que é o que se reflete já na declaração de Lutero sobre os Fugger e as transações financeiras) e, do outro, a necessidade de uma acomodação. — Não cabe, entretanto, tratar aqui desse assunto, pois, como foi dito, a proibição dos juros e seu destino têm para nós uma significação no máximo sintomática e, mesmo esta, apenas limitada.

A ética econômica dos teólogos escotistas e em particular a de certos teólogos das ordens mendicantes dos Quatrocentos, sobretudo Bernardino de Siena e Antonino de Florença — monges escritores dotados de uma orientação *ascética* especificamente racional — merecem com certeza uma página à parte, mas terão de se contentar em receber neste nosso contexto um tratamento apenas incidental. Caso contrário, para fazer essa anticrítica eu teria que antecipar o que tenho a dizer numa exposição dedicada apenas à ética econômica do catolicismo em sua relação *positiva* com o capitalismo. Esses autores — e nisso eles são precursores de vários jesuítas — esforçam-se por justificar o lucro empresarial do *comerciante* enquanto contrapartida eticamente *lícita* de sua *industria* (mais que isso, obviamente, nem mesmo Keller pode afirmar).

O conceito e a valoração da *industria* evidentemente são tirados *em última análise* da ascese monástica e, a meu ver, assim também o conceito de *masserizia* usado por Alberti, o qual, conforme ele mesmo declara através da boca de Gianozzo, foi tomado do linguajar clerical. Mais adiante falaremos mais de perto da ética monástica como precursora da ascese intramundana própria de certas denominações do protestantismo (rudimentos de concepções análogas podem-se encontrar na Antiguidade entre os cínicos, nas inscrições funerárias do helenismo tardio e, em condições bastante diversas, no Egito). O que lhes *falta por completo* (como falta em Alberti) é justamente o aspecto que, como veremos adiante, para nós é o decisivo: a concepção, que é característica do protestantismo ascético, da *comprovação* da salvação do indivíduo, da *certitudo salutis* na vocação profissional: ou seja, faltam os *prêmios* psíquicos que essa religiosidade oferecia à *industria* e que deviam necessariamente faltar ao catolicismo, por serem totalmente outros os seus meios de salvação. Pelo ângulo dos efeitos, no caso desses autores trata-se de uma *doutrina* ética, não de estímulos práticos individuais condicionados pelo interesse na salvação e, ainda por cima, trata-se de uma *acomodação* (como dá para ver facilmente), e não, como ocorre na ascese intramundana, de argumentos deduzidos de posições religiosas centrais. (Antonino e Bernardino, a propósito, há muito já foram objeto de estudos melhores que o de F. Keller.) E mesmo essas acomodações continuaram controversas até o presente. Não obstante, a significação dessas concepções éticas monacais, ao menos enquanto *sintoma*, não pode absolutamente ser considerada igual a zero. Mas os verdadeiros "rudimentos" de uma ética religiosa que desembocaria no conceito *moderno* de *vocação profissional* estão é nas seitas e na heterodoxia, sobretudo em Wyclif, embora sua significação tenha sido exagerada por Brodnitz (*Englische Wirtschaftsgeschichte*), que é da opinião de que o influxo deste foi tão forte que o puritanismo não precisou fazer nada além. Não se pode (nem se deve) entrar em detalhes acerca disso tudo aqui. Este não é o lugar de discutir em paralelo se, e em que medida, a ética cristã da Idade Média já havia *efetivamente* contribuído com a criação das condições prévias do espírito capitalista.]

51. [Ao que parece, as palavras "*medèn apelpízontes*" (Lc 6, 35) e a tradução da Vulgata "*nihil inde sperantes*" {sem esperar nada em troca} são (a crer em A. Merx) uma corruptela de *medéna apelpízontes* (= *neminem* desperantes) {sem desesperar a ninguém}, autorizando dessa forma o empréstimo a *todo e qualquer* irmão, mesmo se pobre, sem dizer sequer uma palavra sobre juros. Hoje se atribui à sentença *Deo placere vix potest* uma origem ariana (o que objetivamente para nós é indiferente).]

52. O modo como as pessoas se viravam com a proibição da usura, mostra-o por exemplo o livro I, cap. 65, do estatuto da *Arte di Calimala* (no momento possuo apenas a redação italiana de Emiliani-Giudici, *Stor. dei Com. Ital.*, vol III, p. 246): "*Procurino i consoli con quelli frati, che parrà loro, che perdono si faccia e come fare si possa il meglio per l'amore di ciascuno, del dono, merito o guiderdono, ovvero interesse per l'anno presente e secondo che altra volta fatto fue*" {Procurem os cônsules, junto àqueles frades que lhes aprouver, que seja concedido, e da melhor forma possível pelo amor de cada um, o perdão pelos donativos, pelos valores, pelas recompensas, ou seja, pelos juros recebidos durante o ano, conforme o que foi feito da outra vez.}. É uma espécie, portanto, de indulgência concedida via corporação de ofício aos seus membros e via submissão à autoridade. Altamente características do caráter extraético do lucro sobre o capital são também as instruções que no texto se seguem, bem como o preceito imediatamente anterior (c. 63) de contabilizar todos os juros e lucros como se fossem "donativos". As listas negras de que se valem hoje as bolsas de valores contra aqueles que especulam apelando para a objeção da diferença correspondem muitas vezes ao opróbrio lançado contra aqueles que, diante do tribunal eclesiástico, apelavam para a *exceptio usurariae pravitatis*.

3. O CONCEITO DE VOCAÇÃO EM LUTERO. O OBJETO DA PESQUISA (PP. 71-83)

53. [Das línguas antigas, *somente o hebraico* tem expressões de conotação semelhante. Primeiro na palavra *m^{e}la'khah*, utilizada para funções *sacerdotais* (Ex 35, 21; Ne 11, 22; 1Cr 9, 13; 23, 4; 26, 30), para negócios a serviço do rei (sobre-

tudo 1Sm 8, 16; 1Cr 4, 23; 29, 6), para o serviço de um funcionário *real* (Est 3, 9; 9, 3), de um *capataz* (2Rs 12, 12), de um escravo (Gn 39, 11), para *lavradores* (1Cr 27, 26), *artesãos* (Ex 31, 5; 35, 21; 1Rs 7, 14), mercadores (Sl 107, 23) e, na passagem a ser discutida aqui (Eclo 11, 20), para todo "trabalho profissional". A palavra deriva da raiz *l'kh* = enviar, mandar em missão, e portanto significa originalmente "missão". A julgar pelas citações aqui referidas, parece evidente sua proveniência do mundo conceitual das burocracias litúrgicas do Estado egípcio assentado na corveia e do Estado salomônico nele inspirado. Conceitualmente, conforme aprendi com A. Merx, por exemplo, esse sentido etimológico perdeu-se por completo já na Antiguidade; a palavra passou a ser empregada para qualquer "trabalho" e na verdade tornou-se tão incolor quanto o nosso termo *Beruf*, com o qual compartilhou o destino de ser utilizada primariamente para funções clericais. A expressão *hoq* = "o que foi fixado, estabelecido", *pensum*, que aparece também em Eclesiástico 11, 20 e é traduzida na Septuaginta como "*diathéke*", deriva igualmente do linguajar da burocracia das corveias, tal como *d^{e}var-yom* (Ex 5, 13, Ver Ex 5, 14, onde a Septuaginta utiliza também "*diathéke*" para *pensum*; em Eclesiástico 43, 10, a Septuaginta traduz por *kríma*). Em Eclesiástico 11, 20, o termo é empregado claramente para designar o cumprimento dos mandamentos *de Deus* — tendo por isso mais um parentesco com o nosso *Beruf*. A respeito da passagem do Eclesiástico, consulte-se o famoso livro de Smend, na parte que trata desses versículos, e também seu *Index zur Weisheit des Jesus Sirach*, Berlim, 1907, para os termos *diathéke*, *érgon*, *pónos*. (Como se sabe, o texto hebraico do Eclesiástico havia sido perdido, mas foi redescoberto por Schechter, que em parte o completou com citações talmúdicas. Lutero não tinha em mãos o texto hebraico, e por isso nenhum dos dois conceitos hebraicos exerceu a menor influência sobre *seu* uso vocabular (a propósito de Provérbios 22, 29 ver adiante).]

Em grego falta por completo um vocábulo que possua conotação ética correspondente ao termo alemão. Onde Lutero traduz Eclo 11, 20-21 por "*bleibe in deinem Beruf*" {"permanece em tua profissão"} em consonância com o uso atual do termo (ver adiante), a Septuaginta traduz uma vez como *érgon* e uma outra vez como *pónos* [por sinal numa passagem ao que parece totalmente deturpada (uma vez que no original hebraico fala-se do resplendor do auxílio divino!)]. De resto, *tá prosékonta* na Antiguidade era empregado no sentido geral de "deveres". Na linguagem dos estoicos (quem me chamou a atenção para isso foi Alb. Dieterich), *kámatos* traz uma conotação análoga, apesar de sua proveniência linguisticamente indiferente. [Todas as outras expressões (como *táksis* etc.) não trazem conotação ética.]

Em latim, o que em alemão traduzimos por *Beruf* — a atividade especializada e duradoura de uma pessoa, a qual (normalmente) é para ela também fonte de renda e portanto base econômica durável de sua existência — vem expresso pelo neutro vocábulo *opus*, mas para dar uma conotação ao menos aparentada com o conteúdo ético do termo alemão, em vez dele usa-se ora *officium* (que vem de *opificium*, originalmente sem conotação ética mas que mais tarde se torna o equivalente de *Beruf*, especialmente em Sêneca no *De beneficiis*, IV, 18), ora *munus* — que deriva de uma expressão para as corveias das antigas comunas urbanas —, ora finalmente *professio*, palavra mais caracteristicamente derivada, nessa acepção, dos deveres de direito público, notadamente das antigas declarações de impostos dos cidadãos, e mais tarde empregada especialmente para as "profissões liberais" no sentido moderno do termo (como, por exemplo, a *professio bene dicendi*) {profissão de falar bem}; *professio* assume, estritamente *nesse* campo, um significado em todos os aspectos bastante análogo ao nosso termo *Beruf* (inclusive no sentido mais interior do termo, como quando Cícero diz de alguém: *non intelligit quid profiteatur*, querendo dizer "ele não conhece sua verdadeira vocação"), só que esta é pensada, é claro, em termos definitivamente intramundanos, sem nenhuma conotação *religiosa*. Com tanto mais razão, naturalmente, esse é o caso da palavra *ars*, que no tempo do império era usada para designar o "ofício de artesão".

A Vulgata traduz os versículos supracitados do Eclesiástico ora por *opus* (v. 20), ora por *locus* (v. 21), o que neste último caso significaria algo como "posição social". [Foi um *asceta* como Jerônimo que inseriu no v. 21 o adendo *mandatorum tuorum*, e isso Brentano sublinha com toda a razão sem no entanto se dar conta — aqui como noutros lugares — de que está *precisamente aí* o traço característico da origem *ascética* — extramundana antes da Reforma, intramundana depois — do conceito. Além do mais, não se sabe ao certo a partir de que texto foi feita a tradução de Jerônimo; não está excluída uma influência do antigo significado litúrgico do nome *m^e^la'khah*.]

Nas línguas românicas, apenas o espanhol *vocación* no sentido de vocação *interior* para algo (sentido transposto do ministério sacerdotal) possui uma conotação que em parte corresponde à acepção alemã, mas nunca vem usado no sentido exterior de *Beruf*. Nas traduções neolatinas da Bíblia, a palavra espanhola *vocación* e as italianas *vocazione* e *chiamamento* são empregadas num sentido que *só* em parte corresponde ao de *Beruf* no vocabulário luterano e calvinista que logo vamos discutir, ou seja, *só* para traduzir a palavra *klêsis* do Novo Testamento, o chamamento pelo Evangelho à salvação eterna, que a Vulgata traduz por *vocatio*. [(Estranhamente, Brentano cisma (*op. cit.*) que essa circunstância invocada por mim *a favor* de minha própria tese acaba à revelia sendo *a favor* da existência, já antes da Reforma, do conceito de "*Beruf*" com seu significado pós-Reforma. Ocorre que não é disso que se trata: a palavra grega *klêsis* não podia ser traduzida em latim *a não ser* por *vocatio* — mas onde e quando na Idade Média ela foi usada em nosso sentido atual? É precisamente o fato de existir essa tradução e de *faltar* o intramundano em seu significado léxico, *a despeito da* tradução, que comprova o meu ponto.)] *Chiamamento* aparece usado desse modo, por exemplo, na tradução italiana da Bíblia feita no século XV, reimpressa na *Collezione di opere inedite e rare*, Bolonha, 1887, ao lado de *vocazione*, que é usada nas modernas traduções italianas da Bíblia. Em contrapartida, as palavras que nas línguas românicas se empregam para designar *Beruf* no sentido *exterior* [intramundano] de uma atividade lucrativa regular, e é isso que mostram o material léxico compulsado e uma detalhada explicação cordialmente prestada por meu emérito amigo, o professor Baist (de Friburgo), não trazem em si nenhum cunho religioso, por mais que originalmente tivessem uma certa conotação ética, tal como as derivadas de *ministerium* ou *officium*, ou por mais que dela carecessem por completo, como as derivadas de *ars*, *professio* e *implicare* (*impiego*). As passagens do Eclesiástico mencionadas inicialmente, nas quais Lutero usa *Beruf*, são traduzidas assim: em francês consta *office* (v. 20), *labeur* (v. 21) (tradução calvinista); em espanhol, *obra* (v. 20), *lugar* (v. 21) (conforme a Vulgata) e além disso *posto*, nas novas traduções (protestantes). [Sendo os protestantes minoria nos países latinos, não lograram, ou nem sequer tentaram, exercer sobre a língua um influxo criador semelhante ao que Lutero foi capaz de exercer sobre a língua alemã oficial, ainda bem pouco racionalizada academicamente.]

54. Em contrapartida, a *Confissão de Augsburgo* contém esse conceito, apenas parcialmente desenvolvido e implícito. Se no artigo 26 (ver a edição de Kolde, p. 43) está dito: "De fato, o Evangelho (...) não condena o governo mundano, a polícia e o matrimônio, mas quer que tudo isso seja tomado como ordem de Deus e que nesses estamentos se pratique a caridade cristã e as boas obras *segundo sua vocação*" (em latim está dito apenas: *et in talibus ordinationibus exercere caritatem*, *ibid.*, p. 42), então a consequência que se tira, a saber: que se deve obedecer à autoridade — mostra que aqui, ao menos em *primeiro* lugar, *Beruf* vem pensado como uma ordem *objetiva*, no sentido da passagem de 1Cor 7, 20. E o artigo 27 (ed. Kolde, p. 83) só fala de *Beruf* (latim: *in vocatione sua*) em relação com os estamentos estabelecidos por Deus: párocos, magistrados, príncipes, senhores etc.; e isso também em alemão, mas só na versão do *Livro de Concórdia* {1580}, pois na edição *princeps* alemã falta a respectiva frase.

Só o artigo 26 (ed. Kolde, p. 81) emprega a palavra numa inflexão que ao menos alcança nosso conceito atual ao dizer "que a mortificação não deve servir para merecer a graça, mas para manter o corpo bem-disposto a fim de que ele não impeça cada qual de fazer o que lhe foi ordenado fazer segundo sua vocação" (em latim: *juxta vocationem suam*).

55. Como mostram os dicionários e assim me confirmaram mui cordialmente os senhores meus colegas Braune e Hoops, antes das traduções luteranas da Bíblia o termo *Beruf* — holandês *beroep*, inglês *calling*, dinamarquês *kald*,

sueco *kallelse* — em *nenhuma* das línguas que o contêm aparece com o sentido *mundano* que tem atualmente. No médio-alto alemão, médio-baixo alemão e médio holandês, as palavras que *dizem* o mesmo que *Beruf* têm todas o mesmo *significado* de *Ruf* no alemão moderno {a saber, chamamento, chamado}, inclusive o significado *especialíssimo* que tinha na Baixa Idade Média a "*Berufung*" (*Vokation*) de um candidato a uma *prebenda eclesiástica* atribuída por quem de direito — um caso especial que também costuma ser sublinhado nos dicionários de línguas escandinavas. O próprio Lutero de vez em quando emprega o termo neste último significado. Contudo, ainda que mais tarde esse particular emprego da palavra possa ter favorecido igualmente a mudança de seu significado geral, a criação do conceito moderno de *Beruf* remonta idiomaticamente a traduções da Bíblia, nomeadamente às traduções *protestantes*; antes delas, só em Tauler (morto em 1361), como se indicará logo mais. [*Todas* as línguas que sofreram a influência dominante das traduções *protestantes* da Bíblia forjaram tal vocábulo; *todas* aquelas em que essa influência não se deu (como as românicas), *não*, ou não com o significado que lhe damos hoje.]

Lutero traduz por *Beruf* dois conceitos a princípio totalmente distintos. *Primeiro* a *klêsis* paulina, no sentido de chamamento à salvação eterna feito por Deus (ver 1Cor 1,26; Ef 1,18; 4,1-4; 2Ts 1,11; Hb 3,1; 2Pd 1,10). Em todos esses casos trata-se do conceito *puramente* religioso daquele chamado feito por Deus através do Evangelho anunciado pelo apóstolo, e o conceito de *klêsis* não tem mesmo nada a ver com as "profissões" mundanas no sentido atual. As bíblias alemãs antes de Lutero trazem, nesse caso, *ruffunge* (assim como o fazem todos os incunábulos da Biblioteca de Heidelberg), mas usam também, em vez de *von Gott geruffet* {chamado por Deus}, *von Gott gefordert* {requerido por Deus}. *Em segundo lugar,* porém, traduz ele — conforme mencionado antes — as palavras do Eclesiástico reproduzidas na nota anterior (na tradução da Septuaginta: *en tôo érgoo sou palaiótheti* e *kaì émmene tôi pónoi sou*) por "*beharre in deinem* Beruf" {persevera em tua *vocação*} e "*bleibe in deinem* Beruf" {permanece em tua *vocação*}, e não por "*bleibe bei deiner* Arbeit" {"permanece em teu trabalho"}; as traduções católicas posteriores (as autorizadas, como por exemplo a de Fleischütz, Fulda, 1871) simplesmente lhe seguiram os passos para o caso das passagens do Novo Testamento. A tradução luterana dessa passagem do Eclesiástico é, até onde eu sei, *o primeiro* caso em que a palavra alemã *Beruf* é empregada em seu sentido atual *puramente* mundano. (A exortação imediatamente precedente do versículo 20: *stêthi én diathékei sou*, ele a traduz por *bleibe in Gottes Wort* {permanece na palavra de Deus}, embora os versículos 14,1 e 43,10 do Eclesiástico mostrem que — de acordo com a expressão hebraica *hoq* utilizada aí a partir de citações talmúdicas — a palavra *diathéke* devia na verdade significar algo de análogo à nossa *Beruf*, ou seja, o "destino" ou o "trabalho designado" a cada um.) Antes, como dissemos, não existia na língua alemã a palavra *Beruf* em seu sentido posterior e atual, nem mesmo — até onde eu sei — na boca dos mais antigos pregadores ou tradutores da Bíblia. As bíblias alemãs anteriores a Lutero traduziam a passagem do Eclesiástico por *Werk* {obra}. Berthold von Regensburg utiliza em seus sermões a palavra *Arbeit* {trabalho} onde nós diríamos *Beruf*. O vocabulário aqui, portanto, é o mesmo dos antigos. A primeira passagem que me é conhecida na qual, não a palavra *Beruf*, mas *Ruf* (como tradução de *klêsis*) aparece aplicada ao trabalho puramente mundano encontra-se no belo sermão de Tauler sobre a Epístola aos Efésios 4 (edição da Basileia, folha 117, verso): de camponeses que vão "estercar" a terra se diz que muitas vezes eles "seguem melhor seu chamamento {*Ruf*} do que os padres que não respeitam sua vocação". Esta palavra {*Ruf*} não penetrou na língua profana com esse sentido. E apesar de a língua de Lutero de início oscilar entre *Ruf* e *Beruf* (ver *Werke*, edição de Erlangen, 51, p. 51), não é nada certo que aí tenha havido uma influência direta de Tauler, mesmo que na *Freiheit eines Christenmenschen* {Liberdade de um cristão}, por exemplo, encontrem-se muitos ecos exatamente desse sermão de Tauler. De início, com efeito, Lutero *não* empregou a palavra *Ruf* no sentido puramente *mundano* como fizera Tauler (isso seja dito contra Denifle, *Luther*, p. 163).

Ora, é manifesto que o conselho dado no Eclesiástico, à parte a exortação geral a confiar em Deus, não contém na versão da Septuaginta nenhuma referência a uma *valorização* especificamente religiosa do trabalho "profissional" mundano (a expressão *pónos*, "labuta, fadiga", na segunda passagem deturpada, seria na verdade o contrário de uma valorização, não tivesse sido deturpada). O que diz o Eclesiástico corresponde simplesmente à exortação do salmista: "fica na roça e *alimenta-te honradamente*" (Sl 37, 3), e deixa bem clara, além disso, sua conexão com a admoestação (v. 21) a não se deixar deslumbrar pelas obras dos ímpios, pois a Deus é fácil fazer um pobre ficar rico. [Só a exortação inicial a permanecer na *hoq* (v. 20) tem um certo parentesco com a *klêsis* do Evangelho, mas justamente aqui Lutero *não* emprega (para a *diathéke* grega) o termo *Beruf*.] A ponte entre esses dois usos aparentemente heterogêneos do vocábulo *Beruf* em Lutero é lançada na tradução que faz da passagem da 1ª Epístola aos Coríntios 7,17.

A tradução que Lutero faz do versículo da 1ª Epístola aos Coríntios 7, 17 diz assim (segundo as edições modernas correntes): "*... ein jeglicher, wie ihn der Herr berufen hat, also wandle er...*" {... proceda cada qual conforme o Senhor o chamou...}. A passagem se encontra num contexto maior cujos versículos repicam assim: "(v. 18) Se alguém foi chamado já circunciso, não dissimule sua falta de prepúcio. Foi alguém chamado com prepúcio? Não se faça circuncidar. (v. 19) A circuncisão nada é, e o prepúcio nada é. O que vale é observar o mandamento de Deus. (v. 20) Permaneça cada um na profissão {*Beruf*} em que foi chamado (*én têe klései hêe ekléthe* — um indubitável hebraísmo, é o que me diz o conselheiro

A. Merx — na Vulgata se lê: *in qua vocatione vocatus est*). (v. 21) Eras escravo quando foste chamado? Não te preocupes com isso. Ainda que possas vir a ser liberto, aproveita antes a tua condição. (v. 22) Pois o escravo, quando chamado, é um liberto do Senhor; e o livre, quando chamado, é um escravo de Cristo. (v. 23) Alguém pagou caríssimo por vosso resgate; não vos torneis escravos dos homens. (v. 24) Queridos irmãos, que cada um permaneça diante de Deus na condição em que foi chamado." No v. 29 vem a advertência de que o tempo "é curto", ao que se seguem as famosas instruções motivadas por expectativas escatológicas (v. 31ss.), entre as quais, a de viverem os casados como se mulher não tivessem, e aqueles que compram, como se não possuíssem o que compraram etc. Ainda em 1523, ao fazer a exegese desse capítulo, Lutero seguira a trilha das antigas versões alemãs (edição de Erlangen, vol. 51, p. 51) traduzindo a *klêsis* do v. 20 por *Ruf*, e a tinha interpretado então como *Stand* {estamento}.

É claro que a palavra *klêsis* nessa passagem — e *somente* nessa passagem — corresponde bastante bem àquele uso do termo *status* em latim bem como ao uso que se faz da palavra "estado" {*Stand*} quando dizemos estado civil, estado de servidão etc. **[**(Mas não certamente, como supõe Brentano, *op. cit.*, p. 137, ao uso de *Beruf* no sentido atual. Brentano dificilmente terá lido com cuidado seja essa passagem, seja o que eu digo a respeito dela.)**]** Na literatura grega, até onde alcança o material léxico de que dispomos, a palavra *klêsis* — aparentada em sua raiz à palavra *ekklesía*, "assembleia con*vocada*" — encontra-se uma única vez com um significado análogo a esse uso de *Beruf*, numa única passagem de Dioniso de Halicarnasso na qual corresponde ao termo latino *classis* (um empréstimo do grego = a parcela de cidadãos "con*vocados*", recrutados para as armas). Teofilactos (séculos XI-XII) interpreta 1Cor 7, 20 do seguinte modo: *ev hoíoo bíoo kaì en hoíoi tágmati kaí politeúmati òon epísteusen* (meu caro colega Deissmann chamou-me a atenção para essa passagem).

Seja como for, mesmo em nossa passagem, *klêsis* não corresponde ao nosso atual uso de *Beruf*. Mas Lutero, que traduzira *klêsis* por *Beruf* na exortação de fundo escatológico segundo a qual cada um deveria permanecer em seu status presente, ao traduzir mais tarde os apócrifos empregou, já por causa da *semelhança objetiva* das admoestações, a mesma palavra para traduzir o *pónos* daquele versículo de cunho tradicionalista e anticrematista em que o Eclesiástico aconselha cada um a permanecer em sua ocupação. **[**(Eis o ponto decisivo e característico. Como foi dito, a passagem de 1Cor 7, 17 absolutamente *não* emprega *klêsis* no sentido de *Beruf* como campo delimitado de atividades)**]**. Enquanto isso (ou mais ou menos ao mesmo tempo), em 1530 a Confissão de Augsburgo define o dogma protestante da inutilidade de suplantar, à maneira católica, a moralidade intramundana e, nisso, emprega a expressão "*einem jeglichen nach seinem Beruf*" {"a cada qual segundo sua profissão"} (ver a nota anterior). Aqui na tradução de

Lutero desponta esse fato, ocorrido precisamente no início dos anos 1530, junto com o crescente apreço pela *santidade* da ordem na qual está inserido o indivíduo, apreço resultante de sua crença cada vez mais nítida numa Providência divina todo especial a intervir nos mínimos detalhes da vida, ao mesmo tempo que se projeta sua crescente tendência a uma aceitação da ordem do mundo imutável, como a quer Deus. [Foi sob a pressão desse dogma que o termo *vocatio*, que no latim tradicional era empregado especialmente para o chamado divino à *vida religiosa* dentro do mosteiro ou como clérigo, assumiu para Lutero essa conotação de trabalho profissional dentro do mundo como "vocação".] De fato, se ele agora traduz os termos *pónos* e *érgon* do Eclesiástico por *Beruf* [tradução para a qual até ali *só* havia a analogia (latina) oriunda da tradução *dos monges*], alguns anos antes, em Provérbios 22, 29 bem como noutras passagens (Gn 39, 11), ele traduzira por *Geschäft* (Septuaginta: *érgon*, Vulgata: *opus*, bíblias inglesas: *business*, como as bíblias nas demais traduções de que disponho) o hebraico *m^{e}la'khah*, no qual se baseava o *érgon* do texto grego do Eclesiástico e que deriva sobretudo da "vocação" *eclesiástica* — exatamente como o alemão *Beruf* e os nórdicos *kald*, *kallelse*. [Levada a cabo por Lutero, a criação do termo *Beruf* em nosso sentido atual permaneceu de início inteiramente *luterana*. Para os calvinistas, os apócrifos não eram canônicos. Só na sequência daquele desenvolvimento que fez passar para o primeiro plano a doutrina da "comprovação", é que eles aceitaram o *conceito* luterano de *"Beruf"* e lhe deram então grande destaque; acontece, porém, que nas primeiras traduções (feitas em línguas neolatinas) os calvinistas não tinham à disposição uma *palavra* correspondente e tampouco tiveram o poder de criá-la pelo uso em línguas já estereotipadas.]

Assim, já no século XVI o conceito de *Beruf* no sentido atual tem foros de cidadania na literatura não eclesiática. Os tradutores da Bíblia *anteriores* a Lutero haviam empregado para *klêsis* a palavra *Berufung* (assim por exemplo nos incunábulos de Heidelberg de 1462-66, 1485); a tradução de Eck de Ingolstadt (1537) diz: *in dem Ruf, worin er beruft ist* {no chamamento ao qual ele foi chamado}. As traduções católicas posteriores, em sua maioria, seguem diretamente Lutero. Na Inglaterra, a tradução feita por Wyclif (1382) [— a primeira de todas —] traz aqui a palavra *cleping* (vocábulo do inglês antigo mais tarde substituído pelo emprestado *calling*) — o que certamente é característico da ética dos lolardos, a saber: uma palavra já correspondente ao uso protestante posterior — ; a tradução de Tyndale (1534) emprega por sua vez a ideia de estado: *in the same* state *wherein he was called*, tal como a de Genebra (1557). A tradução oficial de Cranmer (1539) substitui *state* por *calling*, ao passo que a Bíblia (católica) de Reims (1582) bem como as bíblias anglicanas da corte da era elisabetana dão meia-volta e, tendo por base a Vulgata, retornam caracteristicamente ao uso de *vocation*. Murray já reconhecera, com razão, que para a Inglaterra a tradução da Bíblia feita por Cranmer é a fonte do conceito puritano de *calling* no sentido de *Beruf = trade*. Já em meados do século XVI acha-se *calling* usado nesse sentido; em 1588 já se falava de *unlawful callings*, em 1603 de *greater callings* no sentido de profissões "superiores" etc. (ver Murray, *op. cit.*). [(É muitíssimo estranha a ideia de Brentano de que, se na Idade Média não se traduzia *vocatio* por *"Beruf"* e não se conhecia esse conceito, era porque só *homens livres* podiam exercer uma "profissão" e naquela época simplesmente *faltava* gente livre nas profissões burguesas (*op. cit.*, p. 139). Dado que toda a escala social dos ofícios medievais, ao contrário do que ocorria na Antiguidade, repousava no trabalho livre e dado que praticamente todos os mercadores eram homens livres, não consigo compreender direito essa afirmação.)]

56. Para o que vem a seguir, ver a instrutiva exposição de K. Eger, *Die Anschauung Luthers vom Beruf* (Giesse, 1900), cuja única lacuna, como ocorre com quase todos os teólogos, talvez seja a ausência de uma análise suficientemente clara do conceiito de *lex naturae* (ver a respeito a resenha que E. Troeltsch fez da *Dogmengeschichte* de R. Seeberg, *Göttinger Gelehrte Anzeigen* (1902) [e sobretudo as seções de suas *Soziallehren der christlichen Kirchen und Gruppen* (1912) que tratam disso].

57. De fato, quando Tomás de Aquino apresenta a articulação dos homens em estamentos e profissões como obra da *Providência* divina, o que se tem em mente é o *cosmos* objetivo da sociedade. Mas o fato de o *indivíduo* dedicar-se a uma determinada "profissão" concreta (assim diríamos nós; Tomás de Aquino diz *ministerium* ou *officium*) tem o seu fundamento em *causae naturales*. Veja-se em *Quaestiones quodlibetales* VII, art. 17 c: "Haec autem diversificatio hominum in diversis officis contingit primo ex divina providentia, quae ita hominum *status distribuit*, (...) secundo etiam *ex causis naturalibus*, ex quibus *contingit*, quod in diversis hominibus sunt diversae *inclinationes ad diversa officia* (...)" {"Mas essa diversificação dos homens em diversos ofícios acontece em primeiro lugar por Providência divina, que assim *distribui os estados* dos homens, (...) em segundo lugar também *por causas naturais*, pelas quais *simplesmente acontece* que, em homens diversos, diversas inclinações haja para ofícios diversos (...)"}. [Exatamente a mesma coisa se passa com Pascal, quando ajuíza que é o acaso que decide a escolha da profissão (Sobre Pascal ver A. Köster, *Die Ethik Pascals*, 1907). Entre as éticas religiosas "orgânicas", a única a se distinguir a esse respeito é a mais fechada de todas: a indiana]. O contraste entre os conceitos de profissão tomista e protestante (mesmo na fase tardia de Lutero, já aparentado com o tomismo pela ênfase que passou a dar à Providência) é tão patente que por ora podemos nos dar por satisfeitos com a citação acima, já que se há de voltar mais tarde à discussão do modo de ver católico. Sobre Tomás de Aquino ver Maurenbrecher, *Thomas von Aquinos Stellung zum Wirtschaftsleben seiner Zeit*, 1898. Aliás, os

pontos em que Tomás de Aquino e Lutero parecem estar de acordo nos detalhes devem-se à influência da doutrina da escolástica em geral, não à de Tomás de Aquino em particular, uma vez que, segundo demonstra Denifle, seu conhecimento de Tomás de Aquino de fato se mostra insuficiente (ver Denifle, *Luther und Luthertum*, 1903, p. 501, e o comentário de Köhler, *Ein Wort zu Denifles Luther*, 1904, pp. 25ss.).

58. Em *Von der Freiheit eines Christenmenschen*, Lutero (1) em primeiro lugar lança mão da "dupla natureza" do homem para sua construção dos deveres intramundanos no sentido da *lex naturae* (isto é, neste caso, a ordem natural do mundo), seguindo-se daí que o ser humano está, *isso é um dado de fato*, vinculado ao próprio corpo e à comunidade social (ed. Erlangen, 27, p. 188). (2) Nessa situação, e esta *segunda* explicação se liga à primeira, o cristão tomará a decisão, *se é que* tem fé, de *pagar* com amor ao próximo a decisão tomada por Deus de lhe conceder sua graça por puro amor (p. 196). Cruza-se com esse elo bastante frouxo entre "fé" e "amor" (3) o velho argumento ascético (p. 190) do trabalho como meio de pôr à disposição do homem "interior" o domínio sobre o seu corpo. (4) O trabalhar seria então — é o que quer dizer com isso, e aqui mais uma vez acorre a ideia da *lex naturae* (isto é, neste caso, a moralidade natural) só que noutra roupagem — um *instinto* já próprio de Adão (antes da queda) e insuflado por Deus, instinto que ele devia seguir "só para agradar a Deus". (5) Finalmente (pp. 161 e 199), remetendo a Mateus 7, 18ss., aparece a ideia de que o trabalho habilidoso na profissão é e deve ser uma consequência da nova vida efetivada pela fé, sem no entanto se desenvolver a partir daí a ideia calvinista, que é decisiva, da "comprovação". — A enérgica disposição que anima esse escrito de Lutero explica o aproveitamento de elementos conceituais heterogêneos.

59. "Não é da benevolência do açougueiro, do padeiro ou do camponês que nós esperamos nosso almoço, mas da atenção que dão a seu próprio interesse; não apelamos a seu amor ao próximo, mas sim a seu egoísmo, e jamais lhes falamos das nossas necessidades, mas sempre do seu interesse" (*Wealth of Nations*, I, 2).

60. *Omnia enim per te operabitur (Deus), mulgebit per te vaccam et servilissima quaeque opera faciet, ac maxima pariter et minima ipsi grata erunt.* {"Tudo, na verdade, (Deus) vai operar por teu intermédio; por meio de ti fará mugir a vaca e executará as obras mais servis sejam quais forem, e a Ele hão de igualmente agradar tanto as maiores quanto as menores obras." (Exegese do Gênesis, *Opera latina exegetica*, ed. Elsperger, VII, p. 213). Antes de Lutero, essa ideia se encontra em Tauler, que toma como equivalentes em linha de princípio a "vocação" [*Ruf*] espiritual e a mundana. A oposição ao tomismo é comum à mística alemã e a Lutero. Em suas formulações, essa oposição ganha expressão no fato de Tomás de Aquino — obviamente para poder preservar o valor moral da contemplação, mas também do ponto de vista do frade mendicante que ele era — ver-se obriga-

do a interpretar a máxima paulina: "quem não trabalha não coma" no sentido de que o trabalho, que no fim das contas é indispensável *lege naturae*, foi imposto ao homem enquanto espécie, mas não a cada indivíduo em particular. A gradação na apreciação do trabalho, das *opera servilia* dos camponeses para cima, era algo que se prendia ao caráter específico das ordens mendicantes, amarradas por razões materiais à cidade como domicílio, e não tinha tanto interesse nem para os místicos alemães nem para esse filho de camponês que era Lutero, os quais enfatizavam como querida por Deus a ordenação estamental, com igual apreço por todas as profissões. — Ver as passagens decisivas de Tomás de Aquino em Maurenbrecher, *Thomas von Aquinos Stellung zum Wirtschaftsleben seiner Zeit* (Leipzig, 1898, pp. 65ss.).

61. [Tanto mais espantoso é o fato de certos pesquisadores acreditarem que uma inovação de tal monta pudesse passar sem deixar rastro nas *ações* dos homens. Confesso que não entendo isso.]

62. ["A vaidade se enraíza tão fundo no coração humano que um lacaio, um ajudante de cozinha, um carregador de bagagem se vangloriam e querem ter seus admiradores..." (ed. Faugères, I, p. 208; ver Köster, *op. cit.*, pp. 17 e 136ss.). Sobre a posição de princípio adotada por Port-Royal e o jansenismo no tocante à "profissão", a que adiante ainda voltaremos brevemente, ver por ora o excelente escrito do dr. Paul Honigsheim, *Die Staats-und Soziallehren der französischen Jansenisten im 17. Jahrhundert* (tese de doutorado em História pela Universidade de Heidelberg, 1914, impressão em separata de uma obra mais abrangente sobre a *Vorgeschichte der französischen Aufklärung*, ver sobretudo as pp. 138ss. da separata).]

63. Em relação aos Fugger, diz ele, "não me parece justo nem do agrado de Deus que na vida de um ser humano se acumule riqueza tão grande e tão régia". Isso, no fundo, é desconfiança de camponês contra o capital. Do mesmo modo (ver *Grosser Sermon vom Wucher*, ed. Erlangen, 20, p. 109), a compra de rendas lhe parece moralmente suspeita por se tratar de uma "coisa nova, recém-inventada" — ou seja, por lhe parecer *opaca* em termos econômicos, tal como aos eclesiásticos modernos, digamos, o comércio a prazo.

64. [Esse antagonismo foi desenvolvido a contento por H. Levy (*Die Grundlagen des ökonomischen Liberalismus in der Geschichte der englischen Volkswirtschaft*, Iena, 1912). Veja-se por exemplo a petição apresentada em 1653 pelos *levellers* alistados no exército de Cromwell contra os monopólios e as companhias (Gardiner, *Commonwealth*, II, p. 179). Por outro lado, o regime de Laud aspirava a uma organização econômica "social-cristã" sob a direção do rei e da Igreja — da qual o rei esperava tirar vantagens políticas e fiscal-monopolísticas. Foi contra isso que se voltou a luta dos puritanos.]

65. O que se entende por isso pode ser esclarecido com base no exemplo do manifesto aos irlandeses com que Cromwell, em janeiro de 1650, deu início à sua

guerra de extermínio contra eles e que constituía sua réplica ao manifesto do clero (católico) irlandês de Clonmacnoise, de 4 e 13 de dezembro de 1649. Eis como soa o cerne do manifesto: "*Englishmen had good inheritances (sobretudo na Irlanda) which many of them* purchased with their money (...) *they had good leases from Irishmen for long time to come,* great stocks thereupon, *houses and plantations erected* at their cost and charge. (...) *You broke the union* (...) *at a time when Ireland was in perfect peace and when through the* exemple of English industry, through commerce and traffic, *that which was in the nation's hands was better to them than if all Ireland had been in their possession.* (...) Is God, will God be with you? *I am confident he will not*". {"Os ingleses tinham boas propriedades hereditárias (sobretudo na Irlanda), que muitos deles tinham *adquirido com seu próprio dinheiro* (...) Haviam recebido de irlandeses bons contratos de arrendamento por um bom período futuro *e, por conseguinte, grandes estoques*, haviam erguido casas e plantações *às suas próprias custas e encargo*. (...) Vós rompestes a união (...) numa época em que a Irlanda estava perfeitamente em paz e quando, *através por exemplo da indústria inglesa, do comércio e do tráfico*, o que estava em posse das nações lhes era mais vantajoso do que se toda a Irlanda estivesse em sua posse (...) *Deus está convosco?, estará Deus convosco?* Estou seguro que não, não há de estar."} Esse manifesto, que lembra certos editoriais ingleses da época da guerra dos bôeres, não é característico pelo fato de justificar *juridicamente* a guerra apelando para o "interesse" capitalista dos ingleses — argumento que poderia muito bem ter sido levantado numa negociação entre, digamos, Veneza e Gênova sobre suas respectivas esferas de influência no Oriente [(o que — apesar de eu ter sublinhado o fato aqui — Brentano curiosamente me apresenta como objeção, *op. cit.*, p. 142)]. O específico desse documento consiste, isto sim, no fato de Cromwell justificar *moralmente*, com a mais profunda convicção subjetiva — como sabe todo aquele que lhe conhece o caráter — a sujeição dos irlandeses invocando a *Deus*, perante os próprios irlandeses, como testemunha de que foi o *capital* inglês que os educou para o *trabalho*. (Além de estar reproduzido e analisado por Carlyle, o manifesto também consta, em extratos, em Gardiner, *History of the Commonwealth*, I, pp. 163ss. e, em tradução alemã, no *Cromwell* de Hönig.)

66. Não cabe aqui entrar em mais detalhes a respeito. Ver os autores citados duas notas adiante.

67. Ver as observações de Jülicher em seu belo livro sobre as *Gleichnisreden Jesu*, vol. II, p. 636 e pp. 108ss.

68. Para o que vem em seguida, ver mais uma vez, antes de tudo, a análise de Eger (*op. cit.*). Também cabe fazer referência à bela obra de Schneckenburger, *Vergleichende Darstellung des luterischen und reformierten Lehrbegriffes* (ed. Güder, Stuttgart, 1855), que ainda hoje não perdeu a atualidade. (A primeira edição da *Ethik Luthers* de Luthardt, p. 84, não dá uma verdadeira descrição do

desenvolvimento.) Ver ainda a *Dogmengeschichte*, vol. II, p. 262 *infra*, de Seeberg. — Sem nenhum valor é o verbete "Beruf" da *Realencyklopädie für protestantische Theologie und Kirche*, que, em vez de uma análise científica do conceito e de sua gênese, contém toda sorte de comentários bastante superficiais sobre tudo o que se pode imaginar — a questão feminina e coisas do gênero. — Da literatura econômica sobre Lutero, citem-se aqui apenas os artigos de Schmoller, "Geschichte der nationalökonomischen Ansichten in Deutschland während der Reformationszeit", *Zeitschrift für Staatswissenschaft*, XVI, 1860), o escrito laureado de Wiskeman (1861) e o trabalho de Frank G. Ward, "Darstellung und Würdigung von Luthers Ansichten vom Staat und seinen wirtschaftlichen Aufgaben", *Conrads Abhandlungen*, XXI, Iena, 1898. [A bibliografia sobre Lutero, parte dela primorosa, publicada por ocasião do quarto centenário da Reforma, até onde eu sei não trouxe nada de novo sobre *este* ponto específico. Sobre a ética social de Lutero (e luterana), consultar antes de mais nada, naturalmente, as respectivas passagens no *Soziallehren* de Troeltsch.]

69. Ver o comentário do capítulo 7º da 1ª Epístola aos Coríntios (*Auslegung des 7. Kapitels des ersten Korintherbriefe*, 1523, ed. Erlangen, v. 51, pp. 1ss.), em que Lutero interpreta a ideia de que somos livres perante Deus para exercer "todas as profissões" e afirma, além disso, que (1) certos *regulamentos humanos* devem ser condenados (votos monásticos, proibição dos matrimônios mistos etc.) e que (2) o cumprimento (em si *indiferente* perante Deus) dos deveres intramundanos para com o próximo deve ser inculcado enquanto mandamento do *amor ao próximo*. Na verdade, o que está em jogo nessas exposições, como por exemplo nas pp. 55-56, é obviamente o dualismo da *lex naturae* em contraste com a justiça de Deus.

70. Ver a passagem de *Von Kaufhandlung und Wucher* (1524), que Sombart muito a propósito erigiu em epígrafe de sua descrição do "espírito artesão" (= tradicionalismo): "Nesse comércio, pois, não deves buscar nada além do teu sustento, depois calcular e orçar custos, esforço, trabalho e riscos, e só assim fixar, aumentar ou abaixar o preço da mercadoria de modo a obteres recompensa de teu trabalho e esforço". O princípio está formulado em sentido plenamente tomista.

71. Já na carta a H. v. Sternberg, de 1530, na qual lhe dedica a exegese do Salmo 117 (118), Lutero afirma que o "estamento" da (pequena) nobreza, apesar de sua depravação moral, foi instituído por Deus (ed. Erlangen, 40, p. 282 *infra*). Ressalta claramente da carta (p. 282, *supra*) a significação decisiva que ele atribui às revoltas de Münzer no desenvolvimento dessa concepção. Ver ainda Eger, *op. cit.*, p. 150.

72. Na exegese dos versículos 5 e 6 do Salmo 111 (112), a qual data de 1530, o ponto de partida é também a polêmica contra a pretensão de suplantar a ordem mundana por meio de mosteiros etc. (ed. Erlangen, 40, pp. 215-6). Mas a essa altura a *lex naturae* (em contraposição ao direito positivo, coisa fabricada

pelos imperadores e juristas) já está diretamente *identificada* à "justiça divina": ela é uma instituição de Deus e envolve principalmente a distribuição do povo em estamentos (p. 215, parágrafo 2, *in fine*); só a valoração igual dos estamentos perante Deus aparece sublinhada com força.

73. Conforme vem doutrinado especialmente nos escritos *Von Konzilien und Kirchen* (1539) e *Kurzes Bekenntnis vom heiligen Sakrament* (1545).

74. Em que medida a ideia de *comprovação* do cristão em seu trabalho profissional e em sua conduta de vida, dominante no calvinismo e tão importante para nós, fica em segundo plano em Lutero, mostra-o bem a passagem de *Von Konzilien und Kirchen*, de 1539 (ed. Erlangen, 25, p. 376 *infra*): "Além desses sete sinais principais [pelos quais se reconhece qual é a Igreja certa], existem outros, *mais exteriores*, nos quais se reconhece a santa Igreja cristã... se não somos obscenos e bêbados, orgulhosos, insolentes, vaidosos, mas castos, modestos... e sóbrios". Esses sinais, segundo Lutero, não são tão confiáveis como "os anteriores" (pureza de doutrina, oração etc.) "posto que também alguns pagãos praticam essas obras e podem às vezes parecer mais santos que os cristãos". — Calvino, pessoalmente, não diferia muito dessa atitude, e isso virá à baila mais adiante; mas o puritanismo, sim. Em todo caso, para Lutero o cristão serve a Deus somente *in vocatione* {na profissão}, não *per vocationem* {por meio da profissão} (Eger, pp. 117ss.). Em compensação, precisamente para a ideia de *comprovação* (se bem que mais em seu feitio pietista do que calvinista) encontram-se ao menos alguns indícios nos místicos alemães, postos já em termos puramente psicológicos (ver, por exemplo, a citação de Suso reproduzida na *Dogmengeschichte* de Seeberg, p. 195, e as expressões de Tauler já citadas aqui).

75. Sua posição definitiva se apoia em alguns argumentos da exegese do Gênesis, *Opera latina exegetica*, org. Elsperger, vol. IV, p. 109: "*Neque haec fuit levis* tentatio, *intentum esse suae vocationi et de aliis non esse curiosum.* (...) *Paucissimi sunt, qui sua sorte vivant contenti* (...). (p. 111) *Nostrum autem est, ut vocanti* Deo pareamus (...). (p. 112) *Regula igitur haec servanda est, ut unusquisque* maneat in sua vocatione et suo dono contentus vivat, *de aliis autem non sit curiosus*". {"Nem foi leve essa *provação* de estar atento à própria vocação e não ficar curioso com os outros. (...) São pouquíssimos os que vivem contentes com a sua sorte (...) Cabe a nós *obedecer* a Deus quando faz o chamado (...) Deve-se portanto observar essa regra, para que cada qual *permaneça em sua vocação e viva contente com o seu dom*, sem ficar curioso com a dos outros."} — Isso corresponde plenamente, quanto ao *resultado*, à formulação do tradicionalismo em Tomás de Aquino (*Summa theologica*, V, IIa, IIae, q. 118, art. 1): "*Unde necesse est, quod bonum hominis circa ea consistat in quadam mensura, dum scilicet homo* (...) *quaerit habere exteriores divitas, prout sunt* necessariae ad vitam ejus secundum suam conditionem. *Et ideo in excessu hujus mensurae consistit* peccatum, *dum scilicet aliquis supra debi-*

tum modum vult eas vel acquirere vel retinere, quod pertinet ad avaritiam" {"Daí ser necessário que o bem do homem no que tange a essas coisas consista numa certa medida, a saber, até o ponto em que o homem (...) busque possuir riquezas exteriores na medida em que são *necessárias à sua vida segundo a sua condição*. E por isso, é no fato de exceder essa medida que consiste *o pecado*, que evidentemente tem lugar quando alguém as quer adquirir ou reter além da devida medida, e isso faz parte da avareza".}. — Exceder, na ambição de ganho, a medida dada pela necessidade correspondente ao próprio estamento é pecado para Tomás de Aquino, com base na *lex naturae* tal como esta se projeta no *fim* (= *ratio*) dos bens exteriores, enquanto que, para Lutero, é pecado por desígnio de Deus. Sobre a relação entre fé e *Beruf* em Lutero, ver ainda vol. VII, p. 225: "(...) *quando es fidelis, tum placent Deo etiam physica, carnalia, animalia, officia, sive edas, sive bibas, sive vigiles, sive dormias, quae mere corporalia et animalia sunt.* Tanta res est fides (...). *Verum est quidem, placere* Deo etiam in impiis sedulitatem et industriam in officio. (Essa *atividade* na vida profissional é uma virtude *lege naturae*). Sed obstat incredulitas et vana gloria, ne possint opera sua referre ad gloriam Dei (frase que lembra expressões calvinistas). (...) Merentur *igitur etiam impiorum bona opera in hac quidem vita praemia sua* (*em antítese ao* vitia specie virtutum palliata *de Agostinho*) *sed non numerantur, non colliguntur in altero*" {"(...) quando és crente, então agradam a Deus até as atividades físicas, carnais, animais, quer bebas ou comas, quer estejas acordado ou dormindo, coisas que são meramente corporais e animais. (...) Que coisa tamanha é a fé (...) É verdade sim que a Deus agradam *a assiduidade e a operosidade na profissão mesmo da parte dos ímpios.* (...) Mas a incredulidade e a vanglória impedem que suas boas obras possam reverter para a glória de Deus. (...) *Merecem* pois os seus prêmios ao menos nesta vida também as boas obras dos ímpios, só que elas não contam, não se colhem no Outro Mundo"}.

76. Na *Kirchenpostille* de Lutero (ed. Erlangen, 10, pp. 233, 235-6) se lê: "*Cada qual* é chamado a exercer alguma profissão". Ele deve esperar *essa* vocação (na p. 236 lê-se mesmo "ordem") e aí servir a Deus. A Deus não se contenta com o fato de trabalhar, mas com a *obediência* nele implícita.

77. A isso correspondem a constatação — em forte contraste com o que se disse no capítulo anterior acerca do efeito do pietismo sobre a atitude econômica das trabalhadoras — feita de vez em quando por empresários modernos de que, por exemplo, industriais da produção em domicílio que são estritos seguidores da Igreja luterana ainda *hoje* pensam majoritariamente de forma tradicionalista, notadamente na Vestfália, são avessos, não obstante o aceno com lucros maiores, a mudanças na forma de trabalhar — mesmo que a mudança não signifique nenhuma transição para o sistema fabril — e como justificativa reportam-se ao Outro Mundo, onde, no fim das contas, tudo isso será indiferente. Resulta

daí que o simples fato de *pertencer a uma Igreja* ou professar uma fé não tinha ainda uma significação essencial para o conjunto todo da conduta de vida: foram conteúdos vitais religiosos muito mais concretos aqueles cujo efeito desempenhou seu papel na época da formação do capitalismo e, em medida mais limitada, desempenha ainda hoje.

78. Ver Tauler, ed. da Basileia, pp. 161ss.

79. Ver o sermão singularmente emotivo de Tauler, *op. cit.*, e fol. 17, 18, v. 20.

80. [Visto que este é o único objetivo destas notas sobre Lutero, contentamo-nos com um esboço tão provisório e sumário como este, que obviamente não satisfaz do ponto de vista de uma avaliação crítica de Lutero.]

81. Claro, quem quer que admitisse a construção histórica dos *levellers* estaria na feliz situação de reduzir também essas oposições a diferenças de raça: como representantes dos anglo-saxões, eles acreditavam defender seu *birthright* contra os descendentes de Guilherme, o Conquistador, e os normandos. Surpreendente é que ninguém até agora haja pensado nos *roundheads* plebeus como "cabeças redondas" no sentido antroprométrico!

82. [Especialmente o orgulho nacional inglês, uma consequência da Magna Carta e das grandes guerras. A exclamação hoje tão típica à vista de uma linda jovem estrangeira, *She looks like an English girl!*, é uma expressão que já existia no século XV.]

83. Essas diferenças, é claro, mantiveram-se também na Inglaterra. Sobretudo a "*squirearchy*" continua sendo até hoje a portadora da *merry old England* {radiante Inglaterra de outrora}, e toda a época subsequente à Reforma pode ser concebida como uma luta entre os dois tipos de anglicanismo. Nesse ponto estou de acordo com os comentários de M. J. Bonn (na *Frankfurter Zeitung*) acerca do belo estudo de von Schulze-Gävernitz sobre o imperialismo britânico. Ver H. Levy, *Archiv für Sozialwissenschaft und Sozialpolitik*, vol. 46, p. 3.

84. [Justo essa é a tese que curiosamente não cessam de me atribuir sempre de novo, apesar dessa observação e das outras a seguir, que permanecem inalteradas por serem, a meu juízo, suficientemente claras.]

PARTE II — A IDEIA DE PROFISSÃO DO PROTESTANTISMO ASCÉTICO

1. OS FUNDAMENTOS RELIGIOSOS DA ASCESE INTRAMUNDANA (PP. 87-167)

1. Não trataremos em separado do zwinglianismo, uma vez que, depois de desfrutar posição de poder por um breve período, ele perdeu rapidamente em significação. O "arminianismo", cuja peculiaridade *dogmática* consistia na rejeição do dogma da predestinação em sua formulação mais peremptória [e que

rejeitava a "ascese intramundana"], constituiu-se como seita apenas na Holanda (e nos Estados Unidos) e neste ponto carece de interesse para nós [ou tem somente interesse negativo: ser a confissão do patriciado mercantil holandês (mais sobre isso, ver adiante)]. Seus dogmas pegaram na Igreja anglicana e na maioria das denominações metodistas. [Mas sua postura "erastiana" (ou seja, partidária da soberania do Estado inclusive em assuntos eclesiásticos) era a mesma de *todas* as instâncias que tinham interesses puramente políticos: o Longo Parlamento e Elisabeth na Inglaterra, assim como, na Holanda, os Estados Gerais neerlandeses e sobretudo Oldenbarneveldt.]

2. Sobre a evolução do conceito de "puritanismo" veja-se de preferência Sanford, em *Studies and Reflections of the Great Rebellion*, pp. 65ss. Empregamos aqui a expressão no sentido que ela havia assumido na linguagem popular do século XVII, e assim vai ser toda vez que a usemos: designa os movimentos religiosos de orientação ascética na Holanda e na Inglaterra, sem distinção de dogmas ou de propostas de constituição eclesiástica, englobando portanto os "independentes", os congregacionalistas, os batistas {propriamente ditos}, os menonitas e os quakers.

3. [Esse ponto foi absolutamente ignorado nas discussões que tem havido em torno dessas questões. Notadamente Sombart, mas também Brentano, citam sempre os autores de livros de ética (que na maioria das vezes conheceram por meu intermédio) como se fossem codificações de regras vividas e sem *jamais* se perguntarem a quais dessas regras eram conferidos os prêmios *de salvação* psicologicamente eficazes.]

4. Mal preciso sublinhar que este esboço, na medida em que se move no terreno puramente dogmático, sustenta-se sempre em formulações da literatura de história dos dogmas e das igrejas, portanto em literatura de "segunda mão", e não pretende assim nenhuma "originalidade". Claro que, na medida do possível, procurei aprofundar-me nas fontes de história da Reforma. Teria sido muita petulância querer ignorar o trabalho teológico intenso e refinado que vem sendo publicado há muitas décadas em vez de abraçar o inevitável, que é deixar-se *guiar* por ele à compreensão das fontes. Espero sinceramente que a necessária brevidade desse esboço não me haja levado a formulações incorretas e que eu tenha ao menos evitado mal-entendidos sérios de caráter objetivo. Para todos aqueles que estão familiarizados com a literatura teológica mais relevante, a presente exposição com certeza só traz alguma "novidade" na medida em que tudo aqui está remetido, como é natural, aos pontos de vista que são importantes *para nós*, e muitos desses que para nós são decisivamente significativos — como por exemplo o *caráter racional da ascese* e sua significação para o "estilo de vida" moderno — estão naturalmente longe de interessar os teólogos. [Depois da publicação deste ensaio, esses aspectos e em geral o lado sociológico da coisa foram estuda-

dos de forma sistemática por E. Troeltsch na obra já citada; seu trabalho "Gerhard und Melanchthon" {1891} ao lado de numerosas resenhas na *Göttinger Gelehrte Anzeigen* já traziam prenúncios deste grande livro {*Soziallehren der christlichen Kirchen und Gruppen*. Tübingen, 1912}.] Por motivo de espaço não dá para citar todo o material utilizado, mas a cada vez *somente* aqueles trabalhos que o trecho respectivo do texto está seguindo ou apenas referindo. O mais das vezes são justamente autores mais antigos os que se interessavam pelos pontos de vista que agora nos interessam. O apoio financeiro absolutamente insuficiente com que podem contar as bibliotecas alemãs implica de quebra que, "na província", as fontes bibliográficas e os trabalhos mais importantes só possam estar à disposição se emprestados de Berlim ou de outras grandes bibliotecas, e isso por poucas semanas. Foi este o caso para Voët, Baxter, Tyermans, Wesley, para todos os escritores metodistas, batistas e quakers e muitos outros escritores do primeiro período cujas obras não constam do *Corpus Reformatorum*. Muitas vezes a visita a bibliotecas inglesas e sobretudo americanas é indispensável para todo estudo *mais a fundo*. Naturalmente, para o esboço que se segue, devia (e podia) bastar o que estava à disposição na Alemanha. — Na América, já faz tempo, o característico empenho das universidades em negar seu próprio passado "sectário" faz com que as bibliotecas adquiram pouco ou mesmo nada de novas obras concernentes a esse assunto — eis um traço singular daquela tendência geral à "secularização" da vida americana, que em prazo não longo terá dissolvido o caráter historicamente transmitido do povo e alterado por completo e em definitivo o sentido de muitas instituições básicas do país. Há que se recorrer aos pequenos *colleges* ortodoxos das seitas no interior.

5. Sobre Calvino e o calvinismo em geral, a par do trabalho fundamental de Kampschulte, a exposição de Erich Marck (em seu *Coligny*) é a mais elucidativa. Nem sempre crítico e isento é Campbell, *The Puritans in Holland, England and America* (2 vols.). Marcado partidarismo anticalvinista mostram os *Studien over Johan Calvijn* de Pierson. Para os desenvolvimentos holandeses, ver ao lado de Motley os clássicos neerlandeses [prioritariamente Groen van Prinsterer, *Handboek der Geschiedenis van het Vaderland*; *La Hollande et l'influence de Calvin* (1864); e para a Holanda moderna, *Le Parti antirévolutionnaire et confessionnel dans l'église de Pays-Bas* (1860)]; além desses, sobretudo *Tien jaren uit den tachtigjarigen oorlog* de Fruin [ao lado de *Calvinist of Libertijnsch* de Naber; e ainda W. J. F. Nuyens, *Geschiedenis der kerkelijke en politieke geschillen in de Republiek der Vereenigde Proviciën* (Amsterdã, 1886)]; para o século XIX, A. Köhler, *Die niederlandische reformierte Kirche* (Erlangen, 1856); para a França, a par de Polenz, ver agora Baird, *Rise of the Huguenots*; para a Inglaterra, a par de Carlyle, Macaulay, Masson e — *last not least* — Ranke, mas antes de mais nada os trabalhos de Gardiner e Firth, que vou citar várias vezes, e também Taylor, *A Retrospect of the*

Religious Life in England (1854) e o excelente livro de Weingarten sobre *Die Revolutionskirche Englands* (1854), além do ensaio sobre os "moralistas" ingleses de E. Troeltsch na *Realencyklopädie für Protest. Theol. und Kirche*, 3ª edição; [e ainda — evidentemente — seu livro *Soziallehren der christlichen Kirchen und Gruppen*, 1912] e o primoroso ensaio de Ed. Bernstein na *Geschichte des Sozialismus* (Stuttgart, 1895, vol. I, pp. 506ss.). A melhor biografia (entre mais de 7 mil títulos) se acha em Dexter, *Congregationalism of the Last 300 Years* (naturalmente voltada em particular para questões de *constituição* eclesiástica, mas não exclusivamente.). Livro esse muito superior aos de Price (*History of Nonconformism*), Skeats e outros. [Para a Escócia, veja-se por exsemplo Sack, *Die Kirche von Schottland* (1844) e a literatura sobre John Knox.] Para as colônias americanas sobressai, dentre literatura abundante, a obra de Doyle, *The English in America*. [E ainda: Daniel Wait Howe, *The Puritan Republic* (Indianápolis, The Bowen-Merrill Company publishers), J. Brown, *The Pilgrims Fathers of New England and their Puritan Successors* (3ª ed. Revell). Mais citações nos seus devidos lugares.] Quanto à diferença *de doutrina*, a exposição a seguir deve muito ao ciclo de palestras já citado de Schneckenburger. A obra fundamental de Ritschl, *Die christliche Lehre von der Rechtfertigung und Versöhnung* (3 vols., citada aqui de acordo com a 3ª edição) mostra na carregada mistura que faz de exposição histórica e juízos de valor a pronunciada peculiaridade do autor, a qual, apesar de toda a grandeza e rigor intelectual, nem sempre confere ao leitor a plena certeza de sua "objetividade". Onde ele por exemplo refuta os argumentos de Schneckenburger, muitas vezes me pareceu duvidoso seu acerto em fazê-lo, mas não me vejo autorizado a dar um juízo próprio. O que, dentre a grande diversidade de ideias e disposições religiosas, encontradiças aliás já no próprio Lutero, vale para ele como doutrina "luterana" parece muitas vezes estabelecido por juízos de valor: doutrina luterana é aquilo que, para Ritschl, *duravelmente tem valor* no luteranismo. É o luteranismo tal como *deveria* ter sido (segundo Ritschl), mas nem sempre como ele *foi*. Mal preciso frisar que as obras de Karl Müller, Seeberg e outros são utilizadas ao longo de *todo* o ensaio. — Se no que vem a seguir acabei infligindo ao leitor *assim como a mim mesmo* a penitência de uma tremenda avalanche de notas de rodapé, foi justamente pela necessidade de disponibilizar, especialmente aos leitores *não* versados em teologia, uma contraprova ao menos provisória das ideias postas neste esboço, acenando-lhes além do mais com vários pontos de vista ligados a elas.

6. Nesta parte, não nos interessamos *num primeiro momento* pelas origens e antecedentes nem pelo desenvolvimento histórico das correntes ascéticas, mas antes tomamos seu conteúdo de ideias como se estivesse plenamente desenvolvido, como uma grandeza dada.

7. Quanto à exposição a seguir, diga-se expressamente desde já que não estamos considerando aqui as visões pessoais *de Calvino*, mas o *calvinismo*, e

mesmo este, precisamente na *forma* que assumiu no final do século XVI e no século XVII em suas vastas zonas de influência, as quais eram, ao mesmo tempo, portadoras da cultura capitalista. Num primeiro momento, a Alemanha fica para nós *totalmente de lado*, já que o calvinismo [puro] jamais *dominou* grandes áreas aqui. [Haja vista que, aqui, "*reformiert*" não é de modo algum sinônimo de "*calvinistisch*".]

8. [Já a declaração conjunta do arcebispo de Canterbury e da Universidade de Cambridge sobre o artigo 17 da confissão anglicana de 1595, dito "artigo de Lambeth", que (ao contrário da versão oficial) ensinava expressamente a existência de uma predestinação para a morte, não foi ratificada pela rainha. Quem dava peso decisivo à expressa afirmação da predestinação à morte (e não apenas à "admissão" dessa condenação, como queria a doutrina mais moderada) eram justamente os radicais (a exemplo da *Hanserd Knollys Confession*).]

9. Ver na íntegra em Karl Müller, *Die Bekenntnisschriften der reformierten Kirche*, Leipzig, 1903. [As citações a seguir foram tiradas de lá.] {N. E.: A tradução dessas passagens para a presente edição brasileira foi feita diretamente do inglês, conforme reprodução da *Westminster Confession* (5ª edição oficial de 1717) transmitida por Parsons em sua famosa tradução de 1930, *The Protestant Ethic and the Spirit of Capitalism*, pp. 99-101, Londres/Nova York, Routledge, 1995, em enésima reimpressão}.

10. [Compare-se com a *Savoy Declaration* e a (americana) *Hanserd Knollys Declaration*. Sobre o predestinacionismo dos huguenotes ver, entre outros, Polenz, I, pp. 545ss.]

11. Sobre a teologia de Milton, ver o ensaio de Eibach nos *Theologische Studien und Kritiken*, 1879; (o ensaio de Macaulay por ocasião da tradução feita por Sumner da *Doctrina Christiana* redescoberta em 1823, ed. Tauschnitz, 185, pp. 1ss., me parece superficial); para mais detalhes, ver naturalmente a obra maior de Masson em seis volumes, embora de estruturação algo esquemática, e a biografia alemã de Milton, de autoria de Stern com base na obra de Masson. — Milton bem cedo começou a se desvencilhar da doutrina da predestinação na forma do duplo decreto, antes portanto daquela *Christlichkeit* {"cristianidade"} tão livre que viria a adotar na velhice. Em sua forma de se soltar de todas as amarras de seu próprio tempo, ele pode ser comparado em certo sentido a Sebastian Franck. Só que Milton possuía uma natureza prático-positiva e Franck, uma natureza essencialmente crítica. Milton só era um "puritano" no sentido amplo de uma orientação *racional* da vida em meio ao mundo segundo a vontade divina, eis a herança duradoura do calvinismo para a posteridade. — Em sentido plenamente análogo pode-se dizer que Franck também era um "puritano". Um e outro, "cavalos solitários" que são, estão fora de consideração.

12. "*Hic est fidei summus gradus: credere Deum esse clementem, qui tam pau-*

cos salvat — justum, qui sua voluntate nos damnabiles facit" — diz a famosa passagem no escrito *De servo arbitrio*. {Este é o grau mais sublime de fé: crer que Deus seja clemente, quando a tão poucos ele salva — justo, quando é sua própria vontade que nos faz condenáveis.}.

13. Ambos, Lutero e Calvino, conheciam no fundo um Deus duplo (vejam-se os comentários de Ritschl na *Geschichte des Pietismus* e Köstlin, no artigo "*Gott*" da *Realencyklopädie f. Prot. Theol. und Kirche*, 3ª ed.): o Pai clemente e misercordioso revelado no Novo Testamento — que é o que domina os primeiros livros da *Institutio Christiana* — e, por trás deste, o *Deus absconditus* {Deus escondido} que põe e dispõe feito um déspota caprichoso. Em Lutero assumiu primazia o Deus do Novo Testamento, visto que passou a evitar cada vez mais mais, por inútil e perigosa, a *reflexão* de cunho metafísico, ao passo que em Calvino foi a ideia da divindade transcendente que ganhou poder sobre a vida. Só que esta, não podendo se manter com a popularização do calvinismo, cedeu o lugar não ao Pai do Céu do Novo Testamento, mas ao Jeová do Antigo.

14. Para o que se segue, ver Scheibe, *Calvins Prädestinationslehre*, Halle, 1897. Sobre a teologia calvinista em geral: Heppe, *Dogmatik der evangelisch-reformierten Kirche*, Elberfeld, 1861.

15. *Corpus Reformatorum*, vol. 77, pp. 186ss.

16. Pode-se encontrar uma apresentação da doutrina calvinista bastante análoga à nossa, por exemplo, na *Theologia practica* de Hoornbeeck (Utrecht, 1663), L. II c. 1: *De praedestinatione* — o capítulo se encontra, caracteristicamente, *logo abaixo* da seção *De Deo*. O autor baseia-se principalmente no primeiro capítulo da Epístola aos Efésios. — Não nos parece necessário analisar aqui as diversas e incoerentes tentativas de combinar predestinação e Providência divina com responsabilidade do indivíduo, e de resgatar a empírica "liberdade" da vontade [conforme aparecem nos primeiros lances dessa doutrina já em Agostinho].

17. "*The deepest community (com Deus) is found not in institutions or corporations or churches, but in the secrets of a solitary heart*" {A mais profunda comunidade com Deus não se encontra em instituições ou corporações ou igrejas, mas nos recessos de um coração solitário}, diz Dowden de forma lapidar em seu belo livro *Puritan and Anglican* (p. 234), formulando nesses termos o ponto decisivo. [Esse profundo isolamento interior do indivíduo encontra-se também entre os jansenistas de Port-Royal, que eram predestinacionistas.]

18. *Contra qui hujusmodi coetum* (isto é, uma Igreja com doutrina pura, sacramentos e disciplina) *contemnunt* (...) *salutis suae certi esse non possunt; et qui in illo contemptu perseverat electus non est.* {Em contrapartida, aqueles que desdenham uma assembleia como esta (...) não podem estar certos de sua salvação, e aquele que persevera nesse desdém não é um eleito} (Olevian, *De substantia foederis gratuiti inter Deum et electos*, p. 222).

19. [“Embora se diga que Deus enviou seu Filho para redimir o gênero humano, essa não era entretanto sua finalidade, Ele queria socorrer da queda somente alguns (...) e eu vos digo que Deus morreu apenas pelos eleitos (...)” (sermão proferido em 1609, em Broek; *in* H. C. Rogge, *Johannes Uytenbogaert*, II, p. 9. Ver Nuyens, *op. cit.*, II, p. 232). Complicada também é a explicação da mediação de Cristo dada na *Hanserd Knollys Confession*. A bem da verdade, em toda parte se pressupõe que Deus, em rigor, não teria precisado desse meio.]

20. {*Entzauberung der Welt:*} [quanto a esse processo, ver os ensaios sobre a “Ética econômica das religiões mundiais”. Ali demonstramos que a posição peculiar da antiga ética israelita diante das éticas egípcia e babilônica, cujos conteúdos tinham parentesco próximo, e seu desenvolvimento desde a época dos profetas basearam-se exclusivamente neste fato objetivo fundamental: a rejeição da magia sacramental como via de salvação.]

21. [Do mesmo modo, segundo a opinião mais coerente, o batismo só era obrigatório em virtude de uma prescrição positiva, mas não era necessário para a salvação. *Por isso* foi que os independentes escoceses e ingleses, puritanos estritos, puderam aplicar o princípio de que os filhos de *réprobos* notórios não deviam ser batizados (por exemplo, filhos de alcoólatras). Recomendava o Sínodo de Edam, de 1586 (art. 32, I), que um adulto que desejasse o batismo sem ainda estar “maduro” para a ceia do Senhor, só fosse batizado se a sua mudança de conduta se mostrasse irrepreensível e se ele manifestasse seu desejo “*zonder superstitie*” {sem superstição}.]

22. Essa relação negativa com a “cultura dos sentidos”, como Dowden (*op. cit.*) já mostrou, é [um] elemento até mesmo constitutivo do puritanismo.

23. A expressão “individualismo” abarca os elementos mais heterogêneos que se possam conceber. O que *aqui* entendo por esse termo ficará claro, espero, das indicações que se seguem. Chama-se o luteranismo de “individualista”, mas numa outra acepção da palavra, a saber, porque *não* conhece uma regulamentação ascética da vida. Em sentido completamente diverso também se emprega a palavra, como faz por exemplo Dietrich Schäffer quando em seu texto *Zur Beurteilung des Wormser Konkordats* (*Abhandlungen der Berliner Akademie*, 1905), ele designa a Idade Média como uma época de “acentuada individualidade”, porque, nos acontecimentos que lhe eram *relevantes* enquanto historiador, fatores irracionais tiveram na época uma significação que hoje não têm mais. Ele tem razão, mas talvez também a tenham aqueles contra quem ele dirige seus comentários, pois ambos os lados querem dizer coisas muito diversas quando falam de “individualidade” e “individualismo”. — As formulações geniais de Jakob Burckhardt hoje estão parcialmente ultrapassadas, por isso hoje uma análise de fundo desse conceito que fosse historicamente orientada seria de extremo valor, cientificamente falando. O contrário disso, obviamente, se dá quando certos his-

toriadores são levados por pulsão lúdica a "definir" sumariamente o conceito em estilo publicitário só pelo prazer de colar uma etiqueta numa época histórica.

24. [E em contraste também — menos agudo, claro — com a doutrina católica posterior. O profundo pessimismo de Pascal, igualmente fundado na doutrina da predestinação, é de proveniência jansenista, e o individualismo daí decorrente, de fuga do mundo, não coincide de jeito nenhum com a tomada de posição oficial da Igreja católica. Ver o texto de Paul Honigsheim sobre os jansenistas franceses {*Die Staats- und Soziallehren der französischen Jansenisten im 17. Jahrhundert* (tese de doutorado em História pela Universidade de Heidelberg, 1914} já citado na nota 62 da Parte I.]

25. [E assim também os jansenistas.]

26. Bailey, *Praxis pietatis* (ed. alemã, Leipzig, 1724), p. 187. Também Ph. J. Spener em seus *Theologische Bedenken* (citados aqui segundo a 3ª ed., Halle, 1712) apresenta ponto de vista análogo: o amigo raramente dá conselho levando em conta a honra de Deus, mas na maioria das vezes com propósitos carnais (não necessariamente egoístas). "*He — the 'knowing man' — is blind in no man's cause, but best sighted in his own. He confines himself to the circle of his own affairs, and thrusts not his fingers in needless fires.* (...) *He sees the falseness of it* (*do mundo*) *and therefore learns to trust himself ever, others so far, as not to be damaged by their disappointment*" {Ele — o "homem sapiente" — não é cego às causas alheias, mas enxerga o melhor possível as suas próprias. Restringe-se ao âmbito de seus assuntos e não põe a mão no fogo por ninguém desnecessariamente (...) Percebe a falsidade (do mundo) e, assim, aprende a confiar sempre em si mesmo; nos outros, apenas o suficiente para não ser afetado pela decepção}, filosofa Th. Adams (*Works of the Puritan Divines*, p. LI). — Bailey (*Praxis pietatis*, *op. cit.*, p. 176) recomenda além disso imaginar cada manhã, antes de misturar-se às outras pessoas, que se está entrando numa floresta virgem cheia de perigos e pedir a Deus o "manto da *prudência* e da justiça". — Esse sentimento atravessa simplesmente todas as denominações ascéticas e impeliu vários pietistas a levar quase uma vida de eremita dentro do mundo. Mesmo Spangenberg em sua obra (hernutense) *Idea fratrum*, p. 382, recorda expressamente a passagem de Jeremias 17, 5: "Maldito o homem que se fia no homem". Note-se, para avaliar a singular misantropia dessa visão de vida, as explicações de Hoornbeek, *Theol. pract.*, I, p. 882, sobre o dever do *amor ao inimigo*: "*Denique hoc magis nos ulciscimur, quo proximum, inultum nobis, tradimus ultori Deo.* (...) *Quo quis plus se ulciscitur, eo minus id pro ipso agit Deus*" {Enfim, nós nos vingamos tanto mais quanto mais entregamos ao Deus vingador o próximo de quem não nos vingamos (...) Quanto mais alguém se vinga, tanto menos Deus o faz por ele}. — [O mesmo "adiamento da vingança" que se encontra nas partes do Antigo Testamento posteriores ao exílio: trata-se de uma refinada intensificação e internalização do sentimento de vin-

gança em contraste com o velho "olho por olho".] Sobre o "amor ao próximo", ver mais na nota 35.

27. Com certeza o confessionário não produziu *somente* um efeito como esse; as formulações de von Muthmann, por exemplo (*Zeitschrift für Religionspsychologie*, vol. I, fascículo 2, p. 65), são demasiado simples diante do problema psicológico extremamente complexo da confissão.

28. Precisamente *essa* combinação é tão importante para a avaliação crítica dos fundamentos psicológicos das *organizações* sociais calvinistas. Repousam *todas* elas em motivos intrinsecamente "individualistas" [sejam eles "racionais com relação a fins" ou "racionais com relação a valores"]. Jamais o indivíduo ingressa nelas movido pelo *sentimento.* A "glória de Deus" e a *salvação pessoal* permanecem sempre *acima* do "limiar da consciência". Isso imprime ainda hoje certos traços característicos na peculiaridade da organização social de povos com passado puritano.

29. [Havia um traço de fundo antiautoritário nessa doutrina, que basicamente desvalorizava como sem propósito toda e qualquer tutela eclesiástica e estatal em matéria de ética e de salvação da alma, acarretando repetidas vezes sua proibição, notadamente pelos Estados Gerais neerlandeses. A consequência foi sempre a formação de conventículos (como se deu a partir de 1614).]

30. Sobre Bunyan, ver a biografia escrita por Froude na coleção de Morley (*English Men of Letters*), além do esboço (superficial) de Macaulay (*Critical and Miscellaneous Essays*, vol. II, p. 227). Bunyan era indiferente quanto às diferenças de denominação no interior do calvinismo, se bem que, de sua parte, ele fosse um batista calvinista estrito.

31. [Fácil ver a importância indubitavelmente grande que teve para o caráter *social* do cristianismo reformado a ideia calvinista de que pertencer a uma *comunidade* consoante aos preceitos divinos era uma necessidade posta pela própria salvação: em razão da exigência da "incorporação no corpo de Cristo" (Calvino, *Institutio christiane religionis*, III, 11, 10).] Para os *nossos* pontos de vista específicos, porém, o centro do problema é ligeiramente outro. Aquela ideia [dogmática] também poderia ter-se elaborado com base no caráter puramente institucional da Igreja, e de fato isso foi feito, como se sabe. [Em si mesma, ela não tem a força psicológica capaz de despertar *iniciativas* para a formação de comunidades nem de emprestar-lhes uma força tal como a que possuía o calvinismo.] E foi justamente *fora* dos esquemas comunitários eclesiais prescritos por Deus que essa sua tendência foi se expressar, na formação de comunidades [no "mundo"]. Aqui foi decisiva a crença de que o cristão comprova seu estado de graça atuando *in majorem Dei gloriam* (ver adiante), e a aguçada execração da divinização da criatura [e de todo apego a relações humanas *pessoais*] não tinha como não canalizar essa energia, imperceptivelmente, para os trilhos da ação

objetiva (impessoal). [O cristão que toma a peito a comprovação de seu estado de graça age para os fins que são *de* Deus, e estes só podem ser *impessoais*.] Toda relação *pessoal* de caráter puramente sentimental — e portanto não condicionada racionalmente — de pessoa para pessoa incorre muito facilmente na suspeita, aos olhos tanto da ética puritana como de toda ética ascética, de cair em divinização da criatura. É o que revela com bastante clareza — para além do que antes já ficou dito — o seguinte aviso sobre a *amizade*: "*It is an irrational act and not fit for a rational creature to love any one farther than reason will allow us.* (...) *It very often taketh up men minds so as to hinder their love of God*" {Constitui ato irracional, inapropriado à criatura racional, amar alguém além do que lhe autoriza a razão. (...) Com muita frequência, isso ocupa as mentes dos homens a ponto de obstruir-lhes o amor por Deus.} (Baxter, *Christian Directory*, IV, p. 253). Voltaremos a encontrar muitas e muitas vezes argumentos assim. — [Aos calvinistas entusiasma a ideia de que Deus, ao formar o mundo, formou também a ordem social, por isso há de querer *fins objetivos* como meio de se exaltar a Sua glória: não a criatura por amor dela mesma, mas o *ordenamento* do que foi criado sob a Sua vontade. Daí que a ânsia de agir que tem o santo, desencadeada pela doutrina da predestinação, desemboca em cheio na ambição de racionalização do mundo.] E também a ideia de que a utilidade "pública", ou ainda, "the good *of the many*" {o bem da maioria}, como diz Baxter bem no sentido do racionalismo liberal posterior (forçando um pouco a citação da Epístola aos Romanos 9, 3), tem primazia sobre todo o bem "pessoal" ou "privado" dos indivíduos (cf. *Christian Directory*, IV, p. 262), era para o puritanismo — por menos que ela contivesse algo de novo — consequência da rejeição da divinização da criatura. — O [tradicional] horror dos americanos pela prestação de *serviços* pessoais [ao lado de outras razões de monta decorrentes de sentimentos "democráticos"] prende-se (de modo indireto) a essa mesma tradição. E assim também a imunidade *relativamente* grande ao cesarismo que mostram os povos de passado puritano, e em geral a postura interior mais livre dos ingleses em relação a seus grandes estadistas, a qual, se por um lado pende mais para uma atitude de "deixa lá com eles" em relação aos grandes, por outro rejeita toda forma de histeria amorosa por eles junto com a ideia ingênua de que se possa dever obediência política a alguém por "gratidão" — ao contrário do que se viu de positivo e negativo na Alemanha a esse respeito a partir de 1878. Quanto ao caráter pecaminoso da fé na autoridade — lícita apenas quando *im*pessoal, dirigida pelo conteúdo da Escritura — e também da estima exagerada mesmo das pessoas mais santas e preeminentes — já que isso poria eventualmente em risco a obediência a *Deus* — ver Baxter, *Christian Directory* (2ª ed., 1678), I, p. 56. — Quanto à significação política dessa rejeição da "divinização da criatura" e do princípio segundo o qual somente Deus é que deve "dominar", primeiro na Igreja e por fim na vida de modo geral, não cabe sobre ela discorrer [neste nosso contexto].

32. [Sobre a relação entre as "consequências" dogmáticas e as consequências psicológico-práticas, voltaremos ainda a falar muitas vezes. Escusado lembrar que ambas não são idênticas.]

33. "Social", naturalmente, sem nenhum eco do sentido moderno da palavra, só com o sentido de atuação no interior de organizações políticas, eclesiásticas e demais organizações comunitárias.

34. [Boas obras realizadas com *qualquer outro* fim que não a honra de *Deus* são *pecado* (*Hanserd Knollys Confession*, cap. XVI).]

35. Para atinar com o que significa, no campo próprio da vida comunitária religiosa, essa "impessoalidade" do "amor ao próximo" "condicionada" por um referir constante da própria vida a Deus, basta olhar para os procedimentos da *China Inland Mission* e da *International Missionaries' Alliance* (cf. Warneck, *Geschichte der protestantischen Mission*, 5ª ed., pp. 99, 111). A custos gigantescos foram equipadas imensas hostes de missionários, por exemplo cerca de mil só para a China a fim de em sua perambulação "oferecer" em sentido estritamente literal o Evangelho a todos os pagãos, já que Cristo assim ordenara e disso fizera a condição de seu regresso. Se aqueles a quem eram dirigidas essas pregações foram ganhos para o cristianismo, podendo assim participar da bem-aventurança, [ou se ao menos *entendiam* a língua dos missionários, ainda que só gramaticalmente — isso lá] era coisa secundária em princípio e assunto exclusivo de Deus. Segundo Hudson Taylor (ver Warneck, *op. cit.*), a China tinha cerca de 50 milhões de famílias. Mil missionários poderiam diariamente (!) "alcançar" cinquenta famílias, e assim o Evangelho poderia ser "oferecido" em menos de três anos a todos os chineses. Trata-se exatamente do mesmo esquema pelo qual o calvinismo exercia a sua disciplina eclesiástica: o objetivo não era a salvação da alma do indivíduo censurado — assunto este exclusivo de Deus (e, *in praxi*, da própria pessoa) [e que não podia em absoluto sofrer a interferência dos instrumentos disciplinares eclesiásticos] —, o objetivo era a multiplicação da glória de Deus. O calvinismo como tal não foi o responsável por essas obras missionárias modernas, de vez que elas repousam numa base interdenominacional. (A bem da verdade, Calvino pessoalmente rejeitava o dever da missão aos pagãos, já que a ulterior expansão da Igreja era *unius Dei opus* {isto é, obra unicamente de Deus}.) Mas elas derivam claramente do complexo de ideias travejado pela ética puritana, segundo a qual satisfaz o mandamento do amor ao próximo quem cumpre o mandamento *de Deus* de aumentar Sua glória, com isso também sendo dado ao próximo o que lhe é de direito, e o resto corre por conta de Deus. — A "humanidade" das relações com o "próximo" é por assim dizer atrofiada. Isso se expressa nas mais diversas situações. Por exemplo — para mencionar mais outro lampe-

jo de elucidação dessa atmosfera de vida — no campo da *charitas* reformada {calvinista}, famosa em certos aspectos com toda a justiça: os órfãos de Amsterdã, vestidos [ainda no século XX] com seus paletós e calças divididos verticalmente em duas metades, uma preta e uma vermelha, ou uma vermelha e a outra verde — uma espécie de traje de bufão —, e levados em cortejo até a igreja: era sem sombra de dúvida um espetáculo extremamente edificante para a sensibilidade do passado, e servia à glória de Deus na exata medida em que todo sentimento pessoal "de humanidade" não podia senão se sentir ultrajado com aquilo. E o mesmo acontecia, como veremos ainda, em todas as minúcias da atividade profissional privada. — Naturalmente, tudo isso representa apenas uma *tendência*, e mais adiante vamos ter que delimitá-la melhor. Mas era preciso insistir nisso *como* uma tendência — na verdade uma tendência muito importante — dessa religiosidade ascética.

36. [Em todos esses aspectos é muito outra a ética de Port-Royal, também determinada pela predestinação, porém com uma orientação mística e *extra*-mundana, isto é: catolicamente orientada (ver Honigsheim, *op. cit.*).]

37. Hundeshagen (*Beiträge zur Kirchenverfassungsgeschichte und Kirchenpolitik*, 1864, p. 37) sustenta a tese — desde então frequentemente repetida — de que o dogma da predestinação era doutrina de teólogos, não doutrina popular. Isso só será correto se pelo conceito de "povo" entendermos a *massa* das camadas inferiores sem instrução. [E mesmo assim, só se ela for muito bem delimitada. Nos anos 40 do século XIX, Köhler (*op. cit.*) achava justamente isso, que na Holanda era a "massa" (ele queria dizer a pequena burguesia) que pendia para o predestinacionismo estrito: lá, quem quer que negasse o duplo decreto era considerado um herege, um réprobo. A ele próprio lhe perguntaram pela *data* de sua regeneração (entendida em termos predestinacionistas). Da Costa e o cisma de De Kocksche também receberam a marca dessa influência.] Não só Cromwell — a quem Zeller (*Das theologische System Zwinglis*, p. 17) considerou um caso exemplar paradigmático do efeito do dogma da predestinação —, mas também os seus santos sabiam todos muito bem do que se tratava, e os cânones dos sínodos de Dordrecht e Westminster relativos a essa doutrina foram assunto de interesse nacional em grande estilo. [Os *tryers* {examinadores} e os *ejectors* {ejetores} que Cromwell instituiu só deixavam passar quem era predestinacionista, e Baxter (*Life*, I, p. 72), embora adversário quanto ao mais, julga notável o efeito disso sobre a qualidade do clero.] Está absolutamente fora de cogitação que os pietistas reformados participantes de conventículos, ingleses e holandeses, não tivessem claro conhecimento da doutrina: era justamente *ela* que os impelia a viver juntos em busca da *certitudo salutis*. O que significasse ou deixasse de significar a predestinação enquanto doutrina de *teólogos*, isso se pode mostrar indiretamente via catolicismo eclesiasticamente correto, ao qual de forma alguma ela

permaneceu alheia como se fosse doutrina esotérica e vacilante. (O ponto decisivo a respeito era que sempre se repudiou a opinião de que o *indivíduo* devesse *reputar-se* e comportar-se como eleito. Sobre a doutrina católica, ver por exemplo em Ad. van Wyck, *Tract. De praedestinatione*, Colônia, 1708. [Até que ponto era correta a doutrina da predestinação de Pascal, não será aqui analisado.]) Hundeshagen, que não simpatiza com essa doutrina, claramente vai colher a maioria de suas impressões em episódios alemães. Sua antipatia tem seu fundamento na opinião adotada por raciocínio puramente dedutivo de que ela conduziria por força ao fatalismo e ao antinomismo moral. Essa opinião já havia sido rebatida por Zeller, *op. cit.* Que fosse *possível* uma inflexão dessas, isso por sua vez não dá para negar. Pois Melanchthon, tanto quanto Wesley, fala dela: mas é característico que neste como naquele caso se trate de uma combinação com a religiosidade "de fé" de tipo *sentimental*. Para esta, à qual faltava a ideia racional da *comprovação*, semelhante consequência constituía mesmo o xis do problema. [Onde essas consequências fatalistas se impuseram foi no Islã. Mas por causa do quê? Como a predestinação islâmica era *predeterminista*, não predestinacionista, estava relacionada ao destino *neste mundo*, não à salvação no Outro Mundo, e dessa forma, por conseguinte, o ponto decisivo em termos éticos, a "comprovação" da própria predestinação, não desempenhou papel algum no Islã, e isso portanto só podia resultar em destemor guerreiro (como na "moira"), mas sem consequências *metódicas* para a vida, já que para essas não havia "prêmio" religioso. Ver a tese de doutorado de F. Ulrich, *Die Vorherbestimmungslehre im Islam und Christentum*, Heidelberg, 1912.] Os abrandamentos doutrinários que a práxis acabou impondo — Baxter, por exemplo — não atingiram nem de perto o seu cerne, na medida em que não foi afetada nem a ideia da eleição por graça divina nem a da exigência da *comprovação* enquanto dirigida a *cada indivíduo concretamente*. — Como último ponto a acrescentar, todas as grandes figuras do puritanismo (no sentido mais amplo do termo) se projetaram a partir dessa doutrina, cuja sombria seriedade lhes influenciou a formação juvenil: Milton assim como Baxter — claro que em menor medida — e mais tarde também Franklin, já na pele de um livre-pensador. Cada qual num segundo momento se emancipou de sua interpretação estrita, o que em termos individuais corresponde ao desenvolvimento [também na mesma direção] por que passou o próprio movimento religioso em seu conjunto. [Mas *todos* os grandes *revivals* religiosos, ao menos na Holanda, e a maioria dos que ocorreram também na Inglaterra, iam se plugar sempre de novo justamente na doutrina da predestinação.]

38. Isso é preponderante na atmosfera de fundo do *Pilgrim's Progress* de Bunyan.

39. Ao luterano do tempo dos epígonos, [mesmo se abstraímos do dogma da predestinação,] essa *questão* já era mais remota do que ao calvinista, não por-

que ele se interessasse menos pela salvação de sua alma, mas porque, com o desenvolvimento que a Igreja luterana conheceu, o caráter *salvífico-institucional* da Igreja ganhou primeiro plano, e com isso o indivíduo se sentia como objeto de sua atividade [e nela protegido]. Só o pietismo suscitou o problema no seio do luteranismo — e o fez de forma característica. [Acontece que a questão *mesma* da *certitudo salutis* é simplesmente central para toda religião de salvação não sacramental — seja ela o budismo, o jainismo ou não sei o que mais; isso não se pode ignorar. *É daí* que brotam todos os estímulos psicológicos de caráter puramente *religioso*.]

40. Isso fica explícito na carta a Martin Bucer, *Corpus Reformatorum*, 29, pp. 883ss. Ver a respeito Scheibe, *op. cit.*, p. 30.

41. [A Confissão de Westminster (XVIII, 2) também acena aos eleitos com a *certeza infalível* da graça, embora nós, em todos os nossos afazeres, não passemos de "servos inúteis" (XVI, 2), e ainda que dure a vida inteira a luta contra o mal (XVIII, 3). Só que também o eleito tem muitas vezes de pelejar muito tempo para alcançar a *certitudo* que lhe confere a consciência do dever cumprido, aquela da qual o crente jamais será totalmente privado.]

42. Ver por exemplo Olevian, *De substantia foederis gratuiti inter Deum et electos* (1585), p. 257. Heidegger, *Corpus Theologiae*, XXIV, pp. 87ss. e outras passagens em Heppe, *Dogmatik der ev. ref. Kirche* (1861), p. 245.

43. A doutrina calvinista original referia-se à *fé* e à consciência da comunhão com Deus nos sacramentos e mencionava os "demais frutos do espírito" apenas de passagem. Ver excertos em Heppe, *op. cit.*, p. 425. Com toda a ênfase o próprio Calvino negou que as obras, embora sejam para ele frutos da fé do mesmo modo que para os luteranos, fossem *sinais* de valor próprio perante Deus (*Instit.* III, 2, 37, 38). A inflexão prática no sentido de uma comprovação da fé nas obras, e é isso que precisamente caracteriza a *ascese*, caminhava lado a lado com a progressiva transformação da doutrina de Calvino: para esta, no início, o que distingue em *primeiro lugar* a verdadeira Igreja é a pureza de doutrina e os sacramentos (como em Lutero, aliás), e só mais tarde ele vai equiparar a essas duas a *disciplina* como sinal. Esse desenvolvimento pode ser seguido, por exemplo, nos excertos de Heppe, *op. cit.*, pp. 194-195 e também no modo como já no final do século XVI, nos Países Baixos, alguém adquiria o status de membro de uma congregação: pela submissão quase contratual à *disciplina* (que aparece expressamente como condição central).

44. Ver entre outros, os comentários de Schneckenburger, *op. cit.*, p. 48.

45. Assim reaparece em Baxter, por exemplo, a diferença entre "*mortal and venial sin*" {pecado mortal e venial}, bem à maneira católica. O primeiro é índice de um estado de graça falho ou de sua ausência, e somente uma *conversion* da pes-

soa inteira é capaz de conferir de novo a garantia de sua posse. Já o pecado venial não é incompatível com o estado de graça.

46. Assim — em nuances múltiplas — Baxter, Bailey, Sedgwick, Hoornbeek. Ver ainda os exemplos em Schneckenburger, *op. cit.*, p. 262.

47. [A concepção do "estado de graça" como uma espécie de qualidade *estamental* (um pouco como a do status de asceta na Igreja antiga) encontra-se com frequência, entre outros, ainda em Schortinghuis (*Het innige Christendom*, 1740 — livro *proibido* pelos Estados Gerais!).]

48. Assim — como se discutirá mais adiante! — em inúmeras passagens do *Christian Directory* de Baxter e em seu epílogo. [Essa recomendação do trabalho profissional para afugentar a angústia da própria inferioridade moral lembra a interpretação psicológica que Pascal faz da ambição de ganhar dinheiro e da ascese profissional como meios inventados para dissimular para si a própria nulidade moral. Em Pascal, justamente a crença na predestinação, aliada à convicção da nulidade de toda criatura infligida pelo pecado original, é posta a serviço da renúncia ao mundo e da recomendação da contemplação como os únicos meios de se desonerar do peso do pecado e obter a certeza da salvação. — Em sua já citada dissertação (parte de um trabalho mais amplo, que esperamos tenha seguimento), o dr. Paul Honigsheim faz comentários penetrantes sobre a correta versão católica e jansenista do conceito de vocação como profissão. Nos jansenistas falta todo traço de um elo entre certeza da salvação e *ação* intramundana. Sua concepção de "vocação", muito mais que a luterana e até mesmo que a genuinamente católica, tem ainda o sentido de *resignar*-se a uma dada situação de vida, imposta não só pela ordem social, como no catolicismo, mas pela própria voz da consciência (Honigsheim, *op. cit.*, pp. 139ss.).]

49. A seu ponto de vista prende-se também o esboço escrito com muita clareza por Lobstein no livro em homenagem a H. Holtzmann, que também se consultará com proveito para o que se segue. Criticaram-lhe a ênfase excessiva no *Leitmotiv* da *certitudo salutis*. Mas é precisamente aqui que tem cabimento distinguir entre a teologia de Calvino e o *calvinismo*, e entre o sistema teológico e as necessidades da cura de almas. *Todos* os movimentos religiosos que envolveram camadas mais amplas de população partiram da pergunta: "Como posso *ter certeza eu* da minha bem-aventurança?". [Como foi dito, essa pergunta desempenha papel central não só nesse caso, mas na história da religião em geral, por exemplo na religião da Índia. E como poderia ser de outro modo?]

50. Não cabe negar, evidentemente, que o *pleno* desenvolvimento desse *conceito* só se deu na fase *tardia* do luteranismo (Praetorius, Nicolai, Meisner). (*Presente* ele é também em Johannes Gerhard, e no exato sentido aqui discutido.) Daí por que Ritschl, no quarto livro de sua *Geschichte des Pietismus* (vol. II, pp. 3ss.), toma a introdução desse conceito na religiosidade luterana como ressurgi-

mento ou adoção da piedade católica. Ele não contesta (p. 10) que o problema da certeza individual da salvação fosse o mesmo em Lutero e nos místicos católicos, mas a solução encontrada pelos dois lados, acredita ele, foi radicalmente oposta. Não me é lícito certamente arriscar um juízo próprio a respeito. Todos sentem, isso é natural, que em *Liberdade de um cristão* respira-se uma atmosfera diversa daquele adocicado trato com o "menino Jesus" presente na literatura posterior, de um lado, e também da afinação religiosa de Tauler, de outro. E do mesmo modo o apego ao elemento místico-mágico na doutrina luterana da santa ceia com certeza tem motivos religiosos diversos da espiritualidade "bernardina" — no estilo Cântico dos Cânticos — à qual Ritschl insiste em referir-se como fonte de cultivo de uma relação "nupcial" com Cristo. Mas será que não se poderia pensar que essa doutrina da santa ceia *favoreceu juntamente com outros fatores* o despertar de uma religiosidade de timbre místico? Além do mais, para notar desde já, não é nem um pouco correto dizer que (p. 11, *op. cit.*) a liberdade do místico consiste pura e simplesmente em *retirar-se* do mundo. Especialmente Tauler, em comentários muito interessantes de fundo psicológico-religioso, descreveu como efeito *prático* das contemplações noturnas, que ele entre outras coisas recomendava em caso de insônia, a *ordem* que dessa forma se estabelece nos próprios pensamentos voltados para o trabalho profissional mundano: "Só assim [pela união mística com Deus à noite, antes de dormir] a *razão é iluminada e o cérebro fortalecido*, e o homem durante todo o dia é cercado de paz e divindade por conta do exercício interior que deveras o uniu a Deus: então todas as suas obras estarão *em ordem*. E assim, se o indivíduo se preparou para sua obra, ele fundou a si mesmo e sua obra na *virtude*, e quando então se volta para a realidade todas as obras serão *virtuosas e divinas*" (*Predigten*, fol. 318). Seja como for pode-se ver [e ainda tornaremos a esse ponto] como a contemplação mística e a concepção racional da vocação profissional *não são* em si mesmas *excludentes*. O contrário acontece só quando a religiosidade assume um caráter francamente histérico, o que não foi o caso de todos os místicos nem de todos os pietistas.

51. [Ver a respeito os ensaios já citados sobre a "Ética econômica das religiões mundiais", em particular a "Introdução"] {Cf. "*Einleitung*", *in*: GARS I: 237-275, ensaio que em português até hoje leva o nome de "A psicologia social das religiões mundiais", *in* Gerth, H. e Mills, Ch. W. (orgs.) Max Weber: *Ensaios de sociologia*. Rio de Janeiro, Guanabara Koogan, 1982}.

52. Nesse pressuposto, o calvinismo e o o catolicismo [oficial] se tocam. Só que para os católicos resulta daí a necessidade do sacramento da penitência; para os calvinistas, a da *comprovação* prática mediante obras no meio do mundo.

53. Ver por exemplo Beza (*De praedestinat. doct. ex praelect. in Rom. 9. a. Raph. Eglino exc.*, 1584, p. 133), que já dizia: "(...) *sicut ex operibus vere bonis ad sanctificationis donum, a sanctificatione ad fidem* (...) *ascendimus: ita ex certis illis*

effectis non quamvis vocationem, sed efficacem illam, et ex hac vocatione electionem et ex electione donum praedestinationis in Christo tam firmam quam immotus est Dei thronus certissima connexione effectorum et causarum colligimus (...)". {Assim como das obras verdadeiramente boas ascendemos ao dom da santificação, da santificação à fé (...): assim inferimos, daqueles efeitos seguros, não uma vocação qualquer, mas aquela vocação eficaz, e de tal vocação a eleição, e da eleição o dom da predestinação em Cristo, tão firmemente quanto imóvel é o trono de Deus, por uma certíssima conexão dos efeitos e das causas}. Só com relação aos sinais da *condenação* seria preciso ter cautela, já que o que importava era o estado *final*. (Nisso só o puritanismo passou a ter concepção diversa.) — Ver ainda a respeito as análises detalhadas de Schneckenburger, *op. cit.*, que obviamente cita apenas uma limitada categoria de literatura. Em toda a literatura puritana sempre reaparece esse traço. "*It will not be said: did you believe? — but: were you Doers, or Talkers only?*" {E não será dito: vós acreditastes? — mas: vós agistes, ou somente falastes?} diz Bunyan. Segundo Baxter (*The Saints' Everlasting* Rest, cap. XII), que professa a forma mais branda de predestinação, a fé é a submissão a Cristo de coração e *pelos atos*. "*Do what you are able first, and then complain of God for denying you grace* if you have cause" {Faz primeiro o que és capaz de fazer, e aí então reclamarás de Deus por te haver negado a graça *se tiveres motivo*}, foi como ele retrucou à objeção de que o arbítrio não era livre e que somente Deus era capaz de santificação (*Works of the Puritan Divines*, IV, p. 155). [O exame de Fuller (o historiador da Igreja) limitava-se à questão única da comprovação prática e dos autotestemunhos do próprio estado de graça pessoal na mudança de conduta.] Diverso não é Howe na passagem já citada noutra parte. Folhear os *Works of the Puritan Divines* fornece provas a cada passo. Não raro eram escritos de cunho ascético abertamente *católicos* que acabavam sendo "convertidos" ao *puritanismo* — no caso de Baxter, um tratado jesuíta. — [Não eram nenhuma novidade essas concepções se comparadas à doutrina pessoal de Calvino (ver *Inst. Christ.* c. I, ed. original de 1536, pp. 97, 112). Só que a certeza da graça em Calvino nem mesmo por essa via se obtinha com segurança (*ibid.*, p. 147). Geralmente aludia-se à 1ª Epístola de João (1Jo 3, 5) e passagens análogas. A exigência de *fides efficax* — só para antecipar este ponto — não se limita aos calvinistas estritamente falando. Profissões de fé estritamente *batistas*, no artigo sobre a predestinação, tratam do mesmo modo os frutos da fé ("*and that its*" — a saber, da *regeneration* — "*proper evidence appears in the holy fruits of repentance and faith and* newness of life" {"E sua própria evidência se manifesta nos frutos sagrados do arrependimento e da fé e da *novidade da vida*"}: art. 7º da profissão de fé impressa em *The Baptist Church Manual* por J. N. Brown D. D. Philadelphia, *Am. Bapt. Publ. Soc.*). Do mesmo modo o tratado (de influência *menonita*) de Olijf-Tacxken, aceito pelo Sínodo de Haarlem (1649), p. 1, inicia com a pergunta de como *reconhecer* os filhos de Deus, e responde (p. 10): "*Nu al is't dat dasdanigh* vruchtbare *ghelove alleene zii het seker fondamentale kennteeken* (...) *om de conscientien der gelovigen in het nieuwe verbondt der genade Gods te* versekeren" {Ora, só uma fé *fecunda* como esta é em si mesma o sinal seguro (...) que permite *confirmar* a consciência dos crentes na nova aliança da graça de Deus}.]

54. Sobre o significado *da lex naturae* para o conteúdo material da ética social já se fez alusão [aqui]. Não nos interessa aqui o *conteúdo*, mas o *estímulo* à ação moral.

55. É evidente que essa ideia teria necessariamente de favorecer a penetração do espírito judaico do Antigo Testamento no puritanismo.

56. [Assim diz a *Savoy Declaration* acerca dos *members* da *ecclesia pura*: são "*saints by* effectual *calling*, visibly manifested *by their profession* and walking".] {santos por um chamado *eficaz*, *visivelmente manifestado* por sua profissão *e procedimento*}.

57. "A principle of goodness" {um princípio de bondade}: Charnock nas *Works of the Pur. Div.*, p. 175.

58. A conversão, conforme oportuna expressão de Sedgwick, é uma "cópia textual do decreto de predestinação". E mais: aquele que é eleito é também chamado *e habilitado* à obediência, ensina Bailey. *Somente* aqueles que *Deus* chama à fé (que se expressa na mudança de conduta) são crentes verdadeiros, não meros *temporary believers* {crentes temporários}, ensina a *Hanserd Knollys Confession* (que é batista).

59. Cf. o desfecho do *Christian Directory* de Baxter.

60. Assim, por exemplo, em Charnock, *Self-examination*, p. 183, para refutar a doutrina católica da *dubitatio* {ficar em dúvida}.

61. Essa argumentação não cansa de reaparecer, por exemplo, em J. Hoornbeek, *Theologia practica*, por exemplo II, pp. 70, 72, 182, I, p. 160.

62. A *Conf. Helvet.* 16 diz por exemplo "*et improprie his* (às obras) salus adtribuitur" {"e impropriamente *se atribui a salvação* a elas"}.

63. A respeito de tudo o que precedeu, ver Schneckenburger, pp. 80ss.

64. "*Si non es praedestinatus fac ut praedestineris*" {Se não és um predestinado, faz com que o sejas}, já terá dito Agostinho.

65. O que nos lembra outra máxima de Goethe com a mesma significação: "Como é possível conhecer a si próprio? Jamais pela contemplação, mas pela ação. Procura cumprir com o teu dever e logo saberás a que vens. — Qual é o teu dever? A demanda do dia" {*Die Forderung des Tages*}.

66. A espiritualidade calvinista é exemplo [dentre os muitos que há na história das religiões] que ilustra a relação entre as consequências *lógicas* e *psicológicas* de determinadas *ideias* religiosas e o *comportamento* prático-religioso. *Consequência lógica* seria, naturalmente, poder deduzir da predestinação o fata-

lismo. O *efeito psicológico*, no entanto, foi exatamente o contrário, e isso porque interveio a ideia da "comprovação". [(Por razões de princípio análogas, os adeptos de Nietzsche reivindicam para a ideia de eterno retorno, como todos sabem, uma significação ética positiva. Só que se trata aqui da responsabilidade por uma vida futura com a qual o sujeito da ação não guarda nenhuma relação de continuidade de consciência — enquanto para o puritano o futuro queria dizer: *tua res agitur* {Problema teu!}.) Hoornbeek (*Theol. pract.*, vol. I, p. 159) já explica sutilmente na linguagem da época [a relação entre predestinação e ação]: os *electi*, por força mesmo de sua eleição, são refratários ao fatalismo, e justamente por sua *repulsa* às consequências fatalistas *comprovam*-se a si próprios como "aqueles que o fato mesmo da eleição torna solícitos e diligentes em seus ofícios", "quos ipsa electio *sollicitos reddit et diligentes officiorum*". [O entrelace *prático* de interesses quebra as consequências fatalistas *logicamente* dedutíveis (que de fato ocorrem *de vez em quando*, apesar de tudo).] — Mas, por outro lado, o *conteúdo conceitual* de uma religião — como mostra justamente o calvinismo — é de significação *muito* maior de quanto não se inclina a admitir, por exemplo, William James (*The Varieties of Religious Experience*, 1902, pp. 444ss.). É exatamente a significação do racional na metafísica religiosa que se manifesta, de forma clássica, nos efeitos grandiosos que particularmente a estrutura *conceitual* do conceito [calvinista] de Deus exerceu sobre a vida. Se o Deus dos puritanos atuou na história como poucos antes ou depois dele, o que o habilitou a tanto foram [principalmente] os atributos de que *o poder do pensamento* o dotou. (Aliás, a valoração "pragmática" que James faz da importância das ideias religiosas segundo o grau de sua comprovação na vida é ela própria, filha legítima da atmosfera intelectual da pátria puritana desse eminente estudioso.) — A vivência religiosa como tal é evidentemente irracional como *toda* vivência. Em sua forma mística, a mais elevada, ela é por assim dizer a vivência *kat'eksokhèn* {por excelência} e — como James explica muito bem — distingue-se por sua absoluta incomunicabilidade: tem um manifesto caráter *específico de conhecimento*, mas não se deixa reproduzir adequadamente com os meios de nosso aparato linguístico e conceitual. E além disso é certo: *toda* vivência religiosa perde conteúdo assim que se tenta formulá-la *racionalmente*, e tanto mais quanto mais avança a formulação conceitual. Reside nessa dificuldade a razão dos conflitos trágicos que envolvem todas as teologias racionais, como já no século XVII bem o sabiam as seitas anabatistas. — Mas aquela irracionalidade — que de resto não é *em absoluto* exclusiva da "vivência" *religiosa*, mas (em diferente *sentido* e distinto grau) *de toda e qualquer vivência* — não impede que seja justamente da maior importância prática identificar *que espécie* de sistema *conceitual* por assim dizer confisca para si o que é "religioso imediatamente vivenciado" e o traz para seus trilhos; [de fato, em tempos de intensa influência da Igreja sobre a vida e pronunciado desenvolvimento de interesses dogmáticos nesta última], é *de acordo com o sistema conceitual* que se desenvolve a maioria das diferenças práticas, tão importantes nos seus resultados éticos, entre as diversas religiões do mundo. [Todo aquele que conhece as fontes históricas sabe como, na época das grandes guerras de religião o interesse pelo dogma, mesmo da parte dos leigos, era incrivelmente intenso — quando medido com base nos critérios atuais. Só se pode estabelecer um paralelo disso com a representação, no fundo também supersticiosa, que o proletariado de hoje se faz acerca do que a "a ciência" pode fazer e provar.]

67. Com efeito, no próprio Calvino é ponto assente que a "santificação" também deva *ser manifesta* (*Institutio christiane religionis*, IV, 1, §§ 2, 7, 9), mas a fronteira entre o santo e o não santo permanece inescrutável ao saber humano. Temos que acreditar que quando a palavra de Deus é anunciada em sua pureza, numa Igreja organizada e governada segundo sua Lei, eleitos lá estarão presentes — mesmo que não os possamos reconhecer.

68. Baxter (*The Saints' Everlasting Rest*, I, 6) responde à questão: "*Whether to make salvation our end be not mercenary or legal? — It is properly mercenary when we expect it as wages for work done* (...) *Otherwise it is only such a mercenarism as Christ commandeth* (...) *and if seeking Christ be mercenary, I desire to be so mercenary* (...) " {"Fazer da salvação o nosso objetivo é mercenário ou está de acordo com a Lei divina? — É de fato mercenário quando a esperamos como recompensa por ação praticada (...) Se não for assim, só o será se for mercenarismo do gênero ordenado por Cristo (...) e, se buscar a Cristo é mercenário, um mercenário desses desejo ser (...)".}. Aliás, não falta em muitos calvinistas tidos por ortodoxos a recaída na mais grosseira santificação pelas obras. Segundo Bailey (*Praxis pietatis*, p. 262), as esmolas são um meio de evitar penas *temporais*. Outros teólogos recomendavam as boas obras aos *réprobos* alegando que assim a condenação talvez se tornasse mais suportável, e aos *eleitos*, porque assim então Deus os teria amado não sem razão, mas *ob causam*,{com motivo},o que de algum modo já seria sua paga. Mesmo a apologia fazia ligeiras concessões à significação das boas obras para o grau de bem-aventurança eterna que poderia ser alcançado (Schneckenburger, *op. cit.*, p. 101).

69. Aqui também, para primeiro realçar as diferenças características, *deve-se* falar numa linguagem conceitual de "tipos ideais", a qual em certo sentido faz violência à realidade histórica — mas sem isso seria impossível uma formulação clara, tantas seriam as ressalvas. Caberia discutir [em separado] até que ponto as antíteses aqui apontadas da forma mais nítida possível são apenas relativas. [É óbvio que a *doutrina* oficial católica já na Idade Média também afirmava, por sua vez, o ideal da santificação sistemática da *vida como um todo*. Mas igualmente indubitável é que 1) a práxis eclesial cotidiana, justamente através do seu meio instrumento disciplinar mais eficaz, a confissão, *facilitava* o modo de vida "assis-

temático" a que se alude no texto, e, além disso, que 2) era inevitável faltar ao catolicismo dos leigos na Idade Média a atitude fria fundamentalmente rigorista e o isolamento todo introvertido próprio do calvinismo.]

70. {*Die Entzauberung der Welt*}.[A significação absolutamente central *desse* fator, como já se mencionou uma vez, só se evidenciará sucessivamente, nos ensaios sobre a "Ética econômica das religiões mundiais".]

71. [E em certa medida *também* o luterano. Lutero não quis extirpar esse último resquício de magia sacramental.]

72. Ver por exemplo B. Sedwick, *Buss- und Gnadenlehre* (trad. alemã de Röscher, 1689): o penitente dispõe de "*uma regra estabelecida*" à qual ele se atém à risca e segundo a qual endireita e muda toda a sua vida (p. 591). Ele vive — atento, vigilante e cauteloso — de acordo com a Lei (p. 596). *Somente* uma transformação duradoura da pessoa *inteira*, porquanto resultado da condição de eleito pela graça, pode levar a tanto (p. 852). [O verdadeiro arrependimento se expressa sempre na mudança de conduta (p. 361).] A diferença entre as obras só "morais" e as "*opera spiritualia*" {obras espirituais}, como explica por exemplo Hoornbeek, *op. cit.*, 1, IX, c.2, reside justamente no fato de que as segundas são consequência de *uma vida* regenerada, no fato de se poder constatar um progresso constante (*ibid.*, vol. I, p. 160) que só é capaz de ser alcançado pela intervenção sobrenatural da graça de Deus (*ibid.*, p. 150). A santificação é uma transformação da pessoa *como um todo* por intermédio da graça de Deus (*ibid.*, pp. 190ss.) — ideias estas comuns a todo o protestantismo, [as quais, naturalmente, se encontram também nos mais elevados ideais do catolicismo; *mas* foi só nas correntes puritanas pautadas pela ascese *intra*mundana que elas puderam revelar seus resultados para o mundo e, antes de tudo, foi só aí que elas foram associadas a *prêmios* psicológicos de modo suficientemente forte].

73. Na Holanda, o nome "precisistas" derivou especialmente da vida dos também chamados "finos", que se conduziam segundo os precisos preceitos da Bíblia (assim em Voët). Aliás, mesmo o nome "metodistas" aparece esporadicamente no século XVII também aplicado aos puritanos.

74. De fato — como sublinham os pregadores puritanos (por exemplo Bunyan em "The Pharisee and the Publican", *Works of Pur. Div.*, p. 126) — *um* único pecado põe a perder *tudo* o que ao longo de uma vida inteira possa acumular-se em "mérito" através de "boas obras", se é que — coisa impensável — a pessoa fosse capaz por si mesma de realizar algo que Deus tivesse de *creditar*-lhe como mérito, ou mesmo pudesse viver perpetuamente em perfeição. Não há, como no catolicismo, uma espécie de conta corrente com balanço de saldo — uma imagem já corrente na Antiguidade —, porquanto para *toda a vida* vigora a alternativa abrupta: estado de graça ou condenação. Para ecos dessa concepção de conta corrente, ver nota 103.

75. Nisso consiste a diferença em relação à simples "Legality" e "Civility", que em Bunyan coabitam com Mr. "Wordly-Wiseman" {sábio mundano} na City chamada "Morality".

76. Charnock, "Self-examination" (*Works of Pur. Div.*, p. 172): "Reflection *and knowledge of self is a prerogative of a* rational *nature*" {*Reflexão* e autoconhecimento são prerrogativas de uma natureza *racional*.}. Acompanhada desta nota de rodapé: "*Cogito, ergo sum, is the first principle of the new philosophy*". {*Cogito, ergo sum* é o primeiro princípio da nova filosofia.}.

77. Este ainda não é o lugar de discutir o parentesco da teologia de Duns Scotus — jamais dominante, apenas tolerada, por vezes tachada de herética — com certas linhas de pensamento do protestantismo ascético. Mais tarde, a específica repulsa dos pietistas à filosofia aristotélica foi partilhada, a par de Lutero (em sentido um pouco diverso), também por Calvino, em consciente oposição ao catolicismo (ver *Institutio christianal religionis*, II, c. 2, p. 4, IV, c. 17, p. 24). O "primado da vontade", como o chamou Kahl, é comum a todas essas correntes.

78. É exatamente assim, por exemplo, que lhe define o sentido o artigo "Ascese" do *Kirchenlexikon* católico, em pleno acordo com suas manifestações históricas mais elevadas. Assim também Seeberg na *R. E. f. Prot. Th. u. K.* [Seja-me permitido, para os fins deste ensaio, empregar assim o conceito, tal como ocorre aqui. Tenho plena consciência de que se pode concebê-lo, de maneira diversa — tanto em sentido mais amplo como mais estreito — e na maioria das vezes assim se costuma fazer.

79. [No *Hudibras* (1º canto, 18, 19) os puritanos foram comparados aos frades descalços. Um relato do enviado genovês Fieschi considera o exército de Cromwell uma assembleia de "monges".]

80. [Diante dessa minha afirmação expressa da continuidade intrínseca entre a ascese monástica extramundana e a ascese profissional intramundana, espanta-me que Brentano (*op. cit.*, p. 134 e *passim*) alegue *contra* mim o fato de os monges praticarem e recomendarem a ascese no trabalho! Todo o seu "excurso" contra mim culmina nisso. Mas justamente essa continuidade, como todos podem ver, é que é um pressuposto fundamental de todo o meu ensaio: a Reforma conduziu a ascese racional cristã e a metódica de vida para fora dos mosteiros e as introduziu na vida profissional mundana. Ver os comentários a seguir, que mantive sem alteração nenhuma.]

81. Assim nos vários relatos sobre os interrogatórios dos hereges puritanos na *History of the Puritans* de Neal e nos *English Baptists* de Crosby.

82. Já Sanford, *op. cit.*, e outros antes e depois dele deduziam do puritanismo o surgimento do ideal da *reserve* {reserva, recato}. Ver sobre esse ideal as observações de James Bryce sobre o *college* americano no vol. II de sua *American Commonwealth*. O princípio ascético do "autocontrole" fez também do purita-

nismo um dos pais da *disciplina militar* moderna. (Ver, sobre Maurício de Orange como criador das modernas instituições militares, Roloff no *Preuss. Jahrb.*, 1903, vol. III, p. 255.) Os *Ironsides* de Cromwell, brandindo a pistola engatilhada mas sem disparar, marchando a trote compacto sobre o inimigo, eram superiores aos "Cavaleiros" não por uma passionalidade de dervixes, mas ao contrário por seu sóbrio autocontrole, que os mantinha sempre nas mãos dos chefes, ao passo que estes, com os seus tempestuosos ataques de cavalaria, a cada vez dissolviam em átomos na própria tropa. Mais detalhes a respeito em Firth, *Cromwells Army*.

83. Ver em particular Windelband, *Über Willensfreiheit*, pp. 77ss.

84. Embora não tão depurados. Contemplações, aqui e ali presas a aspectos de fundo sentimental, cruzam-se várias vezes com esses elementos racionais. Mas para tanto a própria contemplação é regulada *metodicamente*.

85. Segundo Richard Baxter, *pecaminoso é tudo* o que vai contra a *reason* {razão} que Deus nos legou como norma: não só aquelas paixões de conteúdo pecaminoso, mas *em si* todos os afetos de algum modo desmedidos e irracionais, uma vez que destroem a *countenance* {comedimento} e, como processos exclusivamente típicos da criatura, nos afastam da relação racional de toda ação e sentimento com Deus O ofendem. Ver por exemplo o que se diz sobre o pecado da ira (*Christian Directory*, 2ª ed., 1678, I, p. 285, além de uma citação de Tauler à p. 287). Sobre o pecado do *medo*, ibid., p. 287, col. 2. É divinização da criatura (*idolatry*) quando o nosso *apetite* se torna "*rule of measure of eating*"{o metro que regula o comer}, e isso vem explicado com toda a ênfase, ibid., I, pp. 310, 316, col. 1, e noutras partes. Quando de tais análises, são citados, ao lado dos provérbios de Salomão que figuram em destaque, também o *De tranquillitate animi* de Plutarco, mas não raro também os escritos ascéticos da Idade Média, são Bernardo, Boaventura etc. A oposição ao "Quem não gosta de vinho, mulher e cantoria?" não poderia ser formulada de modo mais pungente do que estender o conceito de *idolatry* a *todos* os prazeres dos sentidos que *não* se justifiquem por razões *higiênicas*, caso em que (torno a falar disso mais adiante) são permitidos (dentro desses limites, também o esporte e outras *recreations*). [Note-se que as fontes citadas aqui e noutras partes não são obras dogmáticas nem edificantes, mas nascidas da prática do sacerdócio e portanto fornecem uma boa imagem da direção em que influíram.]

86. [Eu lamentaria, diga-se de passagem, se essa exposição fosse interpretada como algum tipo de *valoração*, seja de uma ou de outra forma de religiosidade. Ela está longe disso. Trata-se apenas de observar o *efeito* de determinados traços, talvez relativamente periféricos da perspectiva da pura valoração religiosa, mas importantes para o comportamento prático.]

87. Ver a respeito sobretudo o artigo "Moralisten, englische", de E. Troeltsch, *R. E. f. Prot. Th. u. K.*, 3ª ed.

88. Quão grande foi a influência de [situações e] conteúdos de consciência *bem concretos* que se manifestam como "acidentalidade histórica" revela-se com particular clareza no fato de, nos círculos do pietismo surgidos com base na Reforma, a falta de mosteiros ser vez por outra francamente *lamentada*, e os experimentos de Labadie e outros serem um sucedâneo da vida no claustro.

89. E isso já em muitas confissões da própria época da Reforma. Mesmo Ritschl (*Pietismus*, I, pp. 258ss.), embora veja o desenvolvimento ulterior como deturpação das ideias dos reformadores, não nega que, por exemplo, na *Conf. Gall.*, 25, 26, na *Conf. Belg.*, 29, na *Conf. Helv.*, post 17, "as igrejas reformadas particulares são descritas com traços inteiramente empíricos e que dessa Igreja verdadeira não é considerado como fiel *aquele a quem falta o selo de atividade moral*" (ver a respeito *supra*, nota 43).

90. *Bless God that we are not of the many* {Bendito seja Deus, que nós não somos da maioria} (Th. Adams, *W. of the Pur. Div.*, p. 138).

91. A ideia de *birthright* {direito inato, direito de nascença}, historicamente tão importante, encontrou assim grande respaldo na Inglaterra: "*The first born which are written in heaven* (...). *As the first born is not to be defeated in his inheritance and the enrolled names are never to be oblitterated, so certainly shall they inherit eternal life*" {Os primogênitos que estão escritos no céu (...). Como o primogênito não deve ser destituído de sua herança e os nomes registrados não devem ser obliterados, com a mesma certeza eles hão de herdar a vida eterna.}. (Th. Adams, *W. of the Pur. Div.*, p. XIV).

92. O sentimento luterano de *arrependimento* penitente é intrinsecamente alheio, não digo na teoria mas na prática, ao calvinismo [ascético desenvolvido]: a seu ver é algo eticamente sem valor, de nada serve ao condenado, e para aquele que está seguro de sua eleição, o próprio pecado que talvez cometa é sintoma de atraso no desenvolvimento e salvação imperfeita, que ele, em vez de se arrepender, *odeia* e trata de superar mediante atos para a glória de Deus. Ver as análises de Howe (capelão de Cromwell, 1656-8) em "Of men's enmity against God and of reconciliation between God and Man", *Works of the English Puritan Divines*, p. 237: "*The carnal mind is* enemity *against God. It is the mind, therefore, not as speculative merely, but as practical and active, that must be renewed*". (Ibid., *p. 246*): "*Reconciliation* (...) *must begin in* 1) *a deep conviction* (...) *of your former* enemity (...) *I have been* alienated *from God* (...) 2) (*p. 251*) *a clear and lively apprehension* (...) *of the monstrous iniquity and wickedness thereof*" {A mente carnal é *hostilidade* para com Deus. É a mente, portanto, que precisa ser renovada, não a meramente especulativa, mas a mente prática e ativa. (Ibid., p. 246): "A reconciliação (...) deve principiar por 1) uma profunda tomada de consciência (...) da *hostili-*

dade pretérita (...) eu estava *alienado* de Deus (...) 2) (p. 251) uma clara e vívida percepção de sua monstruosa iniquidade e malignidade.}. Aqui só se fala do ódio ao pecado, não ao pecador. Mas a célebre carta da duquesa Renata d'Este (mãe de "Leonor") a Calvino — na qual, entre outras coisas, ela fala do "*ódio*" que nutria pelo pai e pelo esposo *caso* se convencesse de que faziam parte dos réprobos — já revela a transposição desse ódio às pessoas e é ao mesmo tempo um exemplo daquilo que foi dito acima sobre a ruptura interior do indivíduo com os laços do sentimento "natural" que o prendiam à comunidade, por obra e graça da doutrina da predestinação.

93. "*None but those who give evidence of being* regenerated or holy *persons, ought to be received or counted fit members of visible churches. Where this is wanting,* the very essence of a church is lost" {"Somente aqueles que dão provas de sua *regeneração ou santificação* pessoal deveriam ser acolhidos pelas igrejas visíveis ou contados como membros aptos delas. Não se verificando essa condição, *a própria essência de uma igreja está perdida*"}, formula como princípio Owen, calvinista independente, vice-chanceler de Oxford sob Cromwell, (*Inv. into the Origin of Ev. Ch.*). Ver ainda o artigo seguinte.

94. Ver meu ensaio sobre "As seitas protestantes e o espírito do capitalismo".

95. *Catéchisme genevois*, 1149. Bailey, *Praxis pietatis*, p. 125: "Na vida nós devemos fazer como se ninguém mandasse em nós, a não ser Moisés".

96. "Para os reformados {calvinistas}, a Lei se constitui numa norma ideal, já para os luteranos, é uma norma inatingível que os deita por terra." No catecismo luterano, ela se encontra no início, *antes* do Evangelho, a fim de suscitar a necessária *humildade*; nos catecismos reformados, geralmente depois. Aos luteranos, censuravam os reformados por "terem verdadeiro pavor da santificação" (Möhler); aos reformados, os luteranos acusavam de "submissão servil à Lei" e de soberba.

97. Sanford, *Studies and Reflections of the Great Rebellion*, pp. 79ss.

98. Entre esses não dá para esquecer o Cântico dos Cânticos — tranquilamente ignorado pela maioria dos puritanos —, cujo erotismo oriental contribuiu, por exemplo, para o desenvolvimento do tipo de espiritualidade de são Bernardo.

99. Sobre a necessidade dessa autoinspeção, ver por exemplo o sermão já citado de Charnock em torno de 2Cor 13, 5, *Works of the Pur. Div.*, pp. 161ss.

100. A maioria dos teólogos moralistas o aconselha. Assim Baxter, *Christ. Directory*, II, pp. 77ss., que entretanto não esconde os "perigos".

101. [A contabilidade moral, é claro, também foi largamente difundida em outros lugares. Mas faltava a *ênfase* que aqui davam a ela: como único meio de *conhecer* a condição de eleito ou de condenado decretada desde a eternidade e,

portanto, como decisivo *prêmio* psicológico atribuído a quem leva em conta e leva a sério essa "calculação".]

102. [Era essa a diferença decisiva em relação a outros modos de comportamento similares no aspecto externo.]

103. Também Baxter (*Saints' Everlasting Rest*, c. XII) explica a *invisibilidade* de Deus do seguinte modo: assim como se pode fazer um bom negócio por correspondência com um estranho a quem nunca se viu, assim também se pode, através do "bem-aventurado comércio" com o Deus invisível, adquirir "uma pérola preciosa". — Essas alegorias comerciais, em lugar das alegorias forenses usuais nos antigos moralistas e no luteranismo, são bem características do puritanismo, que praticamente deixa as pessoas "negociarem" sua própria bem-aventurança. Ver ainda a seguinte passagem de um sermão: "*We reckon the value of a thing by that which a wise man will give for it, who is not ignorant of it nor under necessity. Christ, the Wisdom of God, gave himself, his own precious blood, to redeem souls and he knew what they were and had no need of them*" {"Estimamos o valor de uma coisa de acordo com o que pagará por ela um homem sábio, que dela não seja nem ignorante nem necessitado. Cristo, a Sabedoria Divina, deu-se a si mesmo, doou seu próprio sangue precioso para redimir almas, e ele sabia o que elas eram e não necessitava delas"} (Matthew Henry, "The Worth of the Soul", *Works of the Pur. Div.*, p. 313).

104. Em contrapartida, já dizia o próprio Lutero: "Chorar passa mesmo antes do agir, sofrer ultrapassa todo fazer".

105. Isso se revela com nitidez máxima no próprio desenvolvimento da teoria ética do luteranismo. Ver a respeito Hoennicke, *Studien zur altprotestantischen Ethik*, Berlim, 1902, e a douta resenha de E. Troeltsch na *Gött. Gel. Anz.*, 1902, nº 8. A proximidade entre a doutrina luterana e a doutrina *ortodoxo*-calvinista, sobretudo a mais antiga, era muitas vezes considerável no plano da concepção. Mas sua divergente orientação religiosa sempre voltava à tona. Passando por Melanchthon, o conceito de *penitência* assumiu o primeiro plano no intuito de dar maior apoio à vinculação entre moralidade e fé. O arrependimento operado pela Lei deve anteceder a fé, mas boas obras devem seguir-se a ela necessariamente, do contrário — formulação esta quase puritana — não há de ser a verdadeira fé que justifica. Um certo grau de perfeição relativa parecia-lhe alcançável já aqui na terra; Melanchthon, aliás, inicialmente chegou a professar o seguinte: que a justificação ocorre para tornar a pessoa capaz de boas obras, e no crescente aperfeiçoamento já está presente pelo menos aquele tanto de bem-aventurança terrena que a fé é capaz de assegurar. E também nos teólogos dogmáticos luteranos posteriores se desenvolve, em termos formais bastante análogos aos dos reformados {calvinistas} a ideia de que as boas obras são os *frutos* necessários da fé, pois a fé opera uma vida nova. A questão de saber o que sejam "boas obras", já Me-

lanchthon a respondia, e mais ainda os luteranos posteriores, recorrendo cada vez mais à Lei. Como reminiscência das ideias originais de Lutero restou somente a menor seriedade com que foi encarada a bibliocracia e especialmente a orientação segundo certas normas particulares do Antigo Testamento. Essencialmente o decálogo — como codificação dos princípios mais importantes da lei moral *natural* — permaneceu como a norma para a ação humana. — *Contudo*, não havia uma ponte segura que fizesse a comunicação entre, de um lado, a validez estatutária do decálogo e, de outro, a significação cada vez mais exclusiva da fé para a justificação, já porque essa própria fé — ver acima — era dotada de um caráter psicológico inteiramente diverso da fé calvinista. O ponto de vista luterano genuinamente das origens fora abandonado, e tinha de sê-lo, por uma Igreja que se considerava uma instituição de salvação, sem porém se chegar a outro para substituí-lo. Sobretudo não se podia, já por medo de perder o grande fundamento dogmático (*sola fide*!), chegar a propor a racionalização ascética do conjunto da vida como missão moral do indivíduo. Isso porque faltava justamente um estímulo colado à ideia de *comprovação* que permitisse à ascese racional assumir uma significação tal qual a concedida pela doutrina da predestinação no calvinismo. Também a interpretação mágica dos sacramentos, que persistia notadamente na colocação da *regeneratio* — ou ao menos o início dela — no sacramento do *batismo*, fato que se afinava com a ausência daquela *doutrina* — não podia senão se opor, uma vez adotado o *universalismo* da graça, ao desenvolvimento da moralidade metódica, porquanto tornava menos sensível a distância entre *status naturalis* e estado de graça, em particular debaixo da forte ênfase luterana no pecado original. E não menos se opôs à interpretação *exclusivamente forense* do ato de justificação, que pressupunha a possibilidade de modificar os decretos divinos pela influência do ato penitencial *concreto* do pecador convertido. Mas foi justamente essa a concepção cada vez mais acentuada por Melanchthon. Essa viravolta em sua doutrina, que se patenteia no peso crescente do *arrependimento*, prendia-se também intimamente à sua profissão de fé no "livre-arbítrio". Tudo isso acabou decidindo pelo caráter *não metódico* da conduta de vida luterana. Atos de graça *concretos* para pecados concretos tinham que acabar constituindo aos olhos do luterano médio — já por causa da sobrevivência do confessionário — o conteúdo da salvação, não a formação de uma aristocracia de santos a criar para si mesmos a certeza de sua salvação. Dessa maneira, não se pôde chegar nem a uma moralidade *livre* da Lei, nem a uma *ascese* racional orientada segundo a Lei; ao contrário, permaneceu a Lei de forma inorgânica como estatuto e exigência ideal ao lado da "fé" e, ainda por cima, incerta e imprecisa, e sobretudo assistemática em seu conteúdo, a partir do momento em que se espantava a bibliocracia estrita como se fosse a própria figura da santificação pelas obras. A vida, entretanto, essa, como disse Troeltsch a respeito da teoria ética (*op. cit.*), continuou sendo uma "soma de meros arranques jamais inteiramente consumados" que, limitados à "fragmentariedade de instruções esparsas e incertas", não chegavam à "efetivação de uma totalidade vital coerente" senão no essencial, de acordo com o desenvolvimento por que passara o próprio Lutero (ver acima): consistiam num resignar-se à situação de vida já dada, fosse no grande ou no miúdo. — A tão deplorada "entrega" dos alemães a culturas alheias e a rapidez com que mudam de nacionalidade devem — se deixarmos *de lado* certas fatalidades políticas da nação — ser creditadas fundamentalmente *também* a esse desenvolvimento cujo influxo até hoje se faz sentir em todas as nossas relações vitais. A apropriação subjetiva da cultura permaneceu fraca *porque* se processou substancialmente pela via da absorção passiva do que vem apresentado de forma "autoritária".

106. Ver a respeito disso o livro de anedotas de Tholuck, *Vorgeschichte des Rationalismus.*

107. [Sobre o efeito totalmente distinto que teve a doutrina islâmica da predestinação (ou melhor, da *predeterminação*) e seus fundamentos, ver a dissertação em teologia acima citada (Universidade de Heidelberg) de F. Ullrich, *Die Vorherbestimmungslehre im Islam und Christentum*, 1912. Sobre a doutrina da predestinação dos jansenistas, ver P. Honigsheim, *op. cit.*]

108. [Ver a respeito meu ensaio sobre "As seitas protestantes...".]

109. Ritschl, *Geschichte des Pietismus*, I, p. 152, busca traçar tal fronteira para a época anterior a Labadie (aliás, só com base em espécimes neerlandeses), alegando que os pietistas 1) formavam conventículos; 2) cultivavam a ideia do "nada da existência criada" de maneira "contraditória ao evangélico interesse na bem-aventurança"; 3) buscavam "a certeza da graça no trato meigo com o Senhor Jesus" em sentido oposto ao dos reformados {calvinistas}. O último traço não se aplica, para os primeiros tempos, senão a *um* dos representantes do pietismo evocados por ele; a ideia do "nada que é a criatura" era em si mesma filha legítima do espírito calvinista e somente quando levou à prática da fuga do mundo foi que ela se desviou dos trilhos do protestantismo normal. Quanto aos conventículos, enfim, o Sínodo de Dordrecht chegara mesmo a ordená-los em certa medida (particularmente para fins de catequese). — Dentre as características da espiritualidade pietista analisadas por Ritschl, nesta exposição preliminar caberia talvez considerar as seguintes: 1) o "precisismo", no sentido de uma submissão servil à letra da Bíblia em *todas* as *manifestações exteriores* da vida, tal como o sustentou Gisbert Voët; 2) tratar a justificação e a reconciliação com Deus não já como fim em si , mas como simples *meio* para uma vida asceticamente santa, como talvez se pode encontrar em Lodensteyn, mas também por exemplo em Melanchthon (cf. nota 105 acima); 3) o elevado apreço pela "batalha penitencial" como índice da autêntica regeneração, como W. Teellinck foi o primeiro a ensinar; 4) a abstinência da santa ceia quando nela tomam parte pessoas não regene-

radas (de que falaremos ainda noutro contexto) e, ligado a isso, a formação de conventículos para além dos limites traçados pelo cânon de Dordrecht juntamente com uma revitalização da "profecia", ou seja, da interpretação das Escrituras também por quem não fosse teólogo, inclusive por mulheres (Anna Maria Schürmann). Isso tudo eram coisas que representavam desvios, em parte consideráveis, da doutrina e da práxis dos reformadores. Mas se se pensa naquelas correntes que Ritschl não incluiu em sua exposição, em particular a dos puritanos ingleses, esses desvios, *com exceção do terceiro*, só faziam acirrar tendências subjacentes a todo o desenvolvimento dessa espiritualidade. A imparcialidade da exposição de Ritschl padece de uma coisa: o grande estudioso introduz aí seus juízos de valor de viés político-eclesiástico, ou melhor, político-religioso, e, em sua antipatia por toda religiosidade especificamente *ascética*, interpreta sempre cada evolução nesse sentido como uma recaída no "catolicismo". Acontece porém que também o primeiro protestantismo, do mesmo modo que o catolicismo, encerra "*all sorts and conditions of men*" {todas as espécies e condições de seres humanos} *e no entanto* o rigorismo da ascese intramundana foi rejeitado pela *Igreja* católica na figura do jansenismo tanto quanto o pietismo repeliu o quietismo de cunho católico do século XVII. Seja como for, para as nossas considerações específicas o pietismo só se transforma em algo, se não quantitativa, qualitativamente diverso em seus efeitos quando o exagerado temor ao "mundo" levou a uma fuga da vida profissional na economia privada, isto é, à formação de conventículos em bases conventual-comunistas (Labadie) ou — como os contemporâneos censuraram em alguns pietistas extremistas — a uma proposital *displiscência* com o trabalho profissional mundano em favor da contemplação. Esse resultado, é natural, verificou-se com particular frequência quando a contemplação começou a assumir aqueles traços que Ritschl descreve como "bernardinismo", [porque faz lembrar] a interpretação do *Cântico dos Cânticos* por são Bernardo: uma religiosidade mística do sentimento que aspira a uma *unio mystica* [de coloração criptossexual]. Já em termos de pura psicologia religiosa, sem dúvida ela representa um *aliud* {uma outra coisa} em relação à espiritualidade calvinista, mas *também* em relação à sua própria expressão *ascética* em homens como Voët. Ora, Ritschl procura de todas as formas copular esse quietismo com a *ascese* pietista para assim incluir o último no mesmo anátema, e aponta com o dedo cada uma das citações da mística ou da ascese católicas que encontra na literatura pietista. Acontece, porém, que mesmo teólogos moralistas ingleses e neerlandeses "acima de qualquer suspeita" citam Bernardo, Boaventura, Thomas de Kempis. — A relação com o passado católico foi, em cada uma das igrejas originárias da Reforma, uma relação muito complexa, e dependendo do ponto de vista adotado, ora surge um aspecto, ora outro, como sendo o mais próximo do catolicismo ou de determinadas facetas do mesmo.

110. O artigo bastante elucidativo de Mirbt sobre o "Pietismus", na 3ª ed. da *Realencykl. f. Prot. Theol. u. K.*, ignora por completo os antecedentes reformados {calvinistas} do pietismo ao tratar de sua gênese simplesmente como uma experiência religiosa pessoal de Spener, o que soa algo estranho. Digna de leitura a título de introdução ao pietismo é ainda a descrição de Gustav Freytag nos *Bilder aus der deutschen Vergangenheit*. [Sobre os começos do pietismo inglês na literatura da época, ver por exemplo W. Whitaker, *Prima institutio disciplinaque pietatis* (1570).]

111. Como se sabe, essa visão permitiu ao pietismo ser um dos principais portadores da ideia de *tolerância*. [Aqui é a ocasião de inserir algo a respeito.] Se pusermos de lado a *indiferença* humanístico-iluminista que por si só jamais teve *grandes* efeitos práticos, historicamente essa ideia surgiu [no Ocidente] das seguintes fontes principais: 1) razão de Estado puramente política (arquétipo: Guilherme de Orange); 2) o mercantilismo (particularmente nítido, por exemplo, na cidade de Amsterdã e nos numerosos casos de cidades, feudos e potentados que acolheram benignamente os adeptos das seitas como preciosos portadores do progresso econômico); 3) a guinada radical da espiritualidade calvinista. No fim das contas, a predestinação no fundo excluía a possibilidade de que o Estado de fato promovesse a religião através da intolerância. Por esse meio ele era incapaz de salvar uma alma sequer; e foi somente a ideia da *honra de Deus* que permitiu à Igreja pleitear-lhe o apoio para a repressão da heresia. Mas, quanto maior a ênfase conferida à exigência de o pregador e todos os participantes da santa ceia pertencerem aos eleitos, tanto mais insuportável se tornava qualquer ingerência do Estado na provisão de cargos eclesiásticos e na distribuição de cátedras paroquiais como prebendas a alunos de universidades eventualmente não regenerados, unicamente pelo fato de terem formação teológica [e assim também, de modo geral, toda e qualquer intromissão nos assuntos das congregações da parte dos políticos no poder — não raro suspeitos quanto à sua mudança de conduta.] O pietismo reformado fortaleceu esse ponto de vista ao desvalorizar a ortodoxia dogmática e minar progressivamente o princípio *Extra ecclesiam nulla salus* {Fora da Igreja não há salvação}. Calvino entendia que só a *submissão*, mesmo dos réprobos, à instituição divina da Igreja era compatível com a glória de Deus; na Nova Inglaterra, procurou-se constituir a Igreja como uma aristocracia de santos comprovados; os independentes radicais, de sua parte, já rejeitavam qualquer ingerência das autoridades civis e de qualquer outro poder hierárquico na inspecção da "comprovação", factível apenas no interior de *cada* congregação. A ideia de que a glória de Deus exigia submeter também os réprobos à disciplina da Igreja foi suplantada pela seguinte ideia, também presente desde o início, mas enfatizada cada vez mais apaixonadamente: é uma ofensa à glória divina partilhar a santa ceia com um condenado por Deus. Isso havia

por força de desembocar no voluntarismo, e de fato desembocou na *"believers' Church"*, comunidade religiosa que congregava somente regenerados. Os batistas calvinistas, aos quais pertencia por exemplo o presidente do "Parlamento dos santos", Praisegod Barebone, foram os que levaram mais longe as consequências dessa linha de pensamento. O exército de Cromwell defendeu a liberdade de consciência, e o Parlamento dos "santos" chegou mesmo a defender a separação entre Estado e Igreja *porque* seus membros eram pietistas devotos, ou seja, por motivo religioso-*positivo*; 4) as *seitas anabatistas* [das quais falaremos logo adiante] desde o início de sua existência sempre se ativeram [com uma intensidade e uma coerência interna sem par] ao princípio de que só os pessoalmente regenerados podiam ser acolhidos na congregação eclesial — daí abominarem todo caráter "de instituição" da Igreja e toda ingerência do poder temporal. Aqui também foi um motivo *religioso-positivo* que ocasionou a exigência de tolerância incondicional. [A primeira pessoa que, uma geração ou quase isso antes dos batistas, duas gerações antes de Roger Williams, defendeu por semelhantes motivos a tolerância incondicional e a separação entre Estado e Igreja foi John Browne. A primeira declaração de uma congregação eclesial nesse sentido parece ter sido a resolução dos batistas ingleses em Amsterdã de 1612 ou 1613: "*the magistrate is not to meddle with religion or matters of conscience* (...) *because Christ is the King and lawgiver of the Church and conscience*" {não é para o magistrado se misturar com religião ou assuntos de consciência (...) porque Cristo é o Rei e o legislador da Igreja e da consciência}. O primeiro documento oficial de uma comunidade religiosa exigindo como *direito* a proteção *positiva* da liberdade de consciência por parte do Estado foi o art. 44 da *Confession of the* (*Particular*) *Baptists* de 1644. — Note-se mais uma vez expressamente que é de todo equivocada a opinião por vezes defendida de que a tolerância *como tal* favoreceu o capitalismo. Tolerância religiosa não é nada de especificamente moderno ou ocidental. Na China, na Índia, nos grandes impérios da Ásia anterior na época do helenismo, no império romano, nos impérios islâmicos, ela reinou por longos períodos com uma abrangência tal — só limitada por motivos de *razão de Estado* (os quais ainda hoje a limitam!) — que jamais se viu em parte alguma do mundo nos séculos XVI e XVII, e muito menos nas regiões onde o puritanismo era *dominante*, como por exemplo na Holanda e na Zelândia na época de sua ascensão econômico-política, ou ainda na Velha e na Nova Inglaterra puritanas. O que caracterizava o Ocidente — antes como depois da Reforma, à semelhança por exemplo do império dos sassânidas — era precisamente a *intolerância religiosa*, tal como na China, no Japão, na Índia em épocas esparsas, mas quase sempre por motivos políticos. Segue-se, portanto, que a tolerância *como tal* com certeza não tem nada a ver com o capitalismo. Tudo depende disto: *a quem ela beneficiou*. —

Sobre as consequências disso para a exigência da *believers' Church* tornaremos a falar no ensaio sobre "As seitas protestantes e o espírito do capitalismo".]

112. Em sua aplicação prática, essa ideia manifesta-se por exemplo com os *tryers* de Cromwell, isto é, os examinadores dos candidatos ao cargo de pregador. Eles procuravam não tanto averiguar a formação teológica especializada, mas sim o estado de graça subjetivo do candidato. Ver ainda meu ensaio sobre "As seitas protestantes..."

113. [A desconfiança característica que o pietismo nutria por Aristóteles, e pela filosofia clássica de modo geral, já estava latente em Calvino (cf. *Institutio christ. rel.*, II, cap. 2, p. 4; III, cap. 23, p. 5; IV, cap. 17, p. 24). Ela não era menor em Lutero quando de seus primeiros passos, isso se sabe, mas cedo foi abandonada devido à influência dos humanistas (em particular de Melanchthon) e às necessidades imperiosas do ensino escolar e da apologética. Que o *necessário* para a bem-aventurança estivesse contido na Escritura com clareza suficiente inclusive para ignorantes, ensinava-o também a Confissão de Westminster (cap. I, p. 7), em harmonia com as tradições protestantes.]

114. [Contra isso levantou-se o protesto das igrejas oficiais; por exemplo, ainda no catecismo (abreviado) da Igreja presbiteriana escocesa de 1648, p. VII: condena-se como usurpação das competências do *cargo* a participação em orações domésticas de pessoas que *não* pertençam à mesma família. Também o pietismo, como toda formação comunitária ascética, desencaixava o indivíduo dos laços do patriarcalismo caseiro, esse aliado do cargo {eclesiástico} por interesse e por causa de seu prestígio.]

115. Temos bons motivos para prescindir aqui das relações "psicológicas — no sentido *técnico*-científico da palavra — desses conteúdos religiosos de consciência, e mesmo o emprego da terminologia correspondente é evitado ao máximo. O cabedal de conceitos [realmente] seguros da psicologia [incluindo *psiquiatria*] ainda é insuficiente para ser aplicado diretamente, com proveito, para fins de pesquisa histórica na esfera de nosso problema [sem atrapalhar a imparcialidade do juízo histórico]. O emprego de terminologia da psicologia só faria criar a tentação de revestir com um véu de erudição diletante, repleta de termos estranhos, fatos perfeitamente compreensíveis e o mais das vezes triviais mesmo, dando assim a falsa impressão de maior rigor conceitual, como por exemplo foi típica de Lamprecht, infelizmente. — Trabalhos que podem ser tomados mais a sério no tocante à aplicação de conceitos psicopatológicos à interpretação de certos fenômenos históricos de amplo espectro são os de W. Hellpach: *Grundlinien zu einer Psychologie der Hysterie*, cap. 12 e também *Nervosität und Kultur*. Não posso estender-me aqui na tentativa de explicar como, a meu ver, a influência de certas teorias de Lamprecht prejudicou também esse polivalente escritor. Todo aquele que conheça mesmo que só a literatura

mais acessível sabe como são totalmente inúteis, comparados à literatura mais antiga, os comentários esquemáticos de Lamprecht sobre o pietismo (no volume VII da *Deutsche Geschichte*).

116. Assim, por exemplo, entre os adeptos do *Innige Christendom* de Schortinghuis. [Em termos de história das religiões, isso remonta à perícope do Servo de Javé, do Dêutero-Isaías {Is 53} e ao Salmo 22(21).]

117. Isso se deu entre pietistas holandeses de forma isolada e, mais tarde, sob a influência de Espinosa.

118. Labadie, Tersteegen, entre outros.

119. Isso se manifesta talvez com a máxima nitidez quando Spener — quem diria, Spener! — contesta a competência da autoridade {estatal} para controlar os conventículos, salvo em caso de desordens e abusos, porquanto se trata de um *direito fundamental* dos cristãos garantido pelo ordenamento apostólico (*Theologische Bedenken*, II, pp. 81ss.). Tal é — em linha de princípio — exatamente o ponto de vista puritano a respeito das condições e da esfera de vigência daqueles direitos do indivíduo que resultam *ex jure divino*, sendo portanto inalienáveis. Não escapou a Ritschl (*Pietismus*, II, p. 157) nem essa heresia nem a outra mencionada noutro passo do texto (*ibid.*, p. 115). Por a-histórica que seja a crítica positivista (para não dizer filistina) que faz da ideia de "direito fundamental", à qual nós devemos afinal não menos que *tudo* o que hoje até o "mais reacionário" enxerga como o mínimo dos mínimos de sua esfera individual de liberdade — ainda assim, naturalmente, deve-se concordar com ele quando diz que em ambos os casos falta um nexo orgânico com o ponto de vista luterano de Spener. — Os próprios conventículos (*collegia pietatis*) aos quais os célebres *Pia desideria* de Spener conferiram base teórica e vida prática, correspondiam na essência aos *prophesyings* ingleses, tal como se encontram pela primeira vez nas *Horas bíblicas londrinas* (1547) de John of Lasco e que, desde então, foram arrolados no inventário das formas de devoção puritana perseguidas sob a acusação de insurreição contra a autoridade eclesiástica. Finalmente, como se sabe, a rejeição da disciplina eclesiástica de Genebra é explicada por Spener com o argumento de que seu portador por vocação, o "terceiro estado" (*status oeconomicus*: os cristãos leigos), *não* estava incluído na organização eclesiástica da Igreja luterana. Palidamente luterano, por outro lado, é o reconhecimento dos membros leigos do consistório designados pelos príncipes — para discutir a excomunhão — como representantes do "terceiro estado".

120. Já em si o *nome* "pietismo", que surge pela primeira vez no âmbito do luteranismo, indica que na visão dos contemporâneos seu traço característico era fazer uma *gestão* metódica da "piedade" [*pietas*].

121. É preciso admitir, sem dúvida, que essa motivação é própria preferen-

cialmente, mas não *exclusivamente*, do calvinismo. Também nos ordenamentos *mais antigos* da Igreja luterana lá está ela, e com particular frequência.

122. No sentido da Epístola aos Hebreus: Hb 5, 13-14. Ver Spener, *Theol. Bedenken*, I, p. 306.

123. Ao lado de Bailey e Baxter (*Consilia theologica*, III, 6, 1, dist. 1, 47; dist. 3, 6), Spener apreciava de modo especial Thomas de Kempis e, mais que a qualquer outro, Tauler (de quem, aliás, não entendeu tudo: *Consilia theologica*, III, 6, 1, dist. 1, 1. Para maiores detalhes sobre o último, ver especialmente *Consilia theologica*, I, 1, 1, nº 7). A seu ver, Lutero descende de Tauler.

124. Ver Ritschl, *op. cit.*, II, p. 113. A "batalha penitencial"" dos pietistas ulteriores (e de Lutero) era por ele rejeitado como *o único* sinal da verdadeira conversão (*Theol. Bedenken*, III, p. 476). Sobre a santificação como fruto da gratidão pela fé na reconciliação — eis uma formulação especificamente luterana (cf. nota 58 relativa ao capítulo anterior) — ver as passagens citadas em Ritschl, *op. cit.*, p. 115, nota 2. Sobre a *certitudo salutis*, ver não só *Theol. Bedenken*, I, p. 324: a verdadeira fé não é tanto a que é *sentida emocionalmente* quanto a que é *reconhecida* pelos seus *frutos* (amor e obediência a Deus), mas também *Theol. Bedenken*, I, pp. 335ss.: "Mas no que tange à vossa preocupação em saber como ter certeza do vosso estado de salvação e graça, mais segurança se aufere nos nossos livros" — luteranos — do que nos "escribas ingleses". Não obstante, quanto à natureza da salvação, ele concordava com os ingleses.

125. Os diários íntimos religiosos que A. H. Francke recomendava eram também sinal exterior disso. — O exercício metódico e o *hábito* da santificação deviam produzir o incremento desta última e a *separação* entre os bons e os maus: eis aproximadamente o tema central do livro *Von des Christen Vollkommenheit* de Francke.

126. De forma característica, a distância que separa essa fé pietista racional na Providência de sua interpretação ortodoxa fica à mostra na famosa discussão entre os pietistas de Halle e o representante da ortodoxia luterana, Löscher. Em seu *Timotheus Verinus*, Löscher não hesita em contrapor aos desígnios da Providência tudo o que resulta da ação *humana*. Ao contrário, o ponto de vista sempre sustentado por Francke era: é preciso encarar como "sinal divino" qualquer lampejo de claridade sobre aquilo que há de acontecer em resultado da *espera* serena da decisão de Deus — concepção parecida com a psicologia dos quakers e em consonância com a ideia ascética generalizada de que a *metódica* racional é o caminho para acercar-se de Deus. — Zinzendorf, é verdade, que num de seus gestos mais resolutos entregou *ao azar* o destino de sua comunidade de irmãos, está muito distante da forma franckiana de fé na Providência. Spener (*Theol. Bedenken*, I, p. 314) havia recorrido a Tauler para poder caracterizar a "serena despreocupação" cristã que consistia em abandonar-se às intervenções divinas, não

estorvá-las pela ação precipitada e arbitrária — o que na essência é também o ponto de vista de Francke. Por toda parte se percebe a atividade produzida pela espiritualidade pietista, de feição mais moderada, é verdade, em sua busca de paz (neste mundo) se comparada à puritana. "*First righteousness, than peace*" {Primeiro a retidão, depois a paz} — escreveu há pouco, para se contrapor a isso, uma liderança batista (G. White, em texto que ainda teremos ocasião de citar), resumindo assim o programa ético de sua denominação (*Baptist Handbook*, 1904, p. 107).

127. *Lect. paraenet.*, IV, p. 271.

128. Contra essa representação que retorna a cada passo volta-se principalmente a crítica de Ritschl. Ver o escrito de Francke que contém essa doutrina, citado na nota 125.

129. Que se encontra também em pietistas ingleses *não* predestinacionistas, por exemplo Goodwin. Ver sobre ele e outros, Heppe, *Geschichte des Pietismus in der reformierten Kirche*, Leiden, 1879, um livro que, mesmo depois do *standard work* de Ritschl, ainda não se tornou dispensável no tocante à Inglaterra e aqui e ali também para os Países Baixos. [Ainda no século XIX, na Holanda, várias vezes perguntaram a Köhler sobre a *data* de seu novo nascimento (isso está no livro que citaremos no ensaio sobre "As seitas protestantes...").]

130. Buscava-se assim combater a consequência laxista da doutrina luterana sobre a possibilidade de recuperar a graça (em particular a usual "conversão" *in extremis*).

131. Contra a necessidade correlata de saber dia e hora da "conversão" como sinal *indispensável* de sua autenticidade, ver Spener, *Theol. Bed.*, II, 6, 1, p. 197. A "batalha penitencial" era-lhe tão desconhecida quanto desconhecidos eram de Melanchthon os "*terrores conscientiae*" de Lutero.

132. Nisso influía também, claro, a interpretação antiautoritária do "sacerdócio universal", própria de toda ascese. — Uma ou outra vez se recomendava ao pastor protelar a absolvição "até a comprovação" do autêntico arrependimento, o que Ritschl com razão caracteriza como algo calvinista em princípio.

133. Os pontos que nos são essenciais encontram-se com mais agilidade em Plitt, *Zinzendorfs Theologie* (3 vols., Gotha, 1869), vol. I, pp. 325, 345, 281, 412, 429, 433ss., 444, 448; vol. II, pp. 372, 381, 385, 409ss.; vol. III, pp. 131, 167, 176. Ver ainda Bernh. Becker, *Zinzendorf und sein Christentum* (Leipzig, 1900), livro 3º, cap. III.

134. Claro que ele julgava que a Confissão de Augsburgo só poderia ser um documento adequado da vida de fé cristã luterana se — como vem expresso em sua terminologia repulsiva — sobre ela fosse derramado um "escalda feridas". Ler Zinzendorf é uma penitência, pois sua linguagem provoca, na lânguida diluição das ideias, efeitos ainda mais deletérios do que a "aguarrás de Cristo", tão temível aos olhos de F. Th. Vischer (em sua polêmica com a revista *Christoterpe* de Munique).

135. "Em nenhuma religião reconhecemos como irmãos aqueles que não tenham sido lavados com o sangue de Cristo e não *prossigam, completamente mudados,* na santificação do espírito. Não reconhecemos nenhuma comunidade de Cristo manifesta (= visível) senão aquela em que a palavra de Deus é ensinada em toda a sua pureza e os membros, *também eles santificados*, *vivam de acordo com essa palavra* como filhos de Deus." A última frase é retirada do pequeno catecismo de Lutero; mas — como já salienta Ritschl — *lá* ela serve para responder à pergunta de como santificar o nome de *Deus*, ao passo que *aqui* {em Zinzendorf} ela serve para *delimitar* a Igreja dos *santos*.

136. Ver Plitt, I, p. 346. Ainda mais decisiva é a resposta, citada em Plitt, I, p. 381, à questão de saber "se as boas obras são necessárias à bem-aventurança": "Desnecessárias e prejudiciais à obtenção da bem-aventurança, mas, uma vez alcançada, tão necessárias que quem não as pratica, bem-aventurado ainda não é". [Por conseguinte, aqui também: elas não são a *causa real* da eleição, mas a causa — unicamente! — de seu conhecimento.]

137. Por exemplo, através das caricaturas da "liberdade cristã" que Ritschl execrou (*op. cit.*, III, p. 381).

138. Sobretudo através da forte ênfase na ideia de satisfação pela pena em sua doutrina da salvação que ele, uma vez rejeitadas pelas seitas americanas suas tentativas de aproximação missionária, transformou em fundamento do método de santificação. Desde então, a preservação da *infantilidade* e das virtudes da humildade e da resignação é posta por ele em primeiro plano como objetivo da ascese da fraternidade hernutense, em franca oposição àquelas tendências que havia no seio da comunidade dos irmãos, entretanto muito parecidas com a ascese puritana.

139. A qual, no entanto, tinha os seus limites. Já por esse motivo é equivocado querer encaixar a religiosidade de Zinzendorf numa fase "psico*ssocial*" de desenvolvimento, como faz Lamprecht. Mas além disso, nada exerceu influência tão forte em toda a sua piedade quanto o fato de ele ser um *conde* com instintos basicamente feudais. O *lado sentimental* dessa piedade corresponderia justamente, em termos "psico*ssociais*", tanto à época da decadência sentimental da cavalaria quanto à do "sentimentalismo". Em sua oposição ao racionalismo europeu ocidental, se for para falar em termos "psicossociais", ela se torna mais facilmente compreensível se apelamos para os vínculos patriarcais do Leste alemão.

140. É o que resulta das controvérsias de Zinzendorf com Dippel, assim como — depois de sua morte — as declarações do Sínodo de 1764 expressam claramente o caráter de *instituição* salvífica da fraternidade hernutense. Ver a crítica de Ritschl a respeito, *op. cit.*, III, pp. 443ss.

141. Ver por exemplo os §§ 151, 153, 160. Em especial dos comentários da p. 311 depreende-se que é possível a ausência de santificação *apesar* do arrepen-

dimento verdadeiro e do perdão dos pecados, o que corresponde à doutrina luterana da salvação tanto quanto contradiz a calvinista (e a metodista).

142. Ver as declarações de Zinzendorf citadas em Plitt, II, p. 345. E assim também Spanenberg, *Idea fidei*, p. 325.

143. Ver por exemplo a declaração citada em Plitt, III, p. 131, a respeito de Mateus 20, 28: "Se vejo uma pessoa a quem Deus dotou de fino talento, alegro-me e sirvo-me daquele dom com prazer. Mas se noto que não está satisfeito com esse seu dom, mas quer torná-lo ainda mais fino, considero isso o início da ruína dessa pessoa". — Zinzendorf negava — haja vista sobretudo sua conversa com John Wesley em 1743 — o *progresso* na santificação, porque a identificava com a justificação e a reconhecia *apenas* na relação estabelecida *sentimentalmente* com Cristo (Plitt, I, p. 413). [No lugar do sentimento de ser "ferramenta" de Deus entra a "possessão" pelo divino: e isto é mística, não ascese (no sentido a ser discutido na "Introdução" {"*Einleitung*" aos ensaios da "Ética econômica das religiões mundiais"}). Naturalmente (como lá se discutirá), também para o puritano o *habitus* de agora, *deste mundo*, é na verdade aquilo que ele *realmente* ambiciona. Só que esse *habitus*, interpretado como *certitudo salutis*, é nele o ativo *sentimento de ser uma ferramenta*.]

144. O trabalho profissional, porém, justamente porque assim derivado, não recebeu fundamento ético consequente. Zinzendorf rejeita a ideia luterana de "serviço divino" na profissão como ângulo de visão *decisivo* da fidelidade a uma dada profissão. Essa fidelidade seria, isto sim, uma *retribuição* do cristão à "fidelidade do Salvador a seu próprio trabalho de artesão" (Plitt, II, p. 411).

145. Sua máxima é conhecida: "Um homem sensato não deve não crer e um homem que crê não deve ser insensato", consta de seu *Sokrates, d. i. Aufrichtige Anzeige verschiedener nicht sowohl unbekannter als vielmehr in Abfall geratener Hauptwahrheiten* (1725), como conhecida é também sua predileção por escritores como Bayle.

146. A marcada predileção da ascese protestante pelo empirismo racionalizado com fundamentação matemática é conhecida e não será aqui analisada mais de perto. Sobre a inflexão das ciências para a pesquisa "exata" travejada por uma racionalização matemática, a motivação filosófica para isso e a comparação com o ponto de vista de Bacon, ver Windelband, *Gesch. d. Philos.*, pp. 305-7, em especial as observações à p. 305, embaixo, que com acerto recusam a ideia de que as ciências naturais modernas devam ser entendidas como *produto* de interesses materiais e tecnológicos. Relações extremamente importantes existem, é claro, mas muito mais complexas. Ver ainda Windelband, *Neuere Philos.*, I, pp. 40ss. — O *ponto de vista* decisivo para essa tomada de posição da ascese protestante, conforme se revela com nitidez máxima nos *Theol. Bedenken* de Spener, I, p. 232, III, p. 260, era o seguinte: assim como se reconhece o cristão pelos *frutos* de sua fé,

assim também o reconhecimento de Deus e seus desígnios só pode ser fomentado pelo conhecimento de suas *obras*. Por isso, a disciplina científica predileta de toda a cristandade puritana, anabatista e pietista era a *física* e, em seguida, outras disciplinas matemático-naturais que trabalhavam com o mesmo método. Acreditava-se justamente ser possível alcançar, a partir da apreensão empírica das leis divinas inscritas na natureza, o conhecimento do "sentido" do mundo, ao qual, entretanto, dado o caráter fragmentário da revelação divina — eis uma ideia calvinista — jamais se poderia aceder pela via da especulação conceitual. Para a ascese protestante, o empirismo do século XVII era o meio de buscar a "Deus na natureza". O empirismo parecia levar até Deus, enquanto a especulação filosófica parecia afastar dele. Segundo Spener, particularmente a filosofia aristotélica foi um estrago básico que se causou ao cristianismo. *Qualquer outra* teria sido melhor, em especial a "platônica": *Cons. Theol.*, III, 6, 1, dist. 2, nº 13. Leia-se ainda a característica passagem que se segue: "*Unde pro Cartesio quid dicam non habeo* (parece que ele não o leu), *semper tamen optavi et opto, ut Deus viros excitet, qui veram philosophiam vel tandem oculis sisterent,* in qua nullius hominis attenderetur *auctoritas, sed sana tantum* magistri nescia ratio" {Daí que não tenho nada a dizer acerca de Descartes (...) entretanto, sempre desejei e desejo que Deus fomente varões capazes de enfim apresentar aos nossos olhos a verdadeira filosofia, *na qual não se atenda* à autoridade *de homem nenhum,* mas somente à sã *razão que não conhece mestre.*} (Spener, *Cons. Theol.*, II, 5, nº 2). — É bem conhecida a significação que as concepções do protestantismo ascético tiveram para o desenvolvimento da *educação*, especialmente do ensino *técnico*. Combinadas com a atitude assumida em relação à *fides implicita*, elas deram origem ao seu programa pedagógico.

147. "Esse é o tipo de gente que reparte sua felicidade mais ou menos em quatro partes: 1) tornar-se (...) pequeno, desprezado, ultrajado (...); 2) negligenciar (...) todos os sentidos que não prestam para o serviço de seu Senhor (...); 3) não possuir nada ou desfazer-se daquilo que recebem (...); 4) trabalhar por dia, não pelo ganho, *mas por amor à profissão* e ao Senhor e ao próximo (...)" (*Rel. Reden*, II, p. 180, Plitt, I. p. 445). *Nem todos* têm a capacidade e o direito de se tornar "discípulos", apenas aqueles a quem o Senhor chamou — mas, admite o próprio Zinzendorf (Plitt, I, p. 449), as dificuldades persistem, já que o sermão da montanha dirige-se formalmente *a todos*. Salta aos olhos o parentesco desse "livre acosmismo do amor" com os antigos ideais anabatistas.

148. Isso porque a internalização da piedade pelo sentimento não era de modo algum estranha ao luteranismo, mesmo o da época dos epígonos. O fator *ascético*: a regulamentação da vida, que aos olhos do luterano cheirava a "santificação pelas obras", *eis aqui* a diferença constitutiva.

149. Um "temor no coração" seria melhor sinal da graça do que a "certeza",

sugere Spener (*Theol. Bedenken*, I, 324). Também em escritores puritanos, obviamente, encontramos expressas advertências contra a "falsa certeza", mas ao menos a doutrina da predestinação, até onde seu influxo determinou a cura de almas, sempre agiu na direção contrária.

150. Isso porque o efeito *psicológico* da manutenção da prática da confissão era o mesmo em toda parte: a *descarga* da responsabilidade pessoal do sujeito por sua mudança de conduta — por isso é que a confissão era procurada — e, com isso, da rigorosa coerência das exigências ascéticas.

151. A ampla influência que fatores puramente *políticos* tiveram sobre esse ponto — inclusive sobre o *modo* de espiritualidade pietista — já foi sugerida por Ritschl em sua exposição do pietismo de Württemberg (vol. III da obra citada).

152. [Ver a citação de Zinzendorf na nota 147.]

153. Evidentemente, "patriarcal" também era o calvinismo, pelo menos o genuíno. E a conexão entre o sucesso da atividade de Baxter e o caráter doméstico da indústria em Kidderminster ressalta nitidamente de sua autobiografia. Ver a passagem citada nos *Works of the Pur. Divines*, p. XXXVIII: "*The town liveth upon the weaving of Kidderminster stuffs, and as they stand in their loom, they can set a book before them, or edify each other* (...)" {A cidade vive dos panos tecidos em Kidderminster, e as pessoas, uma vez sentadas diante de seu tear, podem pôr um livro em frente delas ou então manter conversas mutuamente edificantes (...)}. Acontece, porém, que o patriarcalismo no solo da ética reformada e com mais razão no da ética anabatista não é da mesma natureza que o patriarcalismo no solo do pietismo. [Esse problema só pode ser discutido noutro contexto.]

154. *Lehre von der Rechtfertigung und Versöhnung*, 3ª ed., I, p. 598. — Se Frederico Guilherme I qualificou o pietismo em geral como um assunto talhado para *rentiers*, na verdade isso se aplicava mais a esse monarca do que ao pietismo de Spener e Francke, e o próprio rei sabia perfeitamente por que abrira a eles as fronteiras dos seus Estados com seu edito de tolerância.

155. Como introdução com boas orientações para o conhecimento do metodismo, é particularmente apropriado o excelente verbete "Methodismus", de Loofs, na *Real-Encykl. f. Prot. Theol. u. K.*, 3ª ed.. Os trabalhos de Jacoby (em especial o *Handbuch des Methodismus*), Kolde, Jüngst e Southey também são úteis. Sobre Wesley, ver Tyerman, *Life and Times of John Wesley*, Londres, 1870. O livro de Watson (*Life of Wesley*, também em tradução) é muito popular. Uma das melhores bibliotecas sobre a história do metodismo pertence à Northwestern University de Evanston, em Chicago. Quem faz uma espécie de elo entre o puritanismo clássico e o metodismo é o poeta religioso Isaac Watts, amigo do capelão de Oliver Cromwell (Howe), e mais tarde de Richard Cromwell, cujo conselho Whitefield teria buscado (ver Skeats, pp. 254ss.).

156. Historicamente — à parte as influências pessoais dos Wesley — ela é

condicionada de um lado pelo declínio do dogma da predestinação e, de outro, pelo pujante redespertar da *sola fide* entre os fundadores do metodismo, mas motivada sobretudo por seu específico caráter *missionário*, que ensejava uma repristinação (transformadora) de certos métodos medievais de pregação "edificante" e os combinava com formas pietistas. Esse fenômeno, que desse ângulo representava um passo atrás não só em relação ao pietismo, mas também em relação à espiritualidade bernardina da Idade Média, certamente não pertence a uma linha de evolução *geral* rumo ao "subjetivismo".

157. Assim o próprio Wesley caracterizou certa feita o efeito da fé metodista. O parentesco com a "bem-aventurança" de Zinzendorf é manifesto.

158. Ver esta última, por exemplo, na *Life of Wesley*, de Watson.

159. J. Schneckenburguer, *Vorlesungen über die Lehrbegriffe der kleinen protestantischen Kirchenparteien*, ed. por Hundeshagen, Frankfurt, 1863, p. 147.

160. Whitefield, líder daquele grupo predestinaciano que se dissolveu depois de sua morte, por ser desorganizado, rejeitava no essencial a doutrina da "perfeição" de Wesley. De fato, esta última não era senão um *sucedâneo* da ideia de comprovação dos calvinistas.

161. Schneckenburger, *op. cit.*, p. 145. Um pouco diferente, Loofs, *op. cit.* [Ambas as consequências são típicas de todas as formas similares de religiosidade.]

162. Assim a conferência de 1770. Já a primeira conferência, de 1744, reconhecera que nem o calvinismo, de um lado, nem o antinomismo, do outro, se afastavam um "só fio de cabelo" das palavras da Bíblia. Em razão de sua obscuridade, não caberia separar um do outro por diferenças doutrinárias, até onde for mantida a vigência da Bíblia como norma *prática*.

163. Os metodistas *apartavam-se* dos hernutos em sua doutrina da possibilidade de uma perfeição sem pecado, rejeitada também e especialmente por Zinzendorf, enquanto Wesley de seu lado reputava como "mística" a face *sentimental* da religiosidade hernutense e chamava de "blasfemas" as opiniões de Lutero sobre a "Lei". [Patenteia-se aqui a barreira que inevitavelmente continuava a existir entre toda espécie de conduta de vida religiosa *racional* e o luteranismo.]

164. John Wesley salienta por vezes que todos de modo geral: entre os quakers, os presbiterianos e os anglicanos, têm de acreditar em *dogmas*, exceto os metodistas. Ver a respeito, embora sumária, a exposição de Skeats, *History of the Churches of England, 1688-1851*.

165. [Ver por exemplo B. Dexter, *Congregationalism*, pp. 455ss.]

166. Mas que naturalmente *pode* prejudicar, como ocorre hoje com os negros americanos. De resto, o caráter não raro marcadamente patológico da emoção metodista, à diferença da sentimentalidade relativamente branda do pietismo, *talvez* se prenda — a par de razões puramente históricas e da publicidade do fenômeno — à mais forte impregnação *ascética* da vida nas zonas de

difusão do metodismo. Mas a decisão quanto a isso seria assunto exclusivo dos neurologistas.

167. Loofs, *op. cit.*, p. 750, frisa expressamente que o metodismo se distingue dos demais movimentos ascéticos pelo fato de ser *posterior* à época da Ilustração inglesa e o compara ao renascimento do pietismo (claro que muito mais limitado) no primeiro terço do século XIX. Mas seja como for, de acordo com Ritschl, *Lehre der Rechtfertigung und Versöhnung*, vol. I, pp. 568ss., é lícito assinalar o paralelismo do metodismo com a variedade zinzendorfiana do pietismo, o qual — contrariamente a Spener e Francke — já era *também* uma reação contra a Ilustração. Como vimos, porém, essa mesma reação seguiu no metodismo uma direção muito diversa da que tomou entre os hernutos, ao menos na medida em que aí foi influenciada por Zinzendorf.

168. [Mas, como bem mostra a passagem de John Wesley que agora reproduzo, ele desenvolveu essa ideia da mesma forma que as outras denominações ascéticas e com efeitos exatamente iguais.]

169. [E — como se mostrou — *abrandamentos* na coerência da ética ascética do puritanismo: ao passo que, se alguém quisesse interpretar à maneira hoje em voga essas concepções religiosas apenas como "epifenômenos" ou "reflexos" do desenvolvimento capitalista, *exatamente o contrário* deveria ter-se produzido.]

170. Dos batistas {conforme o uso inglês do nome *baptists*, *baptism*} somente os chamados *General Baptists* remontam aos antigos anabatistas {em alemão chamados *Wiedertäufer* ou simplesmente *Täufer*}. Os *Particular Baptists* eram — já vimos — calvinistas que restringiam a condição de membro da Igreja em princípio aos regenerados ou pelo menos aos que faziam a confissão de fé *pessoalmente*, daí permanecerem fundamentalmente voluntaristas e hostis a toda Igreja oficial de Estado — no período de Cromwell, obviamente, nem sempre de forma coerente na prática. Os *Particular Baptists*, mas também os *General Baptists*, por importantes que tenham sido em termos históricos como portadores da tradição anabatista, não nos dão ensejo a uma análise [dogmática] particular. É indiscutível que os quakers, formalmente fundados por George Fox e seus colegas, foram em suas ideias básicas meros seguidores da tradição anabatista. A melhor introdução à sua história, ilustrando ao mesmo tempo sua relação com os batistas e os menonitas, é da autoria de Robert Barclay, *The Inner Life of the Religious Societies of the Commonwealth*, 1876. [Sobre a história dos batistas, ver entre outros H. M. Dexter, *The True Story of John Smith, the Se-Baptist, as Told by Himself and his Contemporaries*, Boston, 1881 (Ver a respeito J. C. Lang em *Bapt. Quart. R.*, 1883, pp. 1ss.). J. Murch, *A Hist. of the Presb. and Gen. Bapt. Ch. in the W. of England*, Londres, 1835; A. H. Newman, *Hist. of the Bapt. Ch. in the U. S.*, Nova York, 1894 (*Am. Church Hist. Ser.*, vol. 2); Vedder, *A Short Hist. of the Baptists*, Londres, 1897; E. B. Bax, *Rise and Fall of the Anabaptists*, Nova York,

1902; G. Lorimer, *Baptists in History*, 1902; J. A. Seiss, *Baptist System Examined*, Luth. Publ. S., 1902; mais informações em *Baptist Handbook*, Londres, 1896 e segs.; *Baptist Manuals*, Paris, 1891-3; *Baptist Quart. Review*; *Bibliotheca Sacra* (Oberlin, 1900).] A melhor biblioteca batista parece que se encontra no Colgate College no Estado de Nova York. [Para a história dos quakers, é considerada a melhor coleção a da *Devonshire House* em Londres (da qual não fiz uso). O órgão oficial moderno da ortodoxia é o *American Friend*, editado pelo prof. Jones; a melhor história quaker, a de Rowntree. Ver ainda Rufus B. Jones, *George Fox, an Autobiography*, Phil., 1903; Alton C. Thomas, *A Hist. of the S. of Friends in America*, Phil., 1895; Eduard Grubb, *Social Aspects of Quaker Faith*, Londres, 1899. Além desses, ver a copiosa e excelente literatura *biográfica*.]

171. É um dos muitos méritos da *Kirchengeschichte* de Karl Müller haver, no bojo de sua análise, concedido a merecida posição ao movimento anabatista, tão grandioso à sua maneira, embora externamente discreto. Como nenhum outro, ele sofreu a implacável perseguição da parte *de todas* as igrejas — precisamente porque *pretendia* ser *seita* no sentido específico da palavra. Devido à catástrofe que em Münster se abateu sobre a corrente escatológica dele originada, ficou desacreditado no mundo inteiro (inclusive na Inglaterra) mesmo passadas cinco gerações. E, esmagado e acuado a cada passo, só muito depois de seu surgimento conseguiu formular de modo coerente o conteúdo de suas *concepções* religiosas. Assim, produziu *ainda* menos "teologia" do que teria sido compatível com os seus princípios, em si mesmos hostis ao cultivo especializado da fé em Deus como uma "ciência". Isso o tornava pouco simpático aos antigos especialistas em teologia — já aos de seu próprio tempo — que não o deixaram impor-se a eles. Mas mesmo com alguns autores contemporânos não ocorre coisa diversa. Em Ritschl, *Pietismus*, I, pp. 22ss., por exemplo, os "anabatistas" são tratados com pouca imparcialidade, ou mesmo com certo desdém; a gente se sente tentado a falar aqui em um "ponto de vista burguês" em teologia. E no entanto, havia décadas já existia a bela obra de Cornelius (*Geschichte des Münsterschen Aufruhrs*). Ritschl aqui também imagina — a partir do seu ponto de vista — uma recaída no "catolicismo" e fareja influências diretas dos espirituais e dos observantes franciscanos. Fossem essas influências comprováveis, uma que fosse, ainda assim seriam fios muito tênues. E sobretudo há o seguinte fato histórico: a Igreja católica oficial tratava com extrema desconfiança a ascese *intra*mundana dos leigos sempre que esta levasse à formação de conventículos e procurava desviá-la para os trilhos da formação de ordens monásticas — ou seja, para *fora* do mundo — ou, quando menos, a incorporava intencionalmente às ordens plenas como ascese de segunda ordem a fim de submetê-la ao seu controle. Quando isso não ocorria, farejava o perigo de que o cultivo da moralidade ascética subjetivista levasse à negação da autoridade e à heresia, como fez — com igual direito — a Igreja de

Elisabeth com os *prophesyings*, os conventículos bíblicos semipietistas, mesmo quando estivessem respeitando estritamente o *conformism*, e como foi expresso pelos Stuart em seu *Book of Sports*, do qual falaremos mais adiante. A história de numerosos movimentos heréticos, mas também, por exemplo, a dos *humiliati* e dos beguinos, e ainda o destino de são Francisco, atestam isso. A pregação dos monges mendicantes, sobretudo dos franciscanos, ajudou muito a preparar o terreno para uma moralidade de leigos ascética tal qual a que viria com o protestantismo anabatista-reformado. Mas os numerosos traços de parentesco entre a ascese no seio do monacato ocidental e a conduta de vida ascética no seio do protestantismo — traços que se devem ressaltar a cada passo como extremamente instrutivos em nosso contexto — têm seu fundamento último no fato de que, como é natural, *toda* ascese que brote do solo do cristianismo bíblico possuirá *necessariamente* certos traços comuns relevantes, e também no fato de que *toda* ascese, seja qual for a sua confissão, precisa de determinados meios comprovados de "mortificação" da carne. Sobre o esboço a seguir cabe ainda notar que sua brevidade se deve à circunstância de que, para o problema a ser discutido *neste* ensaio em especial, a saber: [o desenvolvimento d'] os fundamentos religiosos da ideia "burguesa" de *profissão como vocação*, a ética anabatista possui uma significação que é muito limitada. [Nada lhe acrescentou de realmente novo.] O aspecto social do movimento, [aspecto esse de longe o mais importante], não será por ora considerado. Sendo essa a nossa colocação do problema, o conteúdo histórico do *antigo* movimento anabatista pode ser analisado *somente* enquanto influiu na peculiaridade das seitas que para nós estão em primeiro plano: batistas, quakers e menonitas (estes últimos em menor medida).

172. Ver acima, nota 93.

173. Sobre sua origem e sua transformação, ver Ritschl em seus *Gesammelte Aufsätze*, pp. 69ss.

174. Claro que os anabatistas sempre rejeitaram a designação de "seita". Eles são *a* Igreja no sentido da Epístola aos Efésios (5, 27). Mas para a *nossa* terminologia são "seita", e *não só* por carecerem de toda relação com o Estado. Aquela relação entre Igreja e Estado dos primórdios do cristianismo ainda hoje entre os quakers (Barclay) é seu ideal, já que para eles, como para muitos pietistas (Tersteegen), era insuspeita *somente* a pureza das "igrejas sob a cruz". Mas sob um Estado *in*créu, ou mesmo sob a cruz, até mesmo os calvinistas — como em caso análogo a própria Igreja católica — não podiam *faute de mieux* querer senão a separação da Igreja em relação ao Estado. Os anabatistas também não eram "seita" pelo fato de que a admissão à comunidade eclesial resultava *de facto* de um contrato de admissão entre comunidade e catecúmenos. Não por isso, pois *formalmente* esse também era o caso por exemplo das congregações reformadas dos Países Baixos (em razão da situação política inicial), a crer na antiga constituição

eclesiástica (ver a respeito Hoffmann, *Kirchenverfassungsrecht der niederl. Reformierten*, Leipzig, 1902). — Mas eles eram "seita", se não por isso, [porque em geral a comunidade religiosa só *podia* ser organizada voluntariamente, ou seja: como seita, e não institucionalmente: como Igreja,] porque ela devia evitar incluir os não regenerados, afastando-se com isso do modelo da antiga cristandade. Nas comunidades anabatistas cabia no *conceito* mesmo de "Igreja" o que, para os reformados, não passava de uma situação de fato. Já se observou que, também entre *estes últimos*, motivos religiosos bem precisos impeliram à *believers' Church*. [Sobre "Igreja" e "seita", ver em particular meu ensaio sobre "As seitas protestantes e o espírito do capitalismo". O conceito de "seita" aqui usado foi empregado quase ao mesmo tempo e — suponho —independentemente de mim, por Kattenbusch na *R. E. f. Pr. Th. u. K.* (verbete "Sekte"). Troeltsch, no livro *Soziallehren der christlichen Kirchen und Gruppen* aceita-o e entra em minúcias a respeito. Ver também a "Introdução" {"*Einleitung*"} aos ensaios que compõem a "Ética econômica das religiões mundiais".]

175. Cornelius, *op. cit.*, explicou com bastante clareza o quanto esse símbolo foi importante historicamente para a conservação da coesão das igrejas, ao criar para elas uma marca inequívoca e inconfundível.

176. Podemos prescindir aqui de considerar certas proximidades com os menonitas no que tange à doutrina da justificação.

177. Nessa ideia repousa talvez o interesse religioso pelos debates de questões como a encarnação de Cristo e sua relação com a Virgem Maria, questão essa não raro se torna o *único* elemento puramente dogmático dos anabatistas e já se apresenta de forma tão singular nos mais antigos de seus documentos escritos (por exemplo, nas "Confissões" reproduzidas por Cornelius, apêndice ao vol. II da obra já citada). Ver a respeito, entre outros, K. Müller, *Kirchengeschichte*, II, 1, p. 330. Interesses religiosos em última análise próximos estavam subjacentes à diferença na cristologia de reformados e luteranos (quanto à doutrina da chamada *communicatio idiomatum*).

178. Um tal preceito exprimiu-se notadamente no rigor primordialista com que se evitam os excomungados até na vida civil — um ponto em que mesmo os calvinistas faziam largas concessões à tese de que as relações civis não deviam ser afetadas pelas censuras eclesiásticas. [Ver meu ensaio sobre "As seitas protestantes..."]

179. É notório como esse princípio se expressou em exterioridades aparentemente irrelevantes entre os quakers (recusa a tirar o chapéu, a ajoelhar-se, a inclinar-se e até a se dirigir ao interlocutor com pronomes pessoais no plural). Mas em si a ideia *fundamental* é própria em certo grau de *toda* ascese, por ela ser sempre genuinamente "avessa à autoridade". No calvinismo, ela se expressava no princípio segundo o qual, na *Igreja*, só *Cristo* devia imperar. No que tange ao pie-

tismo, pense-se na dificuldade que Spener sentia em justificar biblicamente os *títulos*. A ascese católica rompeu com esse traço de aversão à autoridade *eclesiástica* por intermédio do voto de *obediência*, interpretando a obediência de forma ascética. A "inversão" desse princípio na ascese protestante constitui o fundamento histórico da singularidade da própria *democracia* atual dos povos de influência puritana e de sua diferença em relação à democracia de "espírito latino". É ainda a base histórica da "falta de respeito" dos americanos, que a uns se afigura repulsiva e a outros, salutar.

180. É verdade que, entre os anabatistas, essa observância desde o início se aplicava apenas em relação ao Novo Testamento e não ao Antigo na mesma base. Em especial o "Sermão da montanha" gozava em todas as denominações de um apreço todo específico como programa ético-social.

181. Já Schwenckfeld considerara a administração externa dos sacramentos um "*adiáphoron*", ao passo que os *General Baptists* e os menonitas observavam estritamente o ritual do batismo e o da santa ceia, e os menonitas, a par disso, o do lava-pés. [Mas, com exceção da santa ceia, foi muito forte a desvalorização — a *suspeição*, pode-se mesmo dizer — dos sacramentos entre os predestinacionistas. Sobre isso, ver também o ensaio sobre "As seitas protestantes..."]

182. Nisso as denominações de raiz anabatista, em especial os quakers (Barclay, *Apology for the True Christian Divinity*, 4ª ed., Londres, 1701 — que Eduard Bernstein pôs gentilmente à minha disposição), apelavam para as declarações de Calvino na *Inst. Christ. Theol.*, III, 2, onde se encontram de fato indiscutíveis pontos de contato com a doutrina anabatista. A *distinção mais* antiga entre a dignidade da "Palavra de Deus" — ou seja, aquilo que Deus relevou diretamente aos patriarcas, profetas e apóstolos — e a dignidade da "Sagrada Escritura", como sendo aquilo que dessa revelação eles *anotaram por escrito*, confinava também intimamente, mas não se tratava de um nexo histórico, com a concepção dos anabatistas sobre a essência da salvação. A doutrina mecanicista da inspiração, que deu na estrita bibliocracia dos calvinistas, foi produto apenas de um desenvolvimento em curso no século XVI que correu em determinada direção, assim como a doutrina da "luz interior" dos quakers, que se apoiava em fundamentos anabatistas, foi resultado de um desenvolvimento que correu em direção completamente inversa. Em parte, a nítida cisão foi aqui mais uma vez resultado de constante discussão das correntes entre si.

183. Isso foi fortemente acentuado contra certas tendências dos socinianos. A razão "natural" *nada* sabe de Deus (Barclay, *op. cit.*, p. 102). Com isso se alterava a posição que de resto a *lex naturae* ocupa no protestantismo. Não podia haver em princípio *general rules*, um *código* moral, porquanto a "vocação profissional" que cada qual tem, e que é *individual* de cada um, Deus a mostrou através da *consciência*. Não se trata de fazer "o bem" — no conceito generalizante de razão

"natural" —, mas de fazer a *vontade de Deus*, tal como numa nova aliança foi escrito em nosso coração e se expressa na consciência (Barclay, pp. 73ss. e 76.). Essa *irracionalidade* ética — resultante da antítese exacerbada entre o divino e a criatura — exprime-se nas seguintes frases, fundamentais para a ética quaker: "*what a man does contrary to his faith*, though his faith may be wrong, *is no ways acceptable to God* (...) *though* the thing might have been lawful to another" {"o que um homem faz em discordância com sua fé, mesmo que essa fé esteja equivocada, não é aceitável a Deus (...) mesmo que *aquilo possa ser lícito a outrem*"} (Barclay, p. 487). Na prática, é claro, ela era insustentável. Segundo Barclay, por exemplo, os "*moral and perpetual statutes acknowledged by all Christians*" {"perenes estatutos morais reconhecidos por todos os cristãos"} é que dão os limites da *tolerância*. Do ponto de vista prático, os contemporâneos sentiram sua ética — com algumas particularidades — como equivalente à dos pietistas calvinistas. "Tudo que há de bom na Igreja é suspeito de ser quaker", ressalta Spener repetidas vezes. Daí talvez ele invejar os quakers por essa fama: *Consilia Theol.*, III, 1, dist. 2 (nº 64). A rejeição do juramento por causa de uma frase bíblica já revela o pouco que se avançara em termos de emancipação real da letra da Escritura. Da significação ético-*social* da máxima considerada por muitos quakers como a quintessência de *toda* a ética cristã: "Faz aos outros só o que queres que te façam" nós nos ocuparemos mais tarde, [não cabe que nos ocupemos disso aqui].

184. Barclay fundamenta a necessidade de admitir essa *possibilidade* dizendo que, sem ela, "*there should never be a place known by the Saints wherein they might be free of doubting and despair, which* (...) is most absurd" {não haveria jamais um lugar conhecido pelos santos onde eles pudessem ficar livres da dúvida e do desespero (...) o que *é o máximo do absurdo*}. Vê-se que a *certitudo salutis* depende disso. Assim Barclay, *op. cit.*, p. 20.

185. Subsiste, pois, uma diferença de tonalidade entre a racionalização calvinista da vida e a dos quakers. Mas, se Baxter a formula querendo dizer que para os quakers o "espírito" deve agir sobre a alma como sobre um cadáver, enquanto os reformados tinham por princípio (em sua formulação característica): "*reason and spirit are conjunct principles*" {razão e espírito são princípios conjugados} (*Christ. Dir.*, II, p. 76), então essa oposição [praticamente] não vigorava mais em sua época sob *esses* parâmetros.

186. Ver os esmerados verbetes "Menno" e "Mennoniten" de Cramer na *R. E. f. Pr. Th. u. K.*, em especial p. 604. O que esses verbetes têm de bom, o verbete "Baptisten" da mesma obra tem de superficial e, em parte, francamente de inexato. Seu autor desconhece, por exemplo, as *Publications of the Hanserd Knollys Society*, imprescindíveis para a história dos batistas.

187. Assim explica Barclay, *op. cit.*, p. 404, que comer, beber e *lucrar* são "natural *acts*" {atos *naturais*}, não espirituais, podendo ser praticados sem o cha-

mado especial de Deus. A explicação é uma resposta à objeção (característica) de que, como ensinam os quakers, se não se pode rezar sem uma especial *motion of the spirit*, não se pode tampouco arar a terra sem esse especial estímulo divino. Também não deixa de ser característico que em resoluções mais recentes de sínodos quakers desponte o conselho de retirar-se da vida de negócios uma vez adquirido patrimônio suficiente, a fim de poder, ao abrigo dos afazeres do mundo, consagrar o resto da vida ao reino de Deus, se bem que tais ideias certamente são encontradas [igualmente] nas [outras] denominações, inclusive no calvinismo. Também aqui se evidencia que a aceitação da ética profissional burguesa [da parte de seus portadores] significou a viravolta [intramundana] de uma ascese originalmente marcada pela *fuga do mundo*.

188. Recomendamos expressamente aqui, mais uma vez, os excelentes comentários de Eduard Bernstein, *op. cit.* [Em outra oportunidade] falaremos da exposição [extremamente esquemática] de Kautsky sobre o movimento anabatista e sua teoria do "comunismo herético" (no primeiro volume da mesma obra).

189. Veblen, em seu sugestivo livro *Theory of business enterprise* (Chicago, 1904), é da opinião que essa divisa é simplesmente expressão do "capitalismo em seus primórdios". Entretanto, sempre houve "super-homens" econômicos que, feito os nossos atuais *captains of industry*, estão para além do bem e do mal, e na vasta camada inferior da atividade capitalista esse princípio vigora até hoje.

190. "*In civil actions it is good to be* as the many, *in religious, to be as the best*" {Nas ações civis é bom ser *como a maioria*, nas religiosas, como os melhores}, opina por exemplo Th. Adams (*Works of the Pur. Div.*, p. 138). A frase soa sem dúvida um pouco mais abrangente do que aquilo que na verdade quer dizer. Significa que a honestidade puritana é legalidade *formalista*, assim como a "veracidade" ou *uprightness* {integridade} que povos de passado puritano gostam de reivindicar como uma virtude nacional é algo especificamente *diverso* — remodelado em termos formalistas e reflexivos — da "*Ehrlichkeit*" {honradez} alemã. Bons comentários a respeito disso fez um pedagogo nos *Preussische Jahrbücher*, vol. 112 (1903), p. 226. O *formalismo* da ética puritana, por sua vez, é consequência inteiramente adequada do apego à *Lei*.

191. [Mais detalhes a respeito no meu estudo sobre "As seitas protestantes e o espírito do capitalismo".]

192. [*Aqui* mora a razão do impacto econômico penetrante das *minorias* (ascético-)protestantes, mas não das católicas.]

193. [Que a divergência de fundamentação dogmática fosse compatível com a inclusão do interesse na "comprovação", dado esse que é decisivo, é um fato que tem sua razão *última*, que aqui não será debatida, na peculiaridade histórico-religiosa do cristianismo em geral.]

194. "*Since God hath gathered us to be a people*" {Já que Deus nos reuniu para

sermos um povo}, está dito por exemplo em Barclay, *op. cit.*, p. 357, e eu mesmo ouvi um sermão quaker [no Haverford College] que punha toda a ênfase na seguinte interpretação: *saints = sancti = separati.*

2. ASCESE E CAPITALISMO (PP. 141-67)

195. Ver a bela caracterização feita por Dowden, *op. cit.* — Sobre a teologia de Baxter posterior ao seu gradual afastamento da fé estrita no "duplo decreto", serve como orientação discreta a Introdução (de Jenkyn) a seus diversos trabalhos impressos nos *Works of the Puritan Divines.* — Sua tentativa de combinar *universal redemption* e *personal election* não satisfez a ninguém. O essencial para nós é simplesmente que, mesmo então e precisamente então, ele perseverou na "*personal* election", ou seja, no ponto eticamente decisivo da doutrina da predestinação. Importante, por outro lado, é o fato de ele ter mitigado a concepção *forense* de justificação, o que em certo sentido o aproxima dos anabatistas.

196. Tratados e sermões de Th. Adams, John Howe, Matthew Henry, J. Janeway, St. Charnock, Baxter e Bunyan estão compilados nos dez volumes dos *Works of the Puritan Divines* (Londres, 1845-48), numa seleção muitas vezes um tanto arbitrária. As referências às edições dos trabalhos de Bailey, Sedgwick e Hoornbeck já foram dadas quando citadas pela primeira vez.

197. [Do mesmo modo poderiam ter sido mencionados Voët e outros representantes continentais da ascese intramundana. A opinião de Brentano de que esse desenvolvimento foi "somente anglo-saxão" é totalmente equivocada.] A seleção feita repousa no desejo de dar a palavra, não exclusivamente mas o mais possível, ao movimento ascético da segunda metade do século XVII, imediatamente antes de sua transformação em utilitarismo. Infelizmente, no espaço deste esboço tivemos de abrir mão da sedutora tarefa que teria sido descrever o estilo de vida do protestantismo ascético a partir também da literatura biográfica, nomeadamente a quaker, relativamente desconhecida de nós.

198. [Pode-se igualmente consultar os escritos de Gisbert Voët ou as atas dos sínodos huguenotes ou da literatura dos batistas holandeses. De forma extremamente infeliz Sombart e Brentano pinçaram justamente os elementos que eu próprio realcei como expressamente "ebioníticos" em Baxter, para me objetar com o incontestável "retrocesso" (capitalista) de sua *doutrina*. Mas é preciso: 1) *conhecer* realmente a fundo toda essa literatura para utilizá-la com acerto; 2) não ignorar que eu buscava provar justamente isto: que *apesar* da *doutrina* "antimamonista", o espírito dessa *religiosidade* ascética, do mesmo modo que nas economias dos mosteiros, deu origem ao racionalismo econômico, uma vez que pre-

miava o aspecto decisivo — os *estímulos* racionais asceticamente condicionados. É só isso que importa, e outro não é o eixo da presente exposição.]

199. [O mesmo em Calvino, que não era nenhum amante da riqueza burguesa (ver seus veementes ataques a Veneza e a Antuérpia, *Comm. in Jes. Opp.*, III, 140a, 308a).]

200. *Saints' Everlasting Rest*, caps. X e XII. Ver também [Bailey, *Praxis pietatis*, p. 182, ou ainda] Matthew Henry, ("The Worth of the Soul", *in Works of Pur. Div.*, p. 319: "*Those that are eager in pursuit of worldly wealth despise their soul, not only because the soul is neglected and the body preferred before it, but because it is employed in these pursuits: Psalm 127, 2*" {"Aqueles que buscam ansiosos a riqueza mundana desprezam a própria alma, não apenas porque a negligenciam, dando preferência ao corpo, mas porque a empregam nessas buscas: Salmo 127(126), 2"}. (Mas na *mesma* página encontra-se a observação a ser citada mais adiante sobre a pecaminosidade de qualquer espécie de perda de tempo, especialmente em *recreations*.) Idem em toda a literatura religiosa do puritanismo anglo-holandês. Ver por exemplo a filípica de Hoornbeck contra a *avaritia* {avareza} (*op. cit.*, I, X, caps. 18 e 19). (Nesse escritor, aliás, operam também influências pietistas sentimentalistas: ver o elogio da *tranquillitas animi* {tranquilidade de ânimo} que agrada a Deus em oposição à *sollicitudo* {inquietação} deste mundo.) "Não é fácil um rico alcançar a bem-aventurança", escreve também Bailey (*op. cit.*, p. 182), apoiando-se numa conhecida passagem bíblica. Os catecismos *metodistas* também desaprovam que "se acumulem tesouros na terra". No pietismo isso fica evidente por si mesmo. E entre os quakers o quadro não era outro. Ver Barclay, *op. cit.*, p. 517: "(...) *and therefore beware of such temptation as to use their callings and engine* to be richer" {"(...) e, portanto, há que se prevenir contra a tentação de empregar profissões e engenho com o propósito *de enriquecer*".}.

201. [Com efeito, não só a riqueza, mas também a *compulsiva ambição de ganho* (ou coisa que o valha) era focadamente condenada. Nos Países Baixos, em resposta a uma interpelação, explicou o sínodo sul-holandês de 1574 que os "lombardos" não podiam ser admitidos à santa ceia, mesmo que seu negócio fosse exercido dentro dos limites da lei; o sínodo provincial de Deventer de 1598 (art. 24) estendeu tal proibição aos empregados dos "lombardos"; o sínodo de Gorichem de 1606 estatuiu as condições, duras e humilhantes, sob as quais as *mulheres* de "usurários" poderiam ser admitidas; e ainda em 1644 e 1657 era discutido se cabia admitir os lombardos à santa ceia (diga-se isso explicitamente contra Brentano, que cita seus ancestrais católicos — embora em todo o mundo asiático-europeu existam há milênios comerciantes e banqueiros de origem estrangeira); e mesmo Gisbert Voët (*Disp. theol.*, IV, Anst. 1667, *De usuris*, p. 665) tencionava excluir da santa ceia os "trapezitas" (lombardos, piemonteses). Nos sínodos huguenotes não foi diferente. Camadas capitalistas *desse feitio não* eram

absolutamente os portadores típicos da disposição e da conduta de vida de que se trata aqui. E também não eram *nenhuma novidade* em relação à Antiguidade e à Idade Média.]

202. Ideia amplamente desenvolvida no capítulo X do *Saints' Everlasting Rest*: quem quiser ficar descansando longamente no "albergue" que Deus lhe dá, que são as posses, por Ele é castigado já nesta vida. O lauto repouso em cima da riqueza adquirida quase sempre é prenúncio de ruína. — Pergunta-se: Se tivéssemos tudo quanto *poderíamos* ter no mundo, isso já seria tudo o que *esperaríamos* ter? *Satisfação plena e cabal* não se alcança aqui na terra — justamente porque, por vontade de Deus, ela não *deve* existir.

203. *Christ. Dir.*, I, pp. 375-6: "*It is for* action *that God maintaineth us and our activities:* work *is the moral as well as the natural* end of power. (...) *It is* action *that God is most served and honoured by*. (...) *The public welfare or the good of many* is to be valued above our own" {"É para *a ação* que Deus nos mantém, a nós e a nossas atividades: *o trabalho* é o fim moral e natural do poder. (...) É com *a ação* que Deus é melhor servido e honrado. (...) Ao bem-estar público, ao bem da maioria, deve-se dar mais valor do que ao nosso próprio bem-estar".}. Aqui se mostra o ponto de partida para a transformação da vontade de Deus nos pontos de vista puramente utilitários da ulterior teoria liberal. Sobre as fontes religiosas do utilitarismo, voltar à nota 145 e ver mais adiante no texto.

204. O mandamento de *guardar silêncio* — decorrente da ameaça bíblica de punir "toda palavra vã" — é sim um comprovado meio ascético de educação ao controle de si, nomeadamente a partir dos monges de Cluny. Baxter também se estende em minúcias quanto aos pecados da conversa ociosa. A significação caracterológica desse princípio já foi analisada por Sanford, *op. cit.*, pp. 90ss. A *melancholy* {melancolia} e a *moroseness* {casmurrice} dos puritanos, tão profundamente sentidas por seus contemporâneos, eram resultado justamente da ruptura com a *descontração* do *status naturalis*, e a serviço desse fim aparecia também a proibição de falar sem pensar. Quando Washington Irving (*Bracebridge Hall*, cap. XXX) busca a razão disso, em parte no *calculating spirit* {espírito calculante} do capitalismo, em parte no efeito da liberdade política que leva à responsabilidade pessoal, falta acrescentar que o mesmo efeito não se produziu entre os povos latinos e que na Inglaterra as coisas estavam no seguinte pé: 1) o puritanismo tornava seus adeptos capazes de criar instituições livres, convertendo-se com isso numa potência mundial; e 2) transformava esse elemento realmente constitutivo do capitalismo, a "calculice" {"*Rechenhaftigkeit*"} (que é como Sombart denomina esse *spirit*), de simples instrumento da economia em *princípio* da *conduta de vida* como um todo.

205. *Op. cit.*, I, p. 111.

206. *Op. cit.*, I, pp. 383ss.

207. Termos parecidos usa Barclay (*op. cit.*, p. 14) para falar da preciosidade do tempo.

208. Baxter, *op. cit.*, p. 79: "*Keep up a high esteem of time and be every day more careful that you lose none of your time than you are that you lose none of your gold and silver. And if vain recreation, dressings, feastings, idle talk, unprofitable company, or sleep, be any of them temptations to rob you of any of your time, accordingly heighten your watchfulness*" {"Tem o tempo em alta estima e toma a cada dia mais cuidado em não perderes do teu tempo mais do que cuidas por não perderes ouro e prata. Se o vão lazer, o bem vestir, festas, conversa mole, companhias sem proveito ou o sono fossem daquelas tentações capazes de te roubar parte do tempo, aumenta tanto mais a tua vigilância."}. "*Those that are prodigal of their time despise their own souls*" {"os que são pródigos com seu tempo desprezam sua própria alma"}, é o que Matthew Henry quer dizer ("Worth of the Soul", *W. of Pur. Div.*, p. 315). Aqui também a ascese protestante move-se em trilhos há muito experimentados. Estamos habituados a imaginar como coisa específica do profissional moderno o fato de que ele "não tem tempo" e — como já fazia Goethe nos *Anos de peregrinação* {*Wanderjahre*} — a medir o grau de desenvolvimento capitalista com o fato de os *relógios* baterem os quartos de hora (assim também Sombart em seu *Kapitalismus*). — Mas não se deve esquecer que o primeiro ser humano a viver com o *tempo todo subdividido* foi (na Idade Média) o *monge*, e o toque dos sinos da igreja era para servir primeiro à *sua* necessidade de fracionar o tempo.

209. Ver as discussões de Baxter sobre a profissão, *op. cit.*, pp. 108ss. Ali se encontra a seguinte passagem: "*Question: But may I not cast off the world that I may only think of my salvation?—Answer: You may cast off all such excess of wordly cares or business as unnecessarily hinder you in spiritual things. But you may not cast off all bodily employment and mental labour in which* you may serve the common good. *Every one as a member of Church or Commonwealth must employ their parts to the utmost for the good of the Church and the Commonwealth. To neglect this and say: I will pray and meditate, is as if your servant should refuse your* greatest *work and tye himself to some lesser easier part. And* God hath commandeth *you some way or other to* labour for your daily bread and not to live as drones of the sweat of others only" {"Pergunta: Mas não posso desprezar o mundo a fim de pensar apenas na minha salvação? — Resposta: Podes desprezar todo o excesso de preocupações e assuntos mundanos que te atrapalham desnecessariamente nas questões espirituais. O que não podes é desprezar toda atividade física e todo labor mental *mediante os quais podes servir ao bem comum*. Todo membro da Igreja ou da nação deve se esforçar ao máximo para o bem da Igreja e da nação. Negligenciar esse dever, dizendo 'Vou orar e meditar', seria o mesmo que teu criado recusar fazer o trabalho *maior* em prol de alguma tarefa menor e mais fácil. *E*

Deus te ordenou que, de uma forma ou de outra, *trabalhes* para obter o pão nosso de cada dia, e não que, feito um zangão, vivas apenas do suor dos outros".}. — São citados em apoio o mandamento de Deus a Adão: "com o suor do teu rosto" {Gn 3, 19} e a ordem de Paulo: "Quem não trabalha, não coma" {2Tes 3, 10}. [Dos quakers sempre se soube que mesmo seus círculos mais abastados exortavam os filhos ao aprendizado de uma profissão (por razões éticas, e não utilitárias — como fazia Alberti).]

210. Aqui há pontos de que diverge o pietismo por conta de seu caráter *sentimental*. Para Spener (*Theol. Bedenken*, III, p. 445), embora sublinhe em sentido plenamente luterano que o trabalho profissional é *serviço prestado a Deus*, é certo — e isso também é luterano — que a *agitação* dos negócios afasta de Deus, uma antítese extremamente característica em relação ao puritanismo.

211. *Op. cit.*, p. 242: "*It's they that are lazy in their callings that can find no time for holy duties*" {"São os preguiçosos em sua profissão que não acham tempo para os santos deveres".}. Daí a opinião de que eram de preferência as *cidades* — sede da burguesia dedicada ao lucro racional — a sede das virtudes ascéticas. Assim Baxter (em sua autobiografia) diz dos seus tecelões em Kidderminster: "*And their constant* converse and traffic with London doth much to promote civility and piety among tradesmen" {"Muito fez para promover a civilidade e a devoção entre os comerciantes o seu constante conversar e traficar com Londres"} (excerto nos *W. of the Pur. Div.*, p. XXXVIII). Que morar próximo da capital fosse salutar à virtude é algo que surpreenderia os eclesiásticos de hoje — pelo menos os alemães. Mas também o pietismo apresenta concepções análogas. Assim Spener escreveu certa vez de um jovem colega: "Ao menos se há de ver que em meio à multidão citadina, embora a grande maioria seja de má reputação, sempre se há de encontrar, em compensação, algumas boas almas a quem se poderá fazer o bem, ao passo que nos vilarejos mal se encontra algo de bom em toda uma comunidade" (*Theol. Bed.*, I, 66, p. 303). — O camponês pouco se qualifica para a conduta de vida ascética racional. A exaltação *ética* que dele se faz é bastante moderna. Não entraremos aqui na significação desta e de outras declarações análogas para a questão do *condicionamento de classe* da ascese.

212. Tomem-se por exemplo as seguintes passagens (*op. cit.*, pp. 336ss.): "*Be wholly taken up in diligent business of your lawful callings when you are not exercised in the more immediate service of God*". — "*Labour hard in your callings*". — "*See that you have a calling which will find you employment for all the time which Gods immediate service spareth*". {"Dedicai-vos com total zelo ao exercício de vossas legítimas profissões, se não sois versados no serviço mais imediato a Deus". — "Trabalhai duro em vossas profissões". — "Cuida para que tenhas uma vocação que te ocupe por todo o tempo não empregado no serviço imediato de Deus".}.

213. Ainda recentemente Harnack tornou a ressaltar que a valorização

especificamente ética do trabalho e de sua "dignidade" não era uma ideia *originária* nem tampouco característica do cristianismo (*Mitt. des Ev.-Soz. Kongr.*, série 14, 1905, nº 3/4 p. 48).

214. Assim também no pietismo (Spener, *op. cit.*, pp. 429-30). A maneira caracteristicamente pietista é: a fidelidade à profissão, que nos é imposta como castigo pelo pecado original, serve para a *mortificação* da *vontade* própria. O trabalho numa profissão, como serviço prestado de amor ao próximo, é um dever de gratidão pela graça divina (eis uma representação luterana!), e por isso não é agradável a Deus se for executado a contragosto e com fastio (*op. cit.*, III, p. 272). Portanto, o cristão "mostrar-se-á tão assíduo em seu trabalho como alguém do mundo" (III, p. 278). Isso, evidentemente, está aquém do modo de ver puritano.

215. [No que se baseia *esse* importante contraste, que existe claramente desde a Regra de São Bento, isso só um estudo de proporções mais vastas poderá indicar.]

216. "*A* sober *procreation of children*" {Uma *sóbria* procriação de filhos}, escreve Baxter, é a sua finalidade. Assim também faz Spener, muito embora com concessões à opinião luterana mais tosca, segundo a qual seu fim secundário é evitar a imoralidade, aliás irreprimível. A concupiscência, como fenômeno que acompanha o coito, é pecado mesmo dentro do casamento e, segundo a concepção de Spener, por exemplo, ela não é outra coisa senão *consequência* do pecado original, que transformou um processo que é natural e querido por Deus em algo inevitavelmente ligado a sensações pecaminosas e, portanto, num *pudendum* {algo que dá vergonha}. Também para muitas correntes pietistas, a forma suprema de casamento cristão é aquela em que se preserva a virgindade, a segunda é aquela na qual o intercurso sexual visa exclusivamente à procriação e assim por diante, descendo até aqueles matrimônios contraídos por razões puramente eróticas ou materiais, eticamente considerados concubinato. Nessas categorias inferiores, o matrimônio contraído por motivos puramente materiais (na medida em que provém, apesar de tudo, de um cálculo *racional*) acaba preferido ao casamento eroticamente motivado. A teoria e a prática dos irmãos hernutenses podem aqui ser deixadas de lado. A filosofia racionalista (Christian Wolff) retoma a teoria ascética naquela versão segundo a qual não se pode converter num fim *em si* aquilo que está destinado a ser um *meio* para um fim: a concupiscência e sua satisfação. — A transição para o utilitarismo de orientação puramente higienista já está completa em Franklin, que assume ponto de vista ético próximo ao daqueles médicos modernos que identificam "castidade" com limitação da transa sexual ao que for desejável *para a saúde* e, além disso, como se sabe, se entretêm em considerações teóricas a respeito de "como fazer isso?". Essa evolução se verifica por toda parte tão logo essas coisas se tornam objeto de ponderações puramente *racionais*. O racionalista sexual puritano e o racionalista sexual

higienista trilham caminhos bem diversos, mas nesse ponto eles "se entendem perfeitamente"; recentemente, numa palestra cujo tema era a regulamentação de bordéis e prostitutas, um ardoroso defensor da "prostituição higiênica" justificava a legitimidade moral da "relação sexual extraconjugal" (por ele encarada como *higienicamente* útil), apelando para a transfiguração poética dessa espécie de relação no caso de *Fausto e Gretchen*. Tratar Gretchen como uma prostituta e equiparar o poderoso império das paixões humanas a relações sexuais com vistas à manutenção da saúde — ambas as coisas se encaixam *plenamente* na postura puritana; o mesmo se diga, por exemplo, dessa outra concepção tipicamente de especialista e corrente entre médicos ilustres, segundo a qual uma questão que desce tão fundo nos problemas mais sutis da personalidade e da cultura, como é o caso da abstinência sexual e sua significação, é "exclusivamente" da alçada do médico (enquanto especialista): entre os puritanos, o "especialista" é o teórico moralista; para os médicos, é o teórico higienista, mas num e noutro caso o princípio [da "competência" para dirimir a questão], que dá impressão de pedantismo, é o mesmo, ainda que com sinais trocados: pedantismo de especialista e pedantismo sexual se enlaçam. Só que o poderoso idealismo da visão puritana [mesmo com todas as suas pudicícias] tem resultados positivos a mostrar, tanto de um ponto de vista puramente "de higiene", quanto de conservação da raça, ao passo que a moderna higiene sexual, malgrado o apelo à "falta de preconceito", apelo que hoje em dia ela não pode mais dispensar, corre o risco de puxar o próprio tapete. — Naturalmente, fica fora desta discussão aqui o modo como essa interpretação racional das relações sexuais nos povos de influência puritana acabou dando origem a um refinamento, uma impregnação ético-espiritual das relações intramatrimoniais, um florescimento do cavalheirismo conjugal — em contraste com a bruma patriarcal que persiste entre nós em situações descaradamente retrógradas mesmo nos círculos da aristocracia intelectual. (Influências anabatistas deram sua contribuição [para a "emancipação" da mulher]: a defesa da *liberdade de consciência* feminina e a extensão da ideia de "sacerdócio universal" às mulheres foram, também, as primeiras brechas abertas no patriarcalismo.)

217. Tema recorrente em Baxter. O fundamento bíblico é geralmente aquele que conhecemos de Franklin (Provérbios 22, 29), ou então o elogio do trabalho em Provérbios 31, 16 (cf. Baxter, *op. cit.*, I, pp. 382, 377 etc.).

218. Mesmo Zinzendorf diz de passagem: "A gente trabalha não só para viver, mas vive para trabalhar, e quando não se tem mais no que trabalhar, ou vai sofrer ou vai dormir" (Plitt, I, p. 428).

219. Há um credo dos mórmons que (segundo citações que conheço) conclui com estas palavras: "Mas um preguiçoso ou mandrião não pode ser cristão e ter parte na bem-aventurança. Ele está destinado a ser aferroado de morte e ati-

rado fora da colmeia". Essa magnífica *disciplina*, que observa o justo meio entre o mosteiro e a manufatura e que coloca o indivíduo diante da alternativa: ou o trabalho ou a exclusão — certamente *em associação com* o entusiasmo religioso e *possível apenas por meio dele* — foi que permitiu a essa seita realizar as espantosas proezas econômicas que realizou.

220. E seus sintomas são em seguida cuidadosamente analisados, *op. cit.*, p. 380. *Sloth* {preguiça} e *idleness* {vadiagem} são pecados assim tão eminentemente graves *pelo fato de* terem caráter de *continuidade*. Chegam a ser considerados por Baxter como "destruidores do estado de graça" (*op. cit.*, I, pp. 279-80). Eles são exatamente a antítese da vida *metódica*.

221. Ver acima a nota 57 da Parte I {dedicada a Tomás de Aquino}.

222. Baxter, *op. cit.*, I, pp. 108ss. Saltam à vista especialmente as seguintes passagens: "*Question: But will not wealth excuse us? – Answer: It may excuse you from some sordid sort of work, by making you more serviceable to another, but you are no more excused from service of work* (...) *than the poorest man* (...)" {"Pergunta: Mas não nos isentará a riqueza? — Resposta: Ela pode isentar-vos de algum trabalho muito humilde, fazendo-vos mais úteis a outrem, mas não vos desobrigará (...) do serviço no trabalho (...) mais do que ao mais pobre dos homens (...)}. E também *op. cit.*, I, p. 376: "*Though they* (os ricos) *have no outward want to urge them, they have as great a necessity to obey God* (...) *God had strictly commandeth it* (o trabalho) *to all*" {"Embora (os ricos) não tenham nenhuma necessidade exterior a urgi-los, é igualmente grande sua necessidade de obedecer a Deus (...) Deus ordenou-o (o trabalho) rigorosamente a todos".}.

223. Assim também Spener (*op. cit.*, III, pp. 338, 425), que por esse motivo combate declaradamente a tendência a se aposentar cedo como algo moralmente reprovável e que — em réplica à objeção da licitude da cobrança de juros segundo a qual o usufruto dos juros levaria à preguiça — sublinha que se alguém é capaz de viver de juros ainda assim *tem o dever* de trabalhar por mandamento divino.

224. Inclusive o pietismo. Quando se trata da questão da *troca* de profissão, Spener é sempre do seguinte parecer: *uma vez que* se abraçou uma determinada profissão, o dever de obediência à Providência divina exige permanência nela e resignação a ela.

225. [Nos meus ensaios sobre a "Ética econômica das religiões mundiais" explica-se o extremismo patético com que a doutrina *hinduísta* da salvação exerce sua dominação sobre a conduta de vida inteirinha, vinculando o tradicionalismo profissional às chances de reencarnação. É justamente nesse particular que se pode reconhecer a diferença que subsiste entre simples conceitos ético-*doutrinários* e a criação de *estímulos* psicológicos de determinada espécie pela religião. O hindu piedoso podia obter possibilidades favoráveis de reencarnação *somente*

com a condição do estrito cumprimento dos deveres *tradicionais* de sua própria casta: eis a mais firme ancoragem religiosa do tradicionalismo que se pode imaginar. De fato, a ética hinduísta é nesse ponto a antítese mais consequente da ética puritana, assim como, em outros aspectos do tradicionalismo estamental, é a antítese mais consequente do judaísmo.]

226. Baxter, *op. cit.*, I, p. 377.

227. Mas nem por isso ela é algo historicamente derivado deles. Antes, exprime-se aí toda a representação genuinamente calvinista segundo a qual o cosmos do "mundo" serve à glória de Deus, à sua autocelebração. A virada utilitária, segundo a qual o cosmos econômico deve servir ao objetivo de manter a vida de todos (*good of the many*, *common good* etc.), era consequência da ideia de que toda outra interpretação conduzia a uma (aristocrática) divinização da criatura ou, quando menos, não servia à glória de Deus, e sim a "fins culturais" próprios de criatura. Só que a vontade de Deus, tal como expressa na configuração teleológica do cosmos econômico (ver a precedente nota 35), pode querer, na medida em que entram em consideração os fins deste mundo terreno, apenas o bem da "coletividade", ou seja, a "utilidade" *impessoal*. O utilitarismo, então, como já dissemos antes, é consequência da configuração *impessoal* do "amor ao próximo" e da recusa de toda glorificação do mundo com base na exclusividade do princípio puritano *in majorem Dei gloriam*. Pois a intensidade com que no conjunto do protestantismo ascético dominava a ideia: de que toda glorificação da criatura ofende a glória de Deus, sendo por isso incondicionalmente condenável, mostra-se claramente nos escrúpulos e na dificuldade que sentia o próprio Spener, a bem dizer em nada bafejado pelos ares "democráticos", em sustentar, diante das incontáveis interpelações, que o uso de *títulos* era *adiáphoron* {indiferente}. Ele acabou recuperando a tranquilidade ao constatar que mesmo na Bíblia o pretor Festo é tratado pelo apóstolo com o título de *krátistos* {o potentíssimo}. — O aspecto *político* da coisa não cabe abordar [neste contexto].

228. "*The* inconstant *man is a stranger in his own house*" {"O homem *inconstante* é um estranho em sua própria casa"}, diz também Th. Adams (*Works of the Pur. Div.*, p. 77).

229. Ver a respeito especialmente as declarações de George Fox em *The Friends' Library* (ed. W. & Th. Evans, Filadélfia, 1837 ss., vol. I, p. 130).

230. [Além disso, é claro, essa inflexão da ética religiosa não pode em nenhuma hipótese ser vista como reflexo das relações econômicas existentes. A especialização profissional na Idade Média italiana estava naturalmente mais avançada do que na Inglaterra daquele período.]

231. Pois Deus — conforme se ressalta com muita frequência na literatura puritana — jamais ordenou que se deva amar o próximo *mais* que a si mesmo, mas sim *como* a si mesmo. Daí que o ser humano tem também o *dever* do amor-

-próprio. Aquele que sabe, por exemplo, que emprega sua propriedade com metas mais úteis e portanto para maior honra de Deus do que o seu próximo seria capaz de fazer, não está obrigado por amor ao próximo a partilhá-la com ele.

232. O próprio Spener aproxima-se dessa posição. Mas mesmo quando se trata da passagem de uma profissão comercial (moralmente das mais perigosas) para a teologia, Spener permanece extremamente reticente e dissuasivo (III, pp. 435, 443, I, p. 524). A recorrência da resposta a *essa* precisa pergunta (se é lícita a troca de profissão) nos pareceres naturalmente mui ponderados de Spener revela, diga-se de passagem, o alcance eminentemente *prático* que tinham na vida cotidiana as diversas maneiras de interpretar 1Cor 7.

233. Não se encontra nada parecido entre os principais pietistas continentais, pelo menos *não* em seus textos. A posição de Spener em relação ao "ganho" oscila daqui para lá entre o luteranismo ("posição pró-"alimentação") (cf. *op. cit.*, III, pp. 426, 427, 429, 434) e os argumentos mercantilistas sobre a utilidade da "flor dos comércios" e coisas do gênero (*op. cit.*, III, pp. 330, 332; cf. I, p. 418: o *cultivo de tabaco* traz dinheiro ao país e *por isso* é útil e *por conseguinte* não é pecado!), mas ele não deixa de lembrar que, como mostra o exemplo dos quakers e menonitas, é possível realizar lucro e entretanto continuar piedoso, e mesmo um lucro particularmente elevado — voltaremos a isso mais adiante — pode ser o *produto* direto de uma honradez devota (*op. cit.*, p. 435).

234. Essas opiniões de Baxter *não* são um reflexo do *milieu* econômico em que vivia. *Ao contrário*, ressalta de sua autobiografia que para o êxito de seu trabalho missionário em Kidderminster foi decisivo o fato de *não serem* ricos os comerciantes ali estabelecidos, mas ganharem apenas para "*food and raiment*" {comida e roupa}, e os mestres artesãos serem forçados por sua vez a viver "*from hand to mouth*" {da mão para a boca} a exemplo de seus operários. "*It is* the poor *that receive the glad tidings of the Gospel*" {"É *o pobre* que recebe as boas-novas do Evangelho"}. Th. Adams observa a propósito da ambição de ganho: "*He* (*the knowing man*) *knows* (...) *that money may make a man richer, not better, and thereupon chooseth rather to sleep with a good conscience than a full purse* (...) *therefore desires no more wealth* than an honest man may bear away" {Ele, o homem de conhecimento, sabe (...) que o dinheiro pode tornar um homem rico, não melhor, e por isso ele quer antes dormir com a consciência tranquila a dormir com a bolsa cheia (...) por conseguinte, ele não deseja riqueza a mais do que um homem honesto pode aguentar (Th. Adams, *Works of Pur. Div.*, LI) — só que *ele quer tudo isso, não menos*, [o que quer dizer: todo retorno formalmente *honesto* é também *legítimo*].

235. Assim Baxter, *op. cit.*, I, cap. X, tít. I, dist. 9 (§ 24), vol. I, p. 378, col. 2. A sentença do Livro dos Provérbios (Pr 23, 4): "Não trabalhes pra ficar rico" significa apenas: "*riches for our fleshly ends must not ultimately be intended*" {riquezas

para nossos propósitos carnais não devem ser visadas como fim último}. Odiosa é a propriedade na forma de seu *uso* feudal-senhorial (ver a observação que ele faz na p. 380 a respeito da "*debauched part of the gentry*" {a parte depravada da pequena nobreza}), não a propriedade *em si*. — Milton, na primeira *Defensio pro populo Anglicano*, defende a famosa teoria de que somente o "estamento intermediário" {*Mittelstand*} pode ser o portador da *virtude* — entendendo-se por *Mittelstand* a "classe burguesa" em contraposição à "aristocracia", como mostra o argumento de que tanto o "luxo" quanto a "penúria" estorvam o exercício da virtude.

236. *Isso* é o decisivo. — Só mais esta observação geral: aqui, evidentemente, não nos interessa tanto o que a teologia moral desenvolveu teoricamente, quanto o que na vida prática dos crentes era a moral *vigente* e, portanto, *como operava* na prática a orientação religiosa da ética vocacional. Na literatura casuística do catolicismo, nomeadamente a dos jesuítas, de vez em quando podem-se ler discussões — por exemplo, sobre a questão da licitude dos juros, da qual vamos tratar [mas não aqui] — que soam análogas às de muitos casuístas protestantes ou melhor, que até parecem ir além naquilo que consideram "lícito" ou "provável" [(mais tarde, contra os puritanos, muitas vezes se levantou o argumento de que a ética jesuítica era no fundo idêntica à deles)]. Como os calvinistas costumam citar moralistas católicos, não apenas Tomás de Aquino, Bernardo de Claraval e Boaventura, mas também autores que lhes eram coetâneos, assim também os casuístas católicos [— e isso não dá para discutir aqui —] geralmente prestam atenção na ética herética. [Mas mesmo fazendo total abstração da circunstância decisiva que representou para os *leigos* a *premiação* religiosa da vida ascética, a diferença palmar, já na teoria, estava em que] no catolicismo essas visões latitudinárias, não sancionadas pela autoridade eclesiástica, eram produto de teorias éticas especificamente *laxistas*, das quais se mantinham afastados justamente os adeptos mais sérios e estritos da Igreja, ao passo que no protestantismo, pelo contrário, a ideia de vocação profissional, por sinal uma ideia protestante, tinha por resultado dispor justamente os adeptos mais *sérios* da vida ascética [(por conta de seu sucesso)] ao serviço da vida de lucros capitalistas. Aquilo que lá podia ser *permitido* dependendo de certas condições, aqui aparecia como algo positivamente *bom* em termos morais. As diferenças fundamentais entre as duas éticas, diferenças importantíssimas na prática, foram fixadas definitivamente [para os tempos modernos] a partir da controvérsia jansenista e da bula papal *Unigenitus* {de 1713}.

237. "*You may labour in that manner as tendeth most to your success and lawful gain. You are* bound *to improve all your talents* (...)" {"Podes trabalhar da maneira que melhor favorecer teu sucesso e ganho legítimo. É tua *obrigação* desenvolver todos os teus talentos (...)"} é a frase que se segue à passagem citada

no texto. — Em *Heaven upon Eath*, de Janeway (*in*: *Works of the Pur. Div.*, p. 275 *infra*), há um paralelismo direto entre a ambição de riqueza no reino de Deus e a ambição de sucesso na profissão terrena.

238. Já na profissão de fé (luterana) do duque Christoph de Würtemberg, que foi submetida ao Concílio de Trento, objeta-se contra o *voto* de pobreza: quem é pobre por status social {*Stand*} deve aceitar o fato; agora, fazer voto de *permanecer* pobre é o mesmo que fazer voto de ficar doente para sempre ou de ter sempre o *nome sujo*.

239. Assim em Baxter como na profissão de fé do duque Christoph. Ver ainda passagens como: "(...) *the vagrant rogues whose lives are nothing but an exorbitant course: the main begging*..." {vagabundos malandros cuja vida nada mais é que um curso extravagante: a vasta mendicância...} etc. (Th. Adams, *W. of Pur. Div.*, p. 259). [Já Calvino havia proibido estritamente a mendicância, e os sínodos holandeses criticaram veementemente as cartas e atestados outorgados para fins de mendicância. Enquanto na época dos Stuart, especialmente no regime de Laud sob Carlos I, foi estabelecido de forma sistemática o princípio da assistência pública aos pobres e da obrigação de dar trabalho aos desempregados, o grito de guerra dos puritanos foi : "*Giving alms is no charity*" {dar esmola não é caridade} (frase que depois seria o título dado por Defoe a uma obra sua, famosa) sem falar no repulsivo sistema das *workhouses* para os desempregados, que entrou em cena pelo final do século XVII (ver Leonard, *Early History of English Poor Relief*, Cambridge, 1900, e H. Levy, *Die Grundlagen des ökonomischen Liberalismus in der Geschichte der englischen Volkswirtschaft*, Jena, 1912, pp. 69ss.).]

240. Com ênfase afirmava o presidente da *Baptist Union of Great Britain and Ireland*, G. White, em seu discurso inaugural para a Assembleia de Londres em 1903 (*Baptist Handbook*, 1904, p. 104): "*The best men on the roll of our Puritan churches were* men of affairs, *who believed that religion should permeate the whole of life*" {"Os melhores homens registrados em nossas igrejas puritanas eram *homens de negócios* que acreditavam que a religião deve permear a totalidade da vida"}.

241. Justamente *aqui* reside o contraste característico em relação a toda e qualquer concepção feudal. Segundo esta, só ao *descendente* do *parvenu* (político ou social) é dado colher os frutos do sucesso dele, tendo já passado pela consagração do sangue. (Isso vem expresso de forma característica no espanhol *hidalgo* = *hijo d'algo* — *filius de aliquo* [onde "*aliquid*" quer dizer precisamente um *patrimônio* herdado dos ancestrais.] Por mais que hoje essas diferenças venham perdendo o brilho na rápida transformação e europeização do "caráter nacional" americano, lá se observa ainda hoje, vez por outra, a concepção *diametralmente oposta*, de específico caráter burguês, que exalta o *sucesso* e o *lucro* com negócios como sintoma de *performance* espiritual, tratando porém sem nenhum

respeito a *mera propriedade* (no sentido de propriedade herdada), ao passo que na Europa, de fato, como já observou James Bryce, até hoje o dinheiro permite comprar quase toda honraria social, *contanto que* o proprietário não tenha estado *ele próprio* atrás de um balcão e haja levado a efeito as necessárias metamorfoses de sua propriedade (fideicomissos etc.). *Contra* a honra do *sangue*, ver por exemplo Th. Adams, *Works of the Pur. Div.*, p. 216.

242. Assim, por exemplo, já para o fundador da seita dos familistas, Hendrik Niklaes, que era comerciante (Barclay, *Inner Life of the Religious Communities of the Commonwealth*, p. 34).

243. Isso era ponto pacífico, por exemplo, para Hoornbeck, já que também em Mt 5, 5 e 1Tim 4, 8 são feitas promessas puramente terrenas aos santos (*op. cit.*, vol. I, p. 193). Tudo é produto da Providência divina, mas Ele cuida dos seus de modo especial: "*Super alios autem summa cura et modis singularissimis versatur Dei providentia* circa fideles" {Mais do que para os outros, porém, é para os fiéis que a Providência de Deus se volta com enorme cuidado e de maneira muito especial} (*op. cit.*, p. 192). — Segue-se daí a discussão de como reconhecer que um golpe de sorte *não* provém da *communis providentia*, mas sim desse cuidado especial. Bailey também atribui à Providência divina o sucesso no trabalho profissional (*op. cit.*, p. 191). Que a *prosperity* seja "muitas vezes" o salário da vida devota é uma afirmação constante nos escritos dos quakers (ver por exemplo tal asserção ainda no ano de 1848, na *Selection from the Christian Advices issued by the General Meeting of the Society of Friends*. Londres, 6ª ed., 1851, p. 209). Ainda voltaremos à conexão com a ética quaker.

244. Como exemplo dessa atenção aos patriarcas {bíblicos} — o que também é uma característica da concepção de vida puritana — pode-se ver a análise da disputa entre Esaú e Jacó feita por Thomas Adams (*Works of the Pur. Div.*, p. 235): "*His* (de Esaú) *folly may be argued from the base estimation of the birthright*" {A sua loucura pode ser inferida da baixa estima pelo direito de primogenitura} — a passagem é importante também para a evolução da ideia de *birthright*, a que voltaremos adiante — "*that he would so lightely pass from it and on* so easy condition *as a pottage*" {pois ele preferiu tão levianamente ficar sem ele, e com *uma condição tão fácil* como uma sopa}. *Perfídia*, porém, foi o que o fez querer anular a venda que fizera logrado. Ele não passa de um "*cunning hunter, a man of the fields*" {um caçador astuto, um homem do campo}: a irracional falta de cultura em carne e osso, enquanto Jacó, "*a plain man, dwelling in tents*" {um homem franco, vivendo em tendas}, representa o "*man of grace*" {homem da graça}. [Aquele sentimento de um parentesco íntimo com o judaísmo que ainda se exprime em textos conhecidos de Roosevelt, Köhler (*op. cit.*) o foi encontrar amplamente difundido também entre os camponeses da Holanda. — Só que por outro lado o puritanismo tinha plena consciência do seu *contraste* com a ética judaica em sua

dogmática prática, como mostra claramente o escrito de Prynne contra os judeus (a propósito dos planos de tolerância de Cromwell). Ver adiante nota 252.]

245. *Zur bäuerlichen Glaubens- und Sittenlehre. Von einem thüringischen Landpfarrer*, 2ª ed., Gotha, 1890, p. 16. Os camponeses aí descritos são caracteristicamente produtos da Igreja *luterana*. Cansei de tantas vezes anotar na margem o adjetivo "luterana" onde o excelente autor supõe tratar-se de uma religiosidade genericamente "camponesa".

246. Ver por exemplo a citação em Ritschl, *Pietismus*, II, p. 158. Spener igualmente fundamenta suas reticências à troca de profissão e à ambição de lucro *com* sentenças do Eclesiástico, *Theol.*, vol. III, p. 426.

247. Mas Bailey, por exemplo, recomenda igualmente sua leitura, e ao menos aqui e ali não faltam citações dos apócrifos, evidentemente raras. Não me recordo de nenhuma do Eclesiástico (talvez seja um acaso).

248. Quando o notório réprobo obtém sucesso material, o calvinista (assim por exemplo Hoornbeck) tranquiliza-se apelando para a "teoria da obstinação", que lhe dá a certeza de que Deus faz isso para empederni-lo e assim tornar tanto mais certa a sua ruína.

249. Não entraremos em detalhes sobre esse ponto no presente contexto. Aqui nos interessa apenas seu caráter de "justeza" formal. [Sobre a significação da ética do Antigo Testamento para a *lex naturae* há rico material nas *Soziallehren* de Troeltsch.]

250. Segundo Baxter (*Christian Directory*, III, pp. 173ss.), a obrigatoriedade das normas éticas da Escritura vai assim tão longe porque: 1) são somente um *transcript* da *Law of nature* {transcrição da Lei da natureza}, ou 2) trazem em si *the express character of universality and perpetuity* {o caráter expresso da universalidade e da permanência perpétua}.

251. É o caso, por exemplo, de Dowden (que faz referência a Bunyan), *op. cit.*, p. 39.

252. [Para maiores detalhes a respeito, ver meus ensaios sobre a "Ética econômica das religiões mundiais" {cujos textos compõem a maior parte dos três volumes dos *Ensaios reunidos de Sociologia da Religião*}.] Aqui não cabe analisar a enorme influência que exerceu sobre o desenvolvimento, digamos, caracterológico do judaísmo esse seu caráter racional, estranho à cultura dos sentidos, em especial por conta do *segundo mandamento* ("Não farás imagens..."). Ainda assim, talvez se deva mencionar como característico que um dos diretores da *Educational Alliance* dos Estados Unidos (uma organização que se ocupa com surpreendente êxito e generosos recursos da americanização dos imigrantes judeus) tenha pinçado como objetivo primeiro da humanização cultural posta em prática por meio de toda espécie de ensino social, e artístico, a "emancipação em relação ao segundo mandamento". — No puritanismo, a proibição israelita

de toda e qualquer humanização de Deus corresponde à proibição algo diversa de divinizar a criatura, que entretanto age no mesmo sentido, não resta dúvida. — No que respeita ao judaísmo talmúdico, com certeza ela também tem parentesco com traços essenciais da moral puritana. Quando, por exemplo, se proclama no Talmude (cf. Wünsche, *Babyl. Talmud*, II, p. 34) que é melhor e será mais ricamente recompensado por Deus fazer algo bom por *dever*, do que praticar uma boa ação à qual não se está obrigado pela Lei — noutras palavras, o desamoroso cumprimento do dever é superior eticamente à filantropia sentimental —, a ética puritana admitiria uma tese dessas no essencial, e assim também Kant, que, sendo de origem escocesa e tendo sido submetido a forte influência pietista em sua educação, chega a um resultado próximo a essa máxima (assim como várias de suas formulações se ligam diretamente às ideias do protestantismo ascético, um argumento que aqui não vai dar para discutir). Ocorre, porém, que a ética talmúdica mergulha suas raízes lá atrás, no tradicionalismo oriental: "Rabi Tanchum ben Chanilai disse: — Não modifique o homem seu hábito" (Gemara *apud* Mischna VII, I, fol. 86b, nº 93, *in* Wünsche, *op. cit.*: aqui se trata da alimentação dos diaristas). E somente aos estrangeiros não se aplica essa regra. — Entretanto, a concepção puritana de "legalidade" enquanto *comprovação* fornecia obviamente motivos muito mais fortes para a *ação* positiva do que a concepção judaica de legalidade como simples cumprimento de um mandamento. [A ideia de que o sucesso é uma revelação da bênção divina com certeza não é estranha ao judaísmo. Mas a significação ético-religiosa de inflexão revolucionária que ela adquiriu no judaísmo por conta da dupla moral (interna e externa) aí vigente, excluiu todo e qualquer parentesco entre ambas precisamente nos efeitos. Para o judaísmo, era *permitido* fazer ao "estrangeiro" o que era *proibido* fazer ao "irmão". Impossível (por isso mesmo) que o desempenho nessa esfera do simples "não proibido", do simplesmente "permitido", viesse a ser sinal de comprovação *religiosa* e estímulo a uma conformação metódica da vida no sentido dos puritanos. Sobre esse problema todo, em muitos aspectos tratado com pouco acerto por Sombart em seu livro *Die Juden und das Wirtschaftsleben*, ver os estudos citados acima. Maiores detalhes, não aqui. A ética judaica, por surpreendente que isso possa parecer à primeira vista, permaneceu mui fortemente tradicionalista.] Também não entraremos aqui em detalhes a respeito da profunda mutação que a postura interior que se adota diante do mundo sofreu por obra da versão cristã das ideias de "graça" e "redenção", a qual de modo peculiar sempre abrigou em seu seio o germe de *novas* possibilidades de desenvolvimento. Sobre a "legalidade" no Antigo Testamento, ver também, por exemplo, Ritschl, *Die christliche Lehre von der Rechtfertigung und Versöhnung*, II, p. 265. — [Para os puritanos ingleses, os judeus de seu tempo eram representantes daquele capitalismo que eles próprios execravam, o capitalismo dos financiamentos de guerra, das comendas de Estado, dos monopólios de Estado, dos projetos de especulação financeira e especulação imobiliária, de obras públicas dos príncipes. Na realidade, o contraste de modo geral pode ser formulado assim, sempre com as inevitáveis reservas: — o capitalismo judaico era: capitalismo-*pária* especulativo; o puritano: organização burguesa do trabalho.]

253. A *verdade* da Sagrada Escritura para Baxter deriva, em última instância, da "*wonderful difference of the godly and ungodly*" {maravilhosa diferença entre o pio e o ímpio}, da absoluta disparidade entre o "*renewed man*" {homem renovado} e os demais, e do cuidado obviamente especialíssimo de Deus pela salvação das almas dos seus (cuidado que também *pode* se expressar em forma de "*provas*", naturalmente) (*Christ. Dir.*, I, p. 165, col. 2 marg.).

254. Basta ler como caracterização disso o jeito sinuoso com que o próprio Bunyan — em quem de resto nos acontece encontrar uma ou outra semelhança com a mentalidade da *Liberdade de um cristão* de Lutero (por exemplo em *On the Law and a Christian, W. of Pur. Div.*, p. 254 *infra*) — aborda a parábola do fariseu e do publicano (veja-se o sermão *The Pharisee and the Publican*, *op. cit.*, pp. 100ss.). Por que o fariseu é condenado? Na verdade ele não guarda os mandamentos de Deus, pois é claramente um *sectário* que só cuida de pormenores superficiais e cerimônias rituais (p. 107); mas antes de tudo porque ele se atribui méritos pessoais, e mesmo assim, "como fazem os quakers", agradece a Deus por sua virtude (usando-Lhe pois o nome em vão), manipulando-a pecaminosamente em seu proveito (p. 126) e dessa forma negando implicitamente a *predestinação divina* (pp. 139ss.). Sua oração é, portanto, divinização da criatura, e nisto ela é um pecado. — Do outro lado, o publicano está interiormente regenerado, como atesta a sinceridade de sua profissão de fé, pois, conforme está dito numa versão puritana que atenua de forma característica o sentimento de pecado luterano: "*to a right and sincere conviction of sin there must be a conviction of the* probability *of mercy*" {"para uma convicção correta e sincera do pecado, deve haver uma convicção da *probabilidade* do perdão"} (209).

255. Reproduzido por exemplo nos *Constitutional Documents* de Gardiner. Essa luta contra a ascese [(hostil à autoridade)] pode ser comparada à perseguição comandada por Luís XIV contra Port-Royal e os jansenistas.

256. Nesse aspecto a postura de Calvino era no essencial mais moderada, ao menos no que dizia respeito às formas aristocráticas mais refinadas de gozo da vida. O único limite é a Bíblia: quem se atém a ela e mantém boa consciência não precisa suspeitar com receio de toda pulsão de gozo da vida. Os argumentos referentes a isso no capítulo X da *Institutio christiana* (por exemplo: *nec fugere ea quoque possumus quae videntur oblectationi magis quam necessitatio inservire* {"nem podemos fugir daquelas coisas que parecem servir mais à diversão do que à necessidade"}) poderiam por si sós ter arrombado a porta para uma práxis das

mais laxas. Aqui, ao lado de uma angústia crescente com relação à *certitudo salutis*, no caso dos epígonos também se fez valer um outro fator — que será abordado mais tarde [noutro lugar] — a saber: no campo da *ecclesia militans* foram os *pequeno-burgueses* que se fizeram portadores do desenvolvimento ético do calvinismo.

257. Th. Adams (*Works of the Pur. Div.*, p. 3), por exemplo, inicia um sermão sobre "*the three divine sisters*" ("A caridade, no entanto, é a maior das três"), lembrando que Páris também estendera o pomo a Afrodite!

258. Romances e coisas do gênero não devem ser lidos por serem *wastetimes* {passatempos} (Baxter, *Christ. Dir.*, I, p. 51, col. 2). — É conhecida a atrofia da lírica e da canção popular, e não só do drama, após o período elisabetano na Inglaterra. Nas artes plásticas, o puritanismo talvez não tenha achado grande coisa a reprimir. Mas o que surpreende mesmo é o declínio do talento musical, pelo visto admirável até então (já que o papel da Inglaterra na história da música não foi insignificante), dando lugar àquele nada absoluto que mais tarde e ainda hoje se faz notar nos povos anglo-saxões. Na América, salvo nas igrejas dos negros — e da parte daqueles cantores profissionais que agora as igrejas contratam como *attractions* (na Trinity Church, em Boston, por 8 mil dólares anuais em 1904) —, o que se ouve o mais das vezes a título de "canto coral" é uma gritaria insuportável para ouvidos alemães (fatos análogos são *em parte* observáveis também na Holanda).

259. [Assim também na Holanda, como dão testemunho as atas dos sínodos (ver as deliberações sobre a "árvore de maio" na coleção de Reitsma' schen, VI, 78, 139 etc.).]

260. Parece natural que a "*renaissance*" do Antigo Testamento" [e a inclinação pietista por certas formas de sensibilidade cristã hostis à beleza na arte, as quais em última instância são tributárias do Dêutero-Isaías e do Salmo 22(21)], devem ter contribuído para aumentar a possibilidade de que o *feio* se fizesse objeto de arte e que a rejeição puritana da divinização da criatura também desempenhasse o seu papel. Mas todo detalhe parece ainda incerto. Na Igreja romana, motivos os mais diversos (até mesmo demagógicos) ensejaram fenômenos aparentados na superfície, embora com resultado artístico totalmente distinto. Quem para diante do *Saul e Davi* de Rembrandt [exposto no Mauritshuis] imediatamente acredita sentir o poderoso efeito da sensibilidade puritana. A brilhante análise que Carl Neumann faz em seu *Rembrandt* das influências culturais holandesas dá bem a medida do que no momento *se pode* saber dos eventuais impactos positivos e fecundos que o protestantismo ascético possa ter tido na esfera da arte.

261. Na Holanda, a penetração relativamente menor da ética calvinista na práxis vital e o enfraquecimento do espírito ascético já desde o início do século

XVII mas sobretudo sob o *stathouder* Frederico Henrique (os congregacionalistas ingleses foragidos em 1608 para a Holanda ficaram chocados com o descaso holandês pelo repouso dominical) e a parca potência expansiva do puritanismo holandês de modo geral deveram-se a causas múltiplas, impossíveis de esmiuçar aqui. Em parte deveram-se também à constituição política (uma confederação de cidades e províncias particularistas) e à escassa capacidade militar de resistência (cedo a guerra da Independência foi conduzida essencialmente com o *dinheiro* de Amsterdã e tropas mercenárias: os pregadores ingleses evocavam o exército holandês quando queriam ilustrar a confusão babélica das línguas). O envolvimento na luta religiosa foi assim transferido em boa parte a estrangeiros, e com isso a participação no *poder* político também ficou comprometida. O exército de Cromwell, ao contrário, sentia-se como um exército *de cidadãos*, se bem que em parte o recrutamento fosse compulsório. (Ainda mais característico é o fato de que *justamente esse* exército adotasse em seu programa a supressão do serviço militar *obrigatório*, pois só se devia combater *in gloriam Dei* por uma causa reconhecida como justa na consciência, mas jamais pelo capricho dos príncipes. A constituição do exército inglês, "imoral" segundo critérios tradicionais alemães, teve de início motivos *históricos* altamente "morais" e foi uma exigência de soldados invictos, que somente após a Restauração iriam se pôr a serviço dos interesses da Coroa.) Os *schutterijen* holandeses {milicianos civis}, que eram os portadores do calvinismo no período da Grande Guerra, meia geração depois do Sínodo de Dordrecht já são vistos nas pinturas de Hals em atitudes bem pouco "ascéticas". Volta e meia surgiam protestos nos sínodos contra sua conduta de vida. O conceito holandês de "*Deftigheit*" {"bravura", "majestade"} é um misto de "honradez" racional-burguesa e consciência estamental do patriciado. A distribuição classista dos lugares nos templos holandeses revela ainda hoje o caráter aristocrático dessa Igreja. [A continuidade da economia urbana entravava a indústria. Esta só progrediu graças aos refugiados e, portanto, sempre por avanços provisórios. Mas foi também influente na Holanda, em sentido bastante análogo ao de outras partes, a ascese intramundana do calvinismo e do pietismo (inclusive no sentido — a que logo faremos referência — de "coação ascética à poupança", como prova a passagem de Groen van Prinsterer citada na nota 280). A falta quase absoluta de belas-letras na Holanda calvinista não é evidentemente nenhum acaso.] Sobre a Holanda, consultar, por exemplo, Busken-Huët, *Het land van Rembrandt* (também traduzido para o alemão por Ropp). [A significação da religiosidade holandesa como "coação ascética à poupança" ainda se faz ver com nitidez no século XVIII, nos apontamentos de Albertus Haller, por exemplo. Sobre as peculiaridades do juízo estético holandês e seus motivos temáticos, ver as notas autobiográficas de Constantin Huyghens (escritas em 1629-31) em *Oud Holland*, 1891. (O trabalho já citado de Groen van Prinsterer, *La Hollande et l'influence de Calvin*, 1864, nada oferece de decisivo para os *nossos* problemas.) — A colônia da Nova Holanda nos Estados Unidos era, socialmente falando, um domínio semifeudal de "patronos" — comerciantes que adiantavam capital — e, ao contrário do que ocorria na Nova Inglaterra, não era nada fácil convencer "gente simples" a emigrar para lá.]

262. [Lembremo-nos: as autoridades municipais puritanas de Stratford--on-Avon fecharam o teatro da cidade quando Shakespeare ainda era vivo (em Shakespeare, ódio e desprezo pelos puritanos não perdem a chance de se manifestar a cada passo de sua obra). Ainda em 1777 a cidade de Birmingham denegou autorização para a abertura de um teatro sob o pretexto de que iria fomentar o "ócio", sendo portanto prejudicial ao comércio (Ashley, *infra*, nota 289, *op. cit.*, pp. 7-8).]

263. Aqui também, mais uma vez, o decisivo é que para o puritano há *somente* a alternativa ou-ou: ou vontade de Deus ou vaidade humana. Eis por que a seus olhos não podiam existir os "*adiáphora*" {indiferentes}. Outra era a posição de Calvino, conforme já dissemos: aquilo que se come, que se veste etc. é indiferente, contanto que o resultado não seja a escravidão da alma ao poder da cobiça. A *liberdade* em relação ao "mundo" — tal como entre os jesuítas — deve exprimir-se em indiferença, ou, nas palavras de Calvino: no uso indiferente e não concupiscente dos bens que a terra oferece (pp. 409ss. da edição original da *Institutio Christianae Relig.*), uma atitude que em seus resultados é manifestamente mais próxima do luteranismo do que jamais o foi o precisismo de seus epígonos.

264. O comportamento dos quakers nesse aspecto é bem conhecido. Mas já no início do século XVII a congregação dos exilados em Amsterdã ergueu durante uma década os mais clamorosos protestos por causa dos chapéus e vestidos de última moda da mulher de um pastor (descrito com graça no *Congregationalism of the last 300 years* de Dexter). — Já Sanford (*op. cit.*) observou que o "penteado" masculino de hoje corresponde ao dos ridicularizadíssimos "*roundheads*" {"cabeças redondas"}, e que o *traje* masculino dos puritanos, não menos ridicularizado, é na essência análogo ao de hoje, ao menos quanto ao *princípio* subjacente a ele.

265. A esse respeito ver novamente a obra já citada de Veblen, *The Theory of Business Enterprise*.

266. Tornaremos várias vezes a esse ponto de vista. A partir dele explicam--se afirmações como esta: "*Every penny which is paid upon yourselves and children and friends must be done as by God's own appointment and to serve and please him. Watch narrowly, or else that thievish carnal self will leave God nothing*" {"Cada centavo pago a vós mesmos, a vossas filhos e a vossos amigos deve sê-lo por incumbência de Deus, visando a servi-lo e a agradá-lo. Todo cuidado é pouco, ou aque-

le eu carnal, gatuno, nada deixará para Deus"} (Baxter, *op. cit.*, I, p. 108, *infra* à direita). O decisivo é isto: o que é empregado para fins *pessoais* é *subtraído* ao serviço da glória de Deus.

267. Com razão costuma-se lembrar (assim faz Dowden, *op. cit.*) que Cromwell salvou da destruição quadros de Rafael e o *Triunfo de César* de Mantegna, que Carlos II pretendia vender. A sociedade do período da Restauração era também, como se sabe, totalmente indiferente ou francamente hostil à literatura nacional inglesa. Nas cortes a influência de Versalhes era profusamente todo-poderosa. — Analisar na minúcia a recusa dos prazeres espontâneos da vida cotidiana em sua influência sobre o espírito dos tipos humanos mais excelsos do puritanismo e de todos quanto passaram por sua escola é uma tarefa que de todo modo não poderia ser realizada nos horizontes deste esboço. Washington Irving (*Bracebridge Hall*) lança mão da terminologia inglesa usual para falar dessa influência: "*it* (a liberdade política, diz ele — o puritanismo, dizemos) *evinces less play of the* fancy, *but more power of* imagination" {"demonstra menos lance de *fantasia* e mais poder de *imaginação*"}. Basta pensar na posição ocupada pelos *escoceses* na ciência, na literatura, nas invenções técnicas e também na vida de negócios da Inglaterra para sentir que essa observação, formulada de modo um tanto estreito, acha-se entretanto bem próxima da verdade. — Não trataremos [aqui] de sua significação para o desenvolvimento da técnica e das ciências empíricas. Essa relação aflora por si mesma e a todo momento na vida cotidiana: para os quakers, por exemplo, as "*recreations*" permitidas (segundo o relato de Barclay) são: visita aos amigos, leitura de obras históricas, *experimentos matemáticos e físicos*, jardinagem, discussão dos fatos do mundo comercial e demais acontecimentos etc. A razão disso foi discutida antes.

268. Já analisado admiravelmente no *Rembrandt* de Carl Neumann, que de resto cabe confrontar no geral com as observações acima.

269. Assim Baxter na passagem supracitada (I, p. 108, *infra*).

270. Ver por exemplo a conhecida descrição do Coronel Hutchinson (citada com frequência por Sanford, *op. cit.*, p. 57) na biografia escrita pela viúva. Depois de descrever todas as suas virtudes cavalheirescas e sua natureza dada à alegria de viver, lê-se: "*He was wonderfully neat, cleanly and genteel in his habit, and had a very good fancy in it; but he left off very early the wearing of anything that was costly* (...)" {"Ele era de uma elegância maravilhosa, asseado e gentil em seus trajes, e fazia gosto em ser assim; mas muito cedo deixou de vestir o que quer que custasse caro (...)"} — Bastante análogo é o ideal da puritana de mente cosmopolita e maneiras refinadas, mesquinha apenas no tocante a duas coisas: 1) tempo e 2) despesas com "pompa" e diversão. Foi o que disse Baxter na oração fúnebre a Mary Hammer (*Works of the Pur. Div.*, p. 533).

271. Dentre *muitos* outros exemplos, lembro-me em especial de um indus-

trial de extraordinário sucesso em sua vida de negócios e muito endinheirado na velhice que, acometido de insistentes achaques estomacais e tendo o médico lhe receitado saborear todos os dias algumas ostras, só com extrema relutância moveu-se a fazê-lo. Fundos consideráveis que ele em vida destinara a instituições com fins beneficentes e sua reconhecida "mão aberta" revelavam, por outro lado, que aquele episódio não tinha a ver com "avareza", era *pura e exclusivamente* resquício daquela sensibilidade "ascética" que vê com reticências morais *a fruição* da fortuna pessoal.

272. A *separação* entre oficina, escritório ou "negócio" de modo geral e a esfera domiciliar privada, entre o capital da firma e a fortuna pessoal — noutras palavras, entre a razão social e o nome da pessoa física — isso juntamente com a tendência a transformar a "empresa", o patrimônio posto em sociedade, num *corpus mysticum*: tudo isso vai na mesma direção. Ver a respeito meu ensaio *Para a história das sociedades comerciais na Idade Média*.

273. Em seu *Kapitalismus* (1ª ed.), Sombart já chamara a atenção para esse fenômeno característico. Resta entretanto notar que o mesmo [isto é, a acumulação de fortunas] procede de duas fontes psicológicas bem diversas. Uma delas lança raízes na Antiguidade mais remota e manifesta-se em fundações, bens de família, fideicomissos etc. de modo tão mais puro e nítido do que na ambição análoga de morrer carregado de bens materiais e, principalmente, assegurar a continuidade do "negócio", mesmo que em prejuízo dos interesses pessoais da maioria dos filhos herdeiros. Em casos *como esses*, além do desejo de perpetuar-se a si mesmo através da própria criação numa vida ideal após a morte, está em jogo a preservação do *splendor familiae* {o brilho da família}, e portanto, a satisfação de uma vaidade que visa por assim dizer prolongar a personalidade do fundador — trata-se de fins egocêntricos, em suma. Não é desse feitio aquele motivo "burguês" com que estamos às voltas; aqui, o princípio ascético que reza: "deves renunciar, renunciar deves" é transposto nesta outra fórmula, capitalista e positiva: "deves lucrar, lucrar deves", que em sua irracionalidade desponta pura e simplesmente feito imperativo categórico. Só a glória de Deus e o dever pessoal, não a vaidade pessoal, constituem para os puritanos motivo, *hoje* porém: *somente* o dever a cumprir com a "profissão". Quem se diverte em esclarecer uma ideia seguindo-a até suas últimas consequências, lembre-se daquela teoria de certos milionários americanos segundo a qual *não* se deve deixar para os filhos os milhões adquiridos só para não privá-los do benefício moral que só a obrigação de trabalhar e lucrar por sua própria conta e risco pode dar: *hoje*, evidentemente, isso não passa de uma bolha de sabão "teórica".

274. *Eis aí* — nunca é demais salientar — o motivo religioso decisivo em última instância (lado a lado com os pontos de vista puramente ascéticos da mortificação da carne), como se pode ver bem nítido entre os quakers.

275. Esta Baxter rejeita por motivos bem semelhantes aos dos jesuítas: é preciso dar ao corpo o que ele precisa, sob pena de virar seu escravo (*Saints' Everlasting Rest*, p. 12).

276. Esse ideal já se faz claramente presente em particular no quakerismo, e isso desde a primeira época de seu desenvolvimento, como mostrou em pontos importantes Weingarten nas *Englischen Revolutionskirchen*. O que também é ilustrado com a máxima clareza nas circunstanciadas discussões de Barclay, *op. cit.*, pp. 519ss, 533. É para evitar: 1) a vaidade da criatura, e portanto toda ostentação, penduricalhos e o uso de coisas destituídas de *fim prático* ou estimadas só por sua raridade (por vaidade, portanto); 2) o uso inconsiderado das posses, como o gasto *desmedido* em necessidades que são menores em relação às necessidades vitais e aos cuidados com o futuro: o quaker era, por assim dizer, a "lei de utilidade marginal" ambulante. É absolutamente lícito o *moderate use of the creature* {uso moderado das criaturas}, mas cabia dar valor, *nomeadamente*, à qualidade e solidez dos tecidos etc., contanto que isso não induzisse a vaidade, "*vanity*". [Sobre todos esses aspectos, ver *Morgenblatt für gebildete Leser*, 1846, nº 216ss. (Sobre o conforto e a solidez dos tecidos entre os quakers, ver particularmente as *Vorlesungen* de Schneckenburger, pp. 96ss.)]

277. Já dissemos antes que ainda vamos tratar da questão do condicionamento de classe dos movimentos religiosos [mas não aqui (a propósito, ver meus ensaios sobre a "Ética econômica das religiões mundiais")]. Mas para se dar conta de que um Baxter, por exemplo, de quem este estudo se vale profusamente, não enxergava pelas lentes da "burguesia" de seu tempo, basta ter presente que na lista que ele faz das profissões de que Deus se agrada, depois das profissões escolarizadas aparece em primeiro lugar *o husbandman* {o agricultor}, e logo depois *mariners, clothiers, booksellers, tailors* etc. {pescadores, vendedores de roupa, livreiros, alfaiates etc.}, numa enorme barafunda. Os próprios *mariners* aí mencionados (de forma bastante característica) são talvez pensados ou como pescadores ou como marinheiros. — Outra é a posição de várias sentenças do Talmude. Ver por exemplo *in* Wünsche, *Babyl. Talmud*, II, 1, pp. 20, 21, as sentenças do rabino Eleazar (que com certeza eram contestadas por outros), todas no seguinte sentido: comércio é melhor que agricultura. (Como meio termo, ver no Talmude II, 2, o que se aconselha como investimento de capital: 1/3 em terras, 1/3 em gêneros, 1/3 em dinheiro vivo.) — Para aqueles cuja consciência causal não sossega sem uma interpretação econômica ("materialista", como infelizmente ainda se diz), cumpre-me registrar que: considero muito significativo o influxo do desenvolvimento econômico sobre o destino das configurações religiosas de ideias e mais tarde tentarei mostrar como, no caso em tela, se desdobraram os processos de adaptação e as relações recíprocas entre os dois termos. Resta que esses conteúdos [religiosos] de pensamento *não* se deixam simplesmente *deduzir* "economi-

camente"; eles próprios — e não há nada que possamos fazer contra isso — são *de sua parte* o mais poderoso elemento plástico do "caráter de um povo" e portam em si [puramente em si, sua legalidade própria e] a potência de se imporem por si mesmos. E ainda por cima, na medida em que couber levar em conta fatores extrarreligiosos, as diferenças mais *relevantes* — entre luteranismo e calvinismo — foram determinadas predominantemente por fatores *políticos*.

278. É nisso que pensa Eduard Bernstein quando diz no seu já citado ensaio (pp. 681 e 625): "A ascese é uma virtude burguesa". Seus argumentos *foram os primeiros* a sugerir essas importantes conexões. Mas o nexo é bem mais amplo do que ele supõe. Pois o decisivo não era a simples acumulação de capital, mas a racionalização ascética da vida profissional como um todo. — [Quanto às colônias na América, Doyle deu nitidez ao contraste entre as condições do Sul e as do Norte ao assinalar que no Norte puritano sempre havia capital necessitado de aplicação: por causa da "coação ascética à poupança".]

279. Doyle, *The English in America*, vol. II, cap. 1. A existência de empresas siderúrgicas (1643) e de tecelagem (1659) voltadas para o mercado (ao lado do grande florescimento dos ofícios artesanais) na Nova Inglaterra durante a primeira geração após a fundação da colônia é, do ponto de vista puramente econômico, um anacronismo e oferece um contraste marcante, tanto com a situação do Sul como também com Rhode Island, uma ilha não calvinista mas que reconhecia a liberdade de consciência, onde, apesar do excelente porto, ainda em 1686 o relatório do *Governor* e do *Council* dizia: "*The great obstruction concerning trade is the want of merchants and men of considerable Estates amongst us*" {"O grande empecilho aos negócios é a falta entre nós de mercadores e de homens de posições sociais respeitadas"} (Arnold, *History of the State of R. I.*, p. 490). Com efeito, não cabe duvidar de que aí também desempenhava seu papel a coação a investir sempre de novo o capital poupado graças à restrição puritana do consumo. Acrescente-se a ela o papel da disciplina eclesiástica, que não discutiremos ainda.

280. O relato de Busken-Huët (*op. cit.*, vol. II, caps. 3 e 4) mostra, contudo, que esses círculos diminuíram rapidamente nos Países Baixos. [Entretanto Groen Van Prinsterer, falando a respeito da época *posterior* à Paz de Vestfália, escreve: "*De Nederlanders verkoopen veel en verbruiken wenig*" {Os neerlandeses vendem muito e gastam pouco.}.]

281. Para o caso da Inglaterra, Ranke (*Englische Geschichte*, IV, p. 197) cita por exemplo a petição de um aristocrata *royalist* após a entrada de Carlos II em Londres, recomendando a proibição legal de adquirir propriedade fundiária com capital burguês, o qual assim ficaria obrigado a se canalizar para o comércio. — Na Holanda, o estamento dos "regentes" distinguia-se do patriciado burguês das cidades enquanto "estamento" *por meio da aquisição* de antigos bens senhoriais [(ver a respeito as queixas de 1652 citadas por Fruin em *Tien jaren uit*

den tachtigjarigen oorlog: os regentes tinham deixado de ser comerciantes e se tornado rentistas)]. Esses círculos, é bem verdade, nunca foram calvinistas internalizados. E a célebre mania de nobreza e de títulos que tomou conta de amplos círculos da burguesia holandesa na segunda metade do século XVII está a mostrar por si só que, pelo menos *para esse* período, é só com cautela que se pode aceitar a oposição entre a situação inglesa e a holandesa. A supremacia da grana [herdada] quebrou aqui o espírito ascético.

282. Foi após a compra maciça das propriedades fundiárias inglesas pelos capitais burgueses que teve início a grande época da agricultura inglesa.

283. [Ainda no presente século os *landlords* anglicanos não raro se negam a aceitar não conformistas como arrendatários. (Atualmente os dois partidos religiosos quase se equiparam em força numérica; antes os não conformistas estavam sempre em minoria.)]

284. [Com razão nota H. Levy em recente artigo (*Archiv für Sozialwiss.*, 46, pp. 605ss.) que, a julgar pela "disposição de caráter" do povo inglês que pode ser depreendida de inúmeros traços específicos, ele era *menos* predisposto a adotar um *ethos* ascético e virtudes burguesas do que outros povos: um prazer de viver tosco e abrutalhado era (e é) um dos traços fundamentais do seu ser. A potência da ascese puritana na época de dominação do puritanismo revela-se precisamente no grau espantoso com que tal traço de caráter se achava *temperado* em seus adeptos.]

285. [Algo com que topamos a cada passo na exposição de Doyle. Na tomada de posição dos puritanos sempre foi decisiva a influência do motivo religioso (nem sempre, claro, o *único* motivo decisivo). A colônia de Massachusetts (sob a direção de Winthorp) estava propensa a admitir a imigração de *gentlemen* para lá, ou mesmo de uma câmara alta com nobreza hereditária, *contanto que* os *gentlemen* aderissem à *Igreja*. Para preservar a disciplina *eclesiástica*, foi mantida uma imigração *confinada*. (A colonização de New Hampshire e Maine foi obra de grandes comerciantes anglicanos que lá estabeleceram grandes criações de gado. Ali a coesão social foi bem menor.) Já em 1632 surgiam queixas criticando a forte "cobiça de lucro" dos habitantes da Nova Inglaterra (ver por exemplo a *Economic and Social History of New England*, I, p. 125, de Weeden).]

286. [Petty (*op. cit.*) já insistia nesse aspecto, e todas as fontes sem exceção falam dos *sectários* puritanos (batistas, quakers, menonitas) como de uma camada social composta ao mesmo tempo de gente muito pobre, desprovida de meios, e de *pequenos* capitalistas, e os contrastam seja com a aristocracia dos grandes comerciantes seja com os aventureiros da finança. Mas foi justamente da camada dos *pequenos* capitalistas, e *não* das mãos dos grandes financistas (monopolistas, fornecedores do Estado, credores do erário, empresários coloniais, *promoters* etc.), que se originou aquilo que doravante passaria a ser *característico* do

Ocidente: a organização burguesa do trabalho industrial operada pela economia privada. (Ver por exemplo Unwin, *Industrial Organization in the 16th and 17th Centuries*, Londres, 1914, pp. 196ss.) Que esse contraste já fosse velho conhecido dos próprios contemporâneos, cf. Parker, *Discourse Concerning Puritans*, 1641, onde igualmente se insiste no contraste com os *promoters* e cortesãos.]

287. Sobre a maneira como isso se manifestou na política da Pensilvânia no século XVIII, sobretudo durante a guerra da Independência, cf. Sharpless, *A Quaker Experiment in Government*, Filadélfia, 1902.

[288. Citada por Southey, *Life of Wesley*, cap. XXIX. Devo essa referência — eu não a conhecia — a uma carta do prof. Ashley (1913). Ernst Troeltsch (a quem a comuniquei com esse propósito) já teve oportunidade de citá-la.] {N.E.: A presente tradução se fez do inglês, a partir da reprodução que Talcott Parsons nos oferece dessa passagem em sua célebre tradução da edição de 1920 deste estudo de Weber: *The Protestant Ethic and the Spirit of Capitalism*, cap. V, nota 95, p. 280 (HarperCollins Academic, 1930). Parsons reproduz essa citação a partir da 2ª edição americana da obra de Southey sobre a vida de Wesley, p. 308.}

289. [A leitura dessa passagem se recomenda a todos aqueles que hoje pretendem estar mais bem informados nesse assunto e conhecê-lo melhor do que os líderes e contemporâneos dos *próprios* movimentos, os quais, como se vê, sabiam muito bem dos riscos que corriam naquilo que faziam. É inadmissível contestar assim, de forma tão leviana como infelizmente anda ocorrendo com alguns dos meus críticos, fatos francamente incontestáveis e que ninguém até agora contestou, cujas forças motrizes internas eu me limitei a investigar um pouco mais. Ninguém no século XVII pôs em dúvida essas conexões (cf. ainda Manley, *Usury of 6% examined*, 1669, p. 137). Além dos escritores modernos já citados, poetas como Heine e Keats trataram-nas como autoevidentes, do mesmo modo que representantes da ciência como Macaulay, Cunningham e Rogers ou escritores como Mathew Arnold. Da literatura mais recente, ver Ashley, *Birmingham Industry and Commerce* (1913), que tempos atrás me manifestou por carta sua plena concordância. Sobre o problema como um todo, ver o artigo recente de H. Levy referido na nota 284.]

290. [Que exatamente as mesmas conexões já fossem autoevidentes aos puritanos da época clássica, talvez nada o prove de maneira mais clara do que o fato de *Mr. Money-Love*, um personagem de Bunyan, argumentar assim: "É lícito a um homem tornar-se religioso *para se tornar rico*, por exemplo para multiplicar o número de fregueses", já que *a razão pela qual* alguém se torna religioso é indiferente (p. 114 da edição de Tauschnitz).]

291. Defoe era um fervoroso não conformista.

292. Também Spener considera, é verdade, que a profissão de comerciante está repleta de tentações e ciladas, mas esclarece quando interpelado: "Agrada-

-me ver que, no tocante à atividade comercial propriamente dita, meu caro amigo não conhece escrúpulos, mas a reconhece como ela de fato é: um modo de vida com o qual muito se serve ao gênero humano e no qual, portanto, se pratica *o amor* segundo a vontade de Deus" (*Theologische Bedenken*, *op. cit.*, pp. 426 ss., 429, 432 ss.). Para justificar isso ainda mais, em diversas outras passagens Spener vai recorrer a argumentos mercantilistas. Se de vez em quando Spener, bem ao modo luterano, designa a ânsia de enriquecer nos termos de 1Tim 6, 8-9 e do Eclesiástico — ver acima! — como a principal cilada da qual devemos nos livrar impreterivelmente e adota a "posição pró-alimentação" (*Theologische Bedenken*, vol. III, p. 435 *supra*), por outro lado ele torna a mitigar essa postura, citando os membros da seita que levavam vida próspera e no entanto piedosa (p. 175, A.4). Se a riqueza é *efeito* do trabalho profissional assíduo, ela não é reprovável. Devido à embocadura luterana, sua posição é menos coerente que a de Baxter.

293. Baxter, *op. cit.*, II, p. 16, adverte contra empregar *heavy, flegmatik, sluggish, fleshy, slothful persons* {pessoas pesadas, fleugmáticas, apáticas, roliças, preguiçosas} como servidores e aconselha que se prefiram *"godly" servants* {servidores pios}, não só porque *"ungodly" servants* {servidores ímpios} seriam meros *eye-servants*, mas antes de tudo porque "*a truly godly servant will do all your service in obedience* to God, as if God himself had bid him do it" {um servidor verdadeiramente pio fará todo o serviço em obediência a Deus, como se o próprio Deus lhe houvesse mandado fazer}. Outros, ao contrário, são propensos a "*to make no great* matter of conscience *of it*" {não fazer disso um problema de consciência}. Inversamente, no trabalhador a marca de santidade não é a confissão externa da religião, mas "*the conscience to do their duty*" {a consciência de cumprir com o seu dever}. Como se vê, o interesse de Deus e o do empregador confundem-se aqui de forma suspeita; Spener (*Theologische Bedenken*, III, p. 272), que de resto exorta com insistência a reservar *tempo* para pensar em Deus, pressupõe como evidente que os trabalhadores têm de se dar por satisfeitos com o mínimo de tempo livre (mesmo aos domingos). — Com razão escritores ingleses chamaram os imigrantes protestantes de "pioneiros da aprendizagem do trabalho". Ver também as referências em H. Levy, *Die Grundlagen des ökonomischen Liberalismus in der Geschichte der englischen Volkswirtschaft*, p. 53.

294. A analogia entre a predestinação só de alguns, "injusta" segundo os parâmetros humanos, e a distribuição de bens igualmente injusta, mas não menos querida por Deus — analogia afinal bastante óbvia —, encontra-se por exemplo em Hoornbeck, *op. cit.*, vol. I, p. 153. Além disso, a pobreza — assim em Baxter, *op. cit.*, I, p. 380 — é muitas vezes sintoma do pecado da preguiça.

295. Deus — é o que imagina também Th. Adams (*Works of the Pur. Div.*, p. 158) — permite que tantos permaneçam pobres porque supostamente não sabe-

riam estar à altura das tentações que a riqueza traz. A riqueza, afinal de contas, com demasiada frequência exorciza a religião do coração dos homens.

296. [Ver acima nota 239 e o trabalho de H. Levy nela citado. O mesmo é salientado por todas as descrições (por exemplo o trabalho de Manley sobre os huguenotes).]

297. Algo semelhante existia também na Inglaterra. Disso faz parte aquele pietismo que, tomando o *Serious Call* (1728) de Law como ponto de partida, pregava a *pobreza*, a castidade e — na origem — também o isolamento do mundo.

298. A atividade de Baxter em Kidderminster, uma congregação em estado de absoluta depravação quando de sua chegada, por ter alcançado êxito sem paralelo na história da cura de almas, constitui exemplo típico de *como* a ascese educava as massas para o trabalho — em termos marxistas: para a produção de "mais-valia" — e *assim tornou possível* sua valorização na relação de trabalho capitalista (indústria em domicílio, tecelagem). Tal é a relação de causalidade em termos bem gerais. — Da perspectiva de Baxter, a inserção de seus pupilos nas engrenagens do capitalismo estava a serviço de seus interesses ético-religiosos. Da perspectiva do desenvolvimento do capitalismo, estes últimos é que se puseram a serviço do desenvolvimento do "espírito" capitalista.

299. E mais: pode-se duvidar, afinal, de que fosse tão forte como fator psicológico a propalada "alegria" do artesão medieval com "a sua criação". Não há dúvida de que sempre houve algo assim. Mas, em todo caso, a ascese *despiu* o trabalho do atrativo deste mundo terreno — hoje aniquilado para sempre pelo capitalismo — e dirigiu-o para o Outro Mundo. O trabalho profissional *como tal* é querido por Deus. A impessoalidade do trabalho nos dias de hoje: essa sua desalegre falta de sentido do ponto de vista do indivíduo é aqui transfigurada religiosamente, ainda. O capitalismo na época de seu surgimento precisava de trabalhadores que por dever de *consciência* se pusessem à disposição da exploração econômica. [Hoje está bem assentado e é capaz de impingir a vontade de trabalhar sem oferecer prêmios do Outro Mundo.]

300. [Sobre esses contrastes e desdobramentos ver o livro já citado de H. Levy. Característica da Inglaterra, a atitude da opinião pública visceralmente hostil a todo monopólio surgiu historicamente de uma junção, no século XVII, da luta *política* pelo poder contra a Coroa — o Longo Parlamento excluiu de seus quadros os monopolistas — com os motivos éticos do puritanismo e com os interesses econômicos do capitalismo burguês pequeno e médio contra os magnatas das finanças. A par da supressão de sisas, direitos aduaneiros, impostos indiretos, e da implantação de uma taxa única sobre os *estates*, a *Declaration of the Army* de 2 de agosto de 1652 e a Petição dos *levellers* de 28 de janeiro de 1653 exigiam antes de tudo *free trade*, isto é, a supressão de todas as barreiras monopolistas ao comér-

cio interno e exterior acusadas de violarem os Direitos do Homem. Algo similar já se dera no "Grande Protesto".]

301. [Ver a respeito H. Levy, *Die Grundlagen des ökonomischen Liberalismus in der Geschichte der englischen Volkswirtschaft*, pp. 51ss.]

302. Que os outros componentes que aqui ainda não foram reconduzidos à sua raiz religiosa sejam de origem puritana, sobretudo a máxima *honesty is the best policy* {a honestidade é a melhor política}(ver a discussão de Franklin sobre o *crédito*), é um tema que pertence a um contexto algo diverso. [(Ver a respeito meu ensaio sobre "As seitas protestantes e o espírito do capitalismo".) Aqui me limito a reproduzir a seguinte observação de J. A. Rowntree (*Quakerism, Past and Present*, pp. 95-6) para a qual Eduard Bernstein me chamou a atenção: "*Is it merely a coincidence, or is it a consequence, that the lofty profession of spirituality made by the Friends has gone hand in hand with shrewdness and tact in the transaction of mundane affairs? Real piety favours the success of a trader by insuring his integrity, and fostering habits of prudence and forethought: important items in obtaining that standing and credit in the commercial world, which are requisite for the steady accumulation of wealth*" {"É mera coincidência, ou será talvez uma consequência, o fato de que a elevada profissão da espiritualidade feita pelos Amigos tenha caminhado de mãos dadas com a sagacidade e o tato no trato dos negócios mundanos? A verdadeira piedade favorece o sucesso do comerciante garantindo-lhe a integridade e fomentando hábitos de prudência e de previdência — itens importantes para obter aquela reputação e aquele crédito no mundo do comércio que são requisitos para a acumulação estável de riquezas"}. (Ver de novo o ensaio sobre "As seitas protestantes..."). "Honesto como um huguenote" era, no século XVII, uma locução tão proverbial como a retidão dos holandeses, que Sir W. Temple tanto admirava, e — um século mais tarde — a dos ingleses, comparados aos continentais que não haviam frequentado essa escola de ética.]

303. Bem analisado no *Goethe* de Bielschowsky, vol. II, cap. XVIII. — A propósito do desenvolvimento do "cosmos" *científico*, Windelband, por exemplo, expressou ideia aparentada na conclusão de seu *Blütezeit der deutschen Philosophie* (vol. II da *Geschichte der neueren Philosophie*).

304. *Saints' Everlasting Rest*, cap. XII.

305. "Mas com seus 75 mil dólares por ano o velho não podia se aposentar? — Não! ainda precisa alargar a fachada do armazém em quatrocentos pés. — Por quê? — *That beats everything*, diz ele. De noite, quando a mulher e as filhas fazem a leitura comum, ele almeja ir o quanto antes para a cama; no domingo, consulta o relógio a cada cinco minutos para ver se o dia de descanso acaba logo: que vida mais perdida!" — é desse modo que o genro (imigrado [da Alemanha]) do principal cerealista de uma cidade de Ohio resumia a impressão que tinha do sogro: um juízo que o "velho" por sua vez teria sem dúvida considerado total-

mente incompreensível e lhe teria parecido um sintoma da falta de energia dos alemães.

306. [Por si só essa observação (reproduzida agora sem alterações) teria podido mostrar a Brentano (*op. cit.*) que jamais duvidei da significação *autônoma* do racionalismo humanista. Recentemente nos *Abhandlungen der Münchener Akademie der Wissenschaften*, 1919, Borinski tornou a sublinhar com energia que o humanismo não era *puro* "racionalismo".]

307. [O discurso acadêmico de von Below, *Die Ursachen der Reformation* (Freiburg, 1916), não se ocupa desse problema, mas do problema da Reforma em geral, principalmente de Lutero. A respeito do tema aqui tratado, sobretudo as controvérsias que se prendem a este estudo, resta indicar finalmente o escrito de von Hermelink, *Reformation und Gegenreformation*, que entretanto se dedica em primeiro lugar a outros problemas.]

308. Pois o presente esboço levou em consideração apenas as relações nas quais é realmente indubitável um influxo de conteúdos de consciência religiosos sobre a vida cultural "material". Fácil teria sido procederr a uma "construção" formal que *deduzisse* logicamente do racionalismo protestante *tudo* o que é "característico" da cultura moderna. Mas coisa desse gênero é melhor que se deixe àquele tipo de diletantes que creem na "unitariedade" da "psique social" e em sua redutibilidade a *uma* fórmula. — Limitamo-nos a notar que o período do desenvolvimento capitalista *que antecede* este que é estudado aqui foi condicionado *em seu todo* por influências cristãs, é claro, tanto as que o entravaram quanto as que o *fomentaram*. De que espécie eram elas, isso lá são coisas para um outro capítulo. Aliás, nada garante que este ou aquele aspecto dos problemas mais amplos esboçados anteriormente possa vir a ser discutido no âmbito *desta* revista, tendo em vista a missão circunscrita a que ela se propõe. Também não sou muito afeito a escrever livros mais grossos, desses que precisam se apoiar fartamente em trabalhos alheios (teológicos e históricos), como seria o caso aqui. [(Deixo inalteradas essas frases.) — Quanto à *tensão* entre ideal de vida e realidade no período do "primeiro capitalismo" *anterior* à Reforma, ver Strieder, *Studien zur Geschichte der kapitalistischen Organisationsformen*, 1914, livro II (que contradiz a já citada obra de Keller utilizada por Sombart).]

309. [Essa frase e as observações e notas que imediatamente a precedem bem que bastavam, acho eu, para evitar todo e qualquer mal-entendido sobre aquilo que *eu queria* realizar no presente ensaio, e não vejo *motivo nenhum para acrescentar coisa alguma*. Em vez de lhe dar seguimento imediato no sentido do programa acima exposto, como era minha intenção inicial, em parte por razões acidentais, notadamente por conta da publicação das *Soziallehren der christlichen Kirchen* de E. Troeltsch (que liquidou muitas questões que ainda me tocava discutir e o fez de uma forma que eu, não sendo teólogo, não teria sido capaz de

fazer), mas em parte também para tirar de seu isolamento as considerações do presente ensaio e imbricá-las na totalidade do desenvolvimento cultural, decidi em tempo oportuno assentar primeiramente os resultados dos estudos comparativos sobre as conexões histórico-*universais* entre religião e sociedade. São eles que vêm a seguir {isto é, nos três volumes dos Ensaios Reunidos de Sociologia da Religião / *Gesammelte Aufsätze zur Religionssoziologie* (*GARS*)}, precedidos ainda de um curto ensaio de ocasião {"As seitas protestantes e o espírito do capitalismo"}, cujo objetivo é esclarecer o conceito acima utilizado de "seita" e, ao mesmo tempo, ilustrar a importância da concepção puritana de *Igreja* para o espírito capitalista dos tempos modernos.]

Glossário

ab-reação Neologismo cunhado por Breuer e Freud em alemão (*Abreagiren*) para designar a intensa descarga emocional pela qual um indivíduo, no decorrer do processo psicanalítico, se liberta da tensão afetiva que acompanha a lembrança de um acontecimento traumático até então recalcado. O termo aparece na escrita de Freud já nos *Estudos sobre a histeria*, de 1895. Traduzido em inglês como *abreaction*, seu uso se generaliza nos círculos da psicologia clínica a partir de 1912. É só na segunda versão d'*A ética protestante*, de 1920, que Weber vai fazer uso deste termo técnico da psicanálise: insere-o duas vezes no contexto da exposição em que entram em linha de consideração os efeitos liberadores da *confissão individual dos pecados, prática da Igreja católica que os reformadores protestantes ou destituíram do status de sacramento ou suprimiram totalmente.

acosmismo Negação da importância do mundo, ou até mesmo de sua realidade, por oposição à única coisa que importa, a saber, a união mística com a divindade. Forma de desvalorização do mundo terreno própria dos místicos em sua entrega amorosa total, por isso mesmo chamada "acósmica", isto é, uma entrega altruística indiscriminada e sem objeto fixo: a entrega pela entrega, o amor do amor, o amor pelo simples "amar o amor".

adiáphoron Em grego, designa a categoria lógica do que é "indiferente".

afinidades eletivas Em alemão *Wahlverwandtschaften*. Originária das ciências naturais, mais especificamente da química do século XVIII, a expressão em latim — *attractio electiva* — passou a circular em 1782 com a publicação do livro *De attractionibus electivis* (1782), de autoria do químico sueco Torbern Bergmann, que usava o termo para se referir à existência, constatada pela química inorgânica da época, de elementos que formam combinações preferenciais, as quais, porém, em presença de determinados outros elementos, se mostram impermanentes, dissolvendo-se em favor de novas combinações. Goethe inspirou-se nesses fenômenos do mundo natural descritos por Bergmann e, vendo neles manifestações de irresistível inclinação, atração e envolvimento afetivo, transferiu o teorema das atrações eletivas — juntamente com o termo que o descrevia — para o reino das relações amorosas de atração mútua e recombinação seletiva: sua novela intitulada *Die Wahlverwandtschaften* {As afinidades eletivas} acabou por divulgar na Alemanha não só a terminologia como também seu modo de usá-la em sentido figurado, inspiração seguida mais tarde por Weber em mais de um contexto de sua sociologia. O uso weberiano mais conhecido dessa expressão se acha no final do terceiro capítulo da Parte I d'*A ética protestante*, para descrever a individualidade histórica daquela atração, grávida de consequências para a civilização ocidental, entre a ética religiosa do protestantismo ascético e a racionalidade prática da cultura capitalista moderna.

anabatistas O antepositivo *aná* é um advérbio grego que significa, entre outras coisas, "de novo", "outra vez". Anabatismo, portanto, quer dizer "rebatismo". É o nome com que ficaram conhecidas diversas seitas protestantes radicais de extração popular, surgidas desde o século XVI na Europa continental. Weber nos faz ver que o movimento anabatista caracterizou-se por ter produzido fundamentalmente *seitas, não igrejas, sendo mais famoso pela exaltação político-religiosa que algumas delas, na Alemanha, Morávia, Suíça, Tirol e Países Baixos, imprimiram às revoltas camponesas com a determinação divinamente inspirada de reviver "na marra" a Igreja primitiva em seu igualitarismo primordial. Mais do que à palavra da Sagrada Escritura e à teologia, davam importância à iluminação imediata do Espírito, a chamada "luz interior". Cada Igreja é uma comunidade de santos ativos, se não iluminados, ilumináveis, voluntariamente assumida pelos regenerados que, por isso mesmo, devem ser rebatizados como adultos que são. E já que o ingresso na Igreja devia ser o "ato voluntário de um adulto", e como os adultos daquela época costumavam já estar batizados, aceitar só o batismo de adultos significava ter que "rebatizá-los": daí a alcunha "*Wiedertäufer*" dada por seus adversários, cujo significado etimológico é "rebatizadores"; eles próprios chamavam-se simplesmente "*Täufer*", "batizadores". É aí que se origina o equívoco de todas as traduções d'*A ética protestante* até hoje, que acabam confundindo os anabatistas com os *batistas (ver "Tábua de correspondência vocabular" no início desta edição).

anglicanismo Igreja anglicana é como se chama a *Igreja da Inglaterra, que se tornou independente de Roma com a Reforma protestante no século XVI. O governo eclesiástico é hierárquico, tendo em seu topo arcebispos e bispos. O culto é unificado em liturgias fixas por um *Livro Comum* de orações, obrigatório para todas as igrejas locais.

anomismo Também se diz *antinomismo*. É a desvalorização de *toda e qualquer* lei ou norma, com base na eufórica alegação de que, ao escolhido de Deus, "tudo é permitido" (em grego, *pánta moì éxsestin*). Para os anomistas ou antinomistas surgidos no seio do protestantismo, o cristão paira acima da lei moral. Não confundir com o conceito sociológico de *anomia*.

Antonino de Florença (1389-1459) Santo católico respeitado como teólogo e economista. Frade dominicano escritor, tornou-se arcebispo de Florença em 1446.

anticrematista Contrário à riqueza; que tem aversão ao dinheiro; que sofre de crematofobia. Do grego *khrêmata*, "riquezas, bens, dinheiro".

apócrifos Do grego *apó-kryphos*, "oculto, secreto, simulado". Diz-se em geral da literatura não canônica, mas entre os protestantes se diz especificamente dos livros incluídos no Antigo Testamento da Bíblia grega (*Septuaginta) e latina (*Vulgata), mas excluídos do cânon hebraico definido no ano 90 d.C., não figurando portanto no rol das escrituras divinamente inspiradas. Mesmo assim Lutero os traduziu para o alemão, por considerá-los úteis e edificantes, se bem que não canônicos.

arianismo Heresia antitrinitária, propugnada pelo padre Arius de Alexandria (280-336), segundo a qual Deus não pode ser ao mesmo tempo uno e trino. Sendo apenas uno, o Filho — o Verbo de Deus ou *Lógos* — não é gerado da substância divina do Pai: é apenas mais uma criatura de Deus, só que a primeiríssima delas. O Espírito Santo seria a segunda criatura de Deus.

arminianismo O teólogo holandês Jacobus Arminius (1560-1609) modificou as doutrinas do calvinismo, rejeitando o dogma da predestinação com seu "particularismo da graça". Com o arminianismo voltava ao jogo da salvação individual o livre-arbítrio (a salvação não se opera de modo irresistível) juntamente com o "universalismo da graça" (Cristo morreu por todos).

árvore de maio Objeto ornamental feito de flores, fitas e ramagens entrelaçadas, usado em países da Europa nos festejos tradicionais de celebração da primavera.

ascese Em grego, a palavra *áskesis* quer dizer "exercício físico". Ascese, ascetismo ou ascética é o controle austero e disciplinado do próprio corpo através da evitação metódica do sono, da comida, da bebida, da fala, da gratificação sexual e de outros tantos prazeres deste mundo. Weber distingue dois tipos principais de ascese: a ascese do monge, que se pratica "fora do mundo", chamada "extramundana", e a ascese do protestante puritano, que é "intramundana" e faz do trabalho diário e metódico um dever religioso, a melhor forma de cumprir, "no meio do mundo", a vontade de Deus. É por isso que na sociologia de Weber as formas puritanas de protestantismo recebem o rótulo de "protestantismo ascético".

auri sacra fames Expressão consagrada por um verso de Virgílio na *Eneida* (3, 56), a "sagrada fome de ouro" citada em latim fala da incontida avidez por riqueza.

batistas, seitas batistas Designação de muitas seitas e igrejas protestantes, cuja fundação remonta ao reformador John *Smith (c. 1554-1612), o qual desde o início adotou a prática introduzida pelos *anabatistas de rebatizar os adultos por imersão. Weber se refere a eles logo no primeiro parágrafo da parte II d'*A ética protestante* como "o movimento batista do final do século XVII" ("*Baptismus des späteres 17. Jahrhunderts*"). Seu principal traço organizacional é a ênfase na autonomia da *congregação local, o que implica a rejeição de uma Igreja identificada com o Estado territorial.

bernardinismo Ver *Bernardo de Claraval.

Bernardo de Claraval (1090-1153) O maior místico do catolicismo medieval, entitulado *Doctor melifluus*. Morreu com fama de santidade e foi logo canonizado. Weber usa o termo *bernardinismo para designar um estilo de vida e de escrita mística que é a um só tempo "acósmica" e "criptossexual" na exaltada expressão de um amor total ao Senhor Jesus, a Maria e a todos os seres. Sua palavra-chave: "Amemos!". É sua a invocação final da oração da Salve-Rainha: "Ó clemente, ó piedosa, ó doce sempre Virgem Maria!".

Bernardino de Siena (1380-1444) Frade franciscano famoso como ardente pregador. É cultuado como santo pelos católicos desde 1450. Foi quem iniciou o culto ao Santo Nome de Jesus, gravando a sigla JHS em tabuinhas que distribuía em suas pregações. Por isso foi escolhido patrono dos publicitários.

caorcino Termo com que no vocabulário de Dante se desdenha o usurário.

cistercienses Ícones da ascese extramundana ocidental. Monges da severíssima abadia beneditina de Cister (Cîteaux), França, fundada em 1098 por cissiparidade da abadia-mãe de Cluny, já então considerada frouxa não obstante a exemplar severidade. São conhecidos como "monges brancos" por terem substituído o hábito negro dos beneditinos por um de lã crua. Seu expoente mais representativo é *Bernardo de Claraval.

cluniacenses Ícones da ascese extramundana ocidental. Monges da severa abadia beneditina de Cluny, França, fundada em 910 e vinculada diretamente ao papa. Pouco lembrados hoje, seu designativo na língua portuguesa varia entre cluniacenses, clunienses e clunistas.

confissão, sacramento da confissão Um dos sete sacramentos católicos, a confissão também é chamada de *penitência*: nela o padre, invocando o pleno poder de Jesus Cristo e proferindo as palavras "Eu te absolvo dos teus pecados etc." enquanto com a mão direita desenha no ar uma cruz, apaga no pecador arrependido a culpa dos pecados que cometeu e acabou de enumerar ao sacerdote no confessionário.

Confissão de Augsburgo Declaração de fé luterana apresentada em 25 de junho de 1530 à Dieta de Augsburgo e ao imperador Carlos V do Sacro Império Romano Germânico. Redigido principalmente por Phillip *Melancthon numa delicada tentativa de conciliar a Reforma de Lutero com o catolicismo romano, o documento foi rejeitado, selando-se assim o rompimento com Roma.

Confissão de Westminster É o texto doutrinal padrão para o *presbiterianismo de fala inglesa, tendo exercido influência doutrinal considerável sobre os ramos *congregacionalistas e *batistas do protestantismo inglês. O texto foi produzido pela Assembleia de Westminster (assim chamada porque suas sessões tiveram lugar no recinto da abadia de Westminster, em Londres), convocada pelo Longo Parlamento em junho de 1643 para reformar a *Igreja da Inglaterra. Depois de submetida pela Assembleia ao parlamento e aprovada em dezembro de 1646, a Confissão foi publicada no ano seguinte e se fixou como a fórmula de profissão de fé própria da nova eclesialidade oficial. Em 33 capítulos, a Confissão de Westminster apresenta um compacto completo da fé calvinista e até hoje, apesar dos adendos e revisões que vieram com o tempo, não perdeu sua preeminência como a mais venerável enunciação já feita dos conteúdos básicos da doutrina de fé da * Igreja reformada.

congregacionalismo Designação genérica de um sistema de organização eclesiástica comum a uma vasta corrente de igrejas e *seitas protestantes surgidas em oposição à *Igreja da Inglaterra, hierárquica e unida ao Estado com toda pompa e circunstância. A base doutrinária do congregacionalismo é a ideia de autogoverno da congregação pela congregação, a assembleia dos membros "congregados". Além de abolir a hierarquia eclesiástica, o congregacionalismo defende a autonomia de cada igreja local e a autonomia geral das igrejas em relação ao Estado. Surgiu na Inglaterra durante os séculos XVI e XVII, com forte inspiração calvinista na origem, e exerceu notável influência sobre os "pais fundadores" da Nova Inglaterra. Ver *independentes.

consilia, consilia evangelica São basicamente aqueles conselhos dados por Jesus no Evangelho, que o catolicismo institucionalizou como marcas de perfeição espiritual exigidas, não de todos os fiéis, mas apenas dos que se alistam nas ordens monásticas para viver reclusos em mosteiros ou conventos: monges e monjas, frades e freiras. Os três principais "conselhos evangélicos" são, assim, os três votos monásticos de pobreza, castidade e obediência. Ver **praecepta et consilia.*

contemplação Consiste em abandonar-se completamente à presença transcendente de Deus que passa assim a ser experimentada como imanente. O indivíduo mergulha num estado mental extraordinário, extracotidiano, de total alheamento em relação ao mundo da vida e aos objetos do mundo exterior, uma vez que dele se retiram o conhecimento racional analítico e a capacidade de comunicação discursiva. É por isso que da experiência de contemplação *mística se costuma dizer que é *indizível*: uma vivência no campo da incomunicabilidade.

crematista, crematístico Adjetivo que nada tem a ver com crematório ou cremação, pois o antepositivo *cremat-* vem da palavra grega *khrêmata,* "riqueza, dinheiro, bens". Refere-se à busca insaciável de ouro e dinheiro.

cura de almas Do latim *cura*, "cuidado", "trato", "incumbência", "guarda". Designa o acompanhamento pastoral cotidiano dos fiéis por um padre ou pastor, especialmente nas igrejas locais ou paroquiais. Quando substantivo masculino — "o cura", "o senhor cura" etc. —, é sinônimo de pároco em geral, mas conota em especial o pároco de aldeia, o pastor de uma pequena localidade.

Deo placere vix potest "Dificilmente vai poder agradar a Deus..." O sujeito desta sentença, segundo a mais remota tradição cristã, é o homem rico.

desencantamento do mundo Em alemão, *Entzauberung der Welt.* A expressão não aparece na primeira versão d'*A ética protestante*, de 1904-5, só na segunda, de 1920. Weber insere o conceito no 1º capítulo da Parte II várias vezes, e em todas elas com o sentido específico de repressão/supressão da magia como meio de salvação. Aliás, o sentido literal do termo *Entzauberung* é "desmagificação".

devotio moderna Ver *Imitação de Cristo.

donatismo Seita cristã surgida no início do século IV (313) sob a liderança de Donato, bispo de Cartago. Baseada no princípio rigorista segundo o qual "quem peca não faz parte da Igreja", sua doutrina só admitia como válidos os sacramentos ministrados por cristãos "puros", rejeitando como válidos aqueles ministrados por clérigos "pecadores", sobretudo se fossem "traidores", nome aplicado pelos donatistas aos clérigos que fraquejavam ante as imposições do imperador Diocleciano. Contra os donatistas, o Sínodo de Cartago estabeleceu que "não se sai da Igreja pelo pecado mas somente pela apostasia da fé".

ebionita, ebionítico Referência a uma seita judaizante surgida nos primórdios do cristianismo, rigidamente apegada à Lei mosaica. O nome *ebionitas* (do hebraico *ebyôn*, "pobre") alude a uma vida de pobreza.

ecclesia Em grego, uma "assembleia". Originalmente, a assembleia dos homens livres na antiga Atenas. No uso cristão, uma Igreja local ou a Igreja em geral.

ecclesiola Diminutivo de *ecclesia*.

Eclesiástico Antes de mais nada, não confundir o Eclesiástico (ou *Sirácida*, em grego) com o Eclesiastes (ou *Qoélet*, em hebraico), ambos pertencentes aos livros sapienciais do Antigo Testamento. "Eclesiástico" é o nome pelo qual a *Vulgata e outras traduções latinas da Bíblia designam o livro que na *Septuaginta se chama "Sabedoria de Jesus, filho de Sirac". Há outras variantes do título: Livro de Ben Sirac, Ben Sirac, Livro de Sirac, Sirácida. Inicialmente, o designativo *ecclesiasticus* (*liber*) aposto ao Sirácida queria dizer apenas "livro em uso na igreja". É um dos livros do Antigo Testamento que os protestantes consideram "apócrifos", mas os católicos romanos e os católicos orientais o aceitam entre os "deuterocanônicos", isto é, livros que fazem parte da Bíblia em grego, mas não figuram no cânon hebraico. Lutero, em sua tradução da Bíblia para o alemão (1534), colocou o Ben Sirac no final do Antigo Testamento sob a rubrica "Apócrifos" acompanhada do seguinte comentário benevolente: "os livros a seguir não são considerados iguais às sagradas Escrituras, contudo são muito úteis e de leitura edificante".

erastianismo Doutrina da completa sujeição da Igreja ao Estado, noutras palavras, da supremacia da autoridade estatal em assuntos eclesiásticos, atribuída ao protestante suíço Thomas Lieber, conhecido como Erasto (1523-1584).

escolástica Filosofia elaborada na Idade Média e ensinada nas escolas eclesiásticas e de formação teológica. Combinando doutrina religiosa, conhecimento da tradição patrística (os chamados Padres da Igreja) com o labor lógico-filosófico baseado particularmente em Aristóteles e seus comentaristas, além de um ou outro tema herdado de Platão, a escolástica foi a abordagem filosófica dominante na Europa católica por um período de longa duração, do século XI ao XVI, ou seja, dos tempos de Abelardo aos anos de Suarez. Outros eminentes escolásticos foram: Tomás de Aquino, Duns Scotus, Guilherme de Ockam e Jean Buridan.

estoicismo Filosofia moral desenvolvida nos séculos IV e III a.C., mais conhecida por recomendar a imperturbabilidade ante as paixões visando à força moral.

ethos No movimento de definir o espírito do capitalismo, Weber o classifica como um *ethos*, para logo adiante definir o que é isso nos seguintes termos:

"um determinado estilo de vida regido por normas e folhado a ética". Evidentemente, uma definição dessas confere um sentido forte à palavra *ethos*. Em sentido fraco, *ethos* é termo genérico que vem usado frouxamente para designar um conjunto impressionístico de traços tidos como "característicos" de um grupo ou círculo social ou mesmo de um povo.

eudemonismo Filosofia moral baseada na noção aristotélica de *eudaimonía*, "felicidade", que pensa o florescimento pleno do bem-estar interior do ser humano como a finalidade última da ação e da existência. Trata-se da felicidade como fim em si mesma, um fim tão completo e autossuficiente que inclui todos os outros fins visados por si mesmos.

externa subsidia "Ajudas externas".

Extra ecclesiam nulla salus "Fora da igreja não há salvação".

Fox, George (1624-1691) Fundador dos quakers.

gratia amissibilis Literalmente, "graça perdível, suscetível de ser perdida". Refere-se à doutrina majoritária na teologia cristã (seja católica ou protestante), segundo a qual, em contraste com a teoria calvinista da predestinação, a graça divina é suscetível de perda mas também de recuperação.

hedonismo Do grego *hedoné*, "prazer, gozo". Filosofia moral que faz do prazer o bem supremo e da busca do prazer um fim em si mesmo.

hernutense, hernuto. Em alemão, *Herrnhuter*, membro da Fraternidade de Herrnhut, de doutrina pietista e economia coletivista, cujo nome replica o da pequena cidade alemã onde se ergueu a sede dessa peculiar confraria sectária dos irmãos morávios acolhidos pelo piedoso conde von *Zinzendorf (1700-1760) em suas terras na Saxônia.

huguenotes Foi com este nome que os católicos franceses passaram a chamar os protestantes calvinistas do século XVI ao XVIII. O termo é uma derivação do nome do partido independente genebrino dos "*Eidgenossen*" (confederados), dito em francês "*Eiquenots*", mesclado talvez de uma alusão ao primeiro nome (Hughes) de um de seus expoentes. Huguenote é sinônimo de calvinista francês.

Igreja da Inglaterra. Ver *anglicanismo.

Igreja reformada, doutrina reformada Facilmente confundível à primeira vista como designação genérica das Igrejas cristãs oriundas da Reforma Protestante, *Igreja reformada* é na verdade o nome próprio de um ramo específico de igrejas protestantes, *o ramo calvinista*. De início, tanto luteranos quanto calvinistas se chamavam "reformados", mas do século XVII em diante, os calvinistas arrebataram para si o qualificativo. A intenção subjacente a esse uso circunscrito de uma designação a princípio genérica era justamente a de ressaltar o calvinismo como a terceira grande vertente do protestantismo, terceira enquanto distinta, de um lado, da vertente luterana, e, do outro, da eclesialidade anglicana. Foi no processo de se propagar internacionalmente com surpreendente rapidez pelas mais diferentes nações da Europa que esse amplo feixe de Igrejas protestantes de constituição eclesiástica não episcopal passou a ser chamado de *Igrejas reformadas*, ou então, *os reformados*.

Imitação de Cristo Manual de perfeição cristã, cuja leitura para meditação popularizou-se entre os leigos letrados na tardia Idade Média. Sua autoria é atribuída ao agostiniano alemão Tomás de Kempis (c. 1380-1471), o mais influente dentre os escritores piedosos do movimento de internalização renovada da piedade católica chamado, emblematicamente, **devotio moderna*.

independentes Entre os puritanos, merecem particular atenção aqueles calvinistas estritos chamados *independentes*, se não por outra razão, porque ilustram bem a heterogeneidade interna do puritanismo. Seu fundador Robert Browne considerava que toda comunidade cristã devia ser uma entidade totalmente independente. Uma das mais importantes alas de independentes era a dos *levellers*, que batalhavam na esfera parlamentar por um regime republicano de governo que reconhecesse a igualdade política de todos os nascidos no país (*birthright*), incluindo aí o sufrágio universal e a tolerância religiosa. Outros grupos de *independentes* no século XVII foram: os Homens da Quinta Monarquia, milenaristas; os *seekers*, que eram *quietistas, mas se diziam institucionalmente "sem religião"; os *ranters*; e os adeptos da seita *Family of Love*. Do século XVII em diante, os independentes passaram a ser chamados simplesmente de *congregacionalistas.

in majorem Dei gloriam "para maior glória de Deus", noutras palavras, "para o aumento da glória de Deus".

irmãos morávios Ver *hernutense.

jainismo Religião da Índia derivada dos antigos *jinas*, ou "aqueles que sobrepujam". Ascetas radicais, adeptos do vegetarianismo mais austero (e até do nudismo, nalgumas alas), devotam a vida inteira ao trabalho. Sua doutrina mais característica enfatiza, além do trabalho constante, a prática da não violência — *ahimsa* — que os jainas estendem a todos os animais, inclusive insetos.

jansenismo Doutrina rigorista do bispo e teólogo holandês Cornelius Jansen, ou Jansenius (1585-1638), que foi condenado como herege pela Igreja católica por ensinar a predestinação e negar a capacidade do ser humano de praticar o bem a partir do momento em que Adão, arrastado pelo pecado, perdeu o livre-arbítrio e se tornou escravo da concupiscência. O homem não pode deixar de pecar a não ser que intervenha uma decisão amorosa de Deus com o propósito de arrastá-lo para a salvação. A sede histórica desses católicos predestinacionistas e, diante da hostilidade de Roma, cada vez mais antipapistas, era a abadia de *Port-Royal, na França.

justificação Para a teologia cristã, é o ato ou efeito da graça divina que retira o indivíduo do estado de pecado e o "justifica", isto é, coloca-o em "estado de justiça", designação bíblica tipicamente *paulina equivalente a estado de graça. Como o conceito foi relançado enfaticamente por Lutero (ver **sola fide*), aparece muitas vezes n'*A ética protestante* na pele do vocábulo *Rechtfertigung* (ver *Tábua de correspondência vocabular* no início desta edição) bem como na expressão caracteristicamente luterana "fé que justifica" (*rechtfertigende Glaube*).

Knox, John (1505-1572) Pregador inflamado, agitador por natureza e iconoclasta, foi o grande reformador da Igreja cristã na Escócia, em contundente oposição aos católicos, especialmente ao catolicismo do trono durante o reinado de Maria Stuart (1542-67).

Kulturkampf Literalmente, quer dizer em alemão "luta cultural", mas na história moderna designa preferencialmente as lutas religiosas entre católicos e protestantes, cruciais na formação do Estado moderno como Estado laico.

lombardos O termo remete a quem emprestava dinheiro a juros: banqueiros, prestamistas, usurários, agiotas.

mamonismo Idolatria do dinheiro, apego excessivo ao dinheiro.

mamonâs tês adikías Em grego, o "dinheiro da iniquidade". A expressão aparece na boca de Jesus em Lc 16,9: "E eu vos digo: fazei amigos com o dinheiro da iniquidade, a fim de que, no dia em que este faltar, eles vos recebam nos tabernáculos eternos".

Melancthon, Phillip (1497-1560) Teólogo e reformador alemão, companheiro de Lutero. Preparou o texto da *Confissão de Augsburgo (1530), primeira declaração de fé escrita do luteranismo. Chefiou o movimento luterano após a morte de Lutero em 1546.

metodismo De início, um movimento de despertamento religioso no interior da Igreja *anglicana, liderado por John *Wesley (1703-91), jovem fervoroso que, além de pregar a *justificação pela graça com o mesmo vigor de Lutero, insistia na ideia de santificação da vida pessoal pelas obras. Desde os tempos de estudante em Oxford, e depois como professor, Wesley levava com seu grupo de seguidores uma vida de busca religiosa metódica, com hora certa para tudo. Como gostavam de fazer tudo com método e minúcia, logo levaram o apelido de "metodistas". Apesar de fundador do metodismo, Wesley não se separou da *Igreja da Inglaterra, pois sua própria estratégia de renovação previa a figura da "pequena igreja dentro da igreja" (**ecclesiola in *ecclesia*). A enorme repercussão do movimento metodista, primeiro na Inglaterra e depois nos Estados Unidos, contribuiu para transformá-lo mais tarde numa Igreja separada: em 1784, já nos Estados Unidos, Wesley fundou a chamada Igreja metodista episcopal.

Menno Simons (1496-1561) Fundador dos *menonitas.

menonitas Corrente pacifista de *anabatistas formada pelo ex-padre *Menno Simons (1496-1561) na Holanda, na Suíça e no Baixo Reno. Partidários radicais da separação entre Igreja e Estado, os menonitas rejeitam diversas formas de subordinação do crente ao Estado, como o serviço militar, o serviço público, o juramento, o recurso aos tribunais, a pena de morte. Recomendam uma vida de dedicação ao trabalho, só que retirada do mundo, em comunidades fechadas.

místicos, mística, misticismo Ver **unio mystica*

místicos alemães A designação "místicos alemães" reúne nomes como Mestre Eckart, *Suso e *Tauler. Sobre Mestre Eckhart, ver **unio mystica*.

moira Na mitologia grega, as *moiras*, também chamadas de "fiandeiras", eram personificações divinas da fatalidade, à qual até mesmo os deuses estão inevitavelmente sujeitos. Haja vista o nome de uma delas, Átropos, que quer dizer "a Inevitável".

opus supererogationis Uma boa obra realizada como algo a mais, como acréscimo.

paulino Relativo a Paulo, o Apóstolo, que os católicos chamam de São Paulo.

Penn, William (1644-1718) Líder dos quakers nos Estados Unidos. Fundou uma colônia de imigrantes europeus que, em sua homenagem, foi chamada de *Penn-sylvania*, mais tarde, Estado da Pensilvânia.

Pieter de la Court (1618-1685) Grande mercador holandês.

pietismo Movimento de intensificação da fé cristã nascido no seio do luteranismo, na segunda metade do século XVII, liderado por P. J. *Spener (1635-1705) e A. H. Francke (1663-1705). O mais conhecido dos escritos de Spener foi o que acabou dando nome ao pietismo, os *Pia desideria* (1675). Contra o dogmatismo intelectualista dos teólogos e a ortodoxia doutrinária da Igreja oficial, o pietismo valorizava uma religiosidade prática de caráter íntimo e fervoroso. Mais que a teologia, importa a "piedade cristã": uma conduta de vida centrada na experiência da fé, sentida mais do que pensada, aliada à mais rigorosa conduta moral.

poder das chaves Numa passagem do Evangelho segundo Mateus, Jesus diz a Simão Pedro: "Eu te darei as chaves do Reino dos Céus, e o que ligares na terra será ligado nos céus, e o que desligares na terra será desligado nos céus" (Mt 16, 19). Na literatura rabínica (judaísmo tardio, portanto), "dar as chaves" significava delegar autoridade sobre um domicílio. Na expressão "poder das chaves", trata-se das chaves do Reino dos Céus, as quais Cristo confiou, na pessoa de Pedro, a mandatários humanos e com isso lhes conferiu uma autoridade vicária sobre seu domicílio na terra, a Igreja. As chaves simbolizam, não a salvação em si mesma, mas a "porta" da salvação, a "entrada" para a bem-aventurança.

Port-Royal Cidade francesa famosa pela abadia que se tornou o epicentro do movimento cismático jansenista. Ver *jansenismo.

praecepta et consilia Distinção caracteristicamente católica entre, de um lado, os *preceitos* ou mandamentos que obrigam a todos os fiéis sem exceção e, do outro, os chamados **consilia evangelica*. Ver **consilia*.

precisismo, precisistas Na Holanda, segundo Weber, o nome precisistas aludia a uma vida conduzida no respeito "preciso" às prescrições da Bíblia. Ver *Voët.

predestinacianos Calvinistas extremados, para os quais os eleitos constituem um número muito reduzido (exatamente como no verso de Shakespeare os "*happy few*", isto é, os poucos felizardos).

presbiterianismo As *igrejas reformadas surgidas da doutrina calvinista na Inglaterra adotaram uma forma de organização eclesiástica *presbiteriana*, isto é, que rejeitava a hierarquia episcopal da Igreja *anglicana e se constituía apenas de *presbíteros* (ministros e anciãos). Sua doutrina básica se encontra compactada na *Confissão de Westminster.

pudendum Termo latino, gerundivo do verbo irregular *pudet*. Designa algo de que se deve ter pudor, algo que dá vergonha; vergonhoso, aviltante, ignóbil.

puritanos, puritanismo Movimento religioso inglês dos séculos XVI e XVII, inicialmente determinado a tornar o cristianismo na Inglaterra o mais "puro" possível, praticado por uma Igreja "purificada" de todo resíduo papista e de todo oficialismo estatal, uma Igreja de doutrina absolutamente "pura" conforme a Sagrada Escritura — daí o nome "puritanos". Os primeiros alvos do inconformismo puritano foram a pompa das cerimônias litúrgicas da *Igreja da Inglaterra, o luxo de seus paramentos e o excesso de dias festivos. Entre os "pais peregrinos", pioneiros que em 1620 partiram para se fixar nas colônias da Nova Inglaterra, havia mais de 20 mil puritanos. Sua pedra de toque: a valorização da liberdade de consciência. Coloquialmente, é verdade, o termo "puritano" seleciona em sua conotação moral as características de moralismo em excesso, austeridade formalista e rigidez em matéria de costumes, sobretudo em se tratando de comportamento sexual, contra toda liberalidade nessa área, até na maneira de vestir-se. No uso weberiano, o termo engloba os movimentos do protestantismo ascético que floresceram na Inglaterra e nos Países Baixos nos séculos XVI e XVII, nomeadamente: *congregacionalistas, *batistas, *menonitas, *quakers e *independentes. Para Weber, portanto, o puritanismo é cria (nem sempre direta) do calvinismo.

quakers Membros de uma seita protestante chamada Sociedade dos Amigos, uma das mais radicais e características do protestantismo ascético e que se desenvolveu a partir de meados do século XVII, primeiro na Inglaterra, depois na Escócia e finalmente nos Estados Unidos. Características: caráter facultativo das reuniões de culto, que além do mais não têm local fixo para sua realização; supressão dos sacramentos; ausência de dogmas eclesiásticos, já que a "luz interior" do Espírito Santo vale mais que a doutrina da Igreja e a letra da Bíblia. A luz interior *imediata* (sem a mediação do pregador ou do teólogo e sem a mediação da própria Bíblia) é uma doutrina *anabatista em sua origem. A ênfase da religiosidade quaker recai na devoção prática, e aí, num padrão de vida diligente e simples, imbricam-se: tolerância religiosa, não conformismo político, não violência, pacifismo (com explícita rejeição do serviço militar), antiescravismo e oposição à pena de morte. Os quakers são famosos pela discrição no vestir e frugalidade no comer, pela importância que dão ao silêncio na vida, pela renúncia às "vãs recreações", pela honestidade nos negócios associada à mais estrita veracidade no trato com as pessoas (o que os leva a condenar a prática do juramento) e, finalmente, pela singeleza estética dos lugares de culto em perpétua rotatividade. Em poucas palavras, pela simplicidade e sobriedade extremas de uma conduta de vida que acabou se transformando num "estilo de vida" proverbial. O movimento da Sociedade dos Amigos foi fundado na Inglaterra pelo sapateiro e pregador ambulante George *Fox (1624-1691). Foi grande o número de quakers que a partir de 1654 emigraram para os Estados Unidos e lá, sob o comando do inglês William *Penn (1644-1718), seu ativismo libertário e pacifista conquistou grande ascendência moral, o que continuou a atrair milhares e milhares de quakers europeus que, em busca de maior liberdade religiosa, emigravam para a colônia instalada por Penn às margens do Rio Delaware sob a égide da liberdade de religião e que, em homenagem a ele, ficou sendo chamada de Penn-sylvania.

quietismo Do francês *quiétisme* (1688), doutrina mística inspirada no místico espanhol Molinos, difundida na França a partir do século XVII, segundo a qual a perfeição cristã está na **unio mystica*, e esta só se alcança na quietude total, isto é, no "puro amor contemplativo", na ausência de toda e qualquer atividade própria da alma. Numa palavra: passivamente.

quiliasmo Do grego *khiliás*, "período de mil anos"; quiliástico, portanto, quer dizer milenarista.

reformado, reformada Sinônimo de calvinista. Ver *Igreja reformada.

seita É uma associação voluntária de indivíduos religiosamente qualificados. Círculo restrito e religiosamente elitista, a seita é uma espécie de aristocracia religiosa, que faz da comprovação explícita de determinadas qualidades morais uma condição distintiva de admissão e participação. À palavra seita se atribui dupla origem etimológica: os verbos latinos *sequi*, "seguir, ir atrás de, obedecer", e *secare*, "cortar, separar cortando, dividir". Mediante processo seletivo altamente excludente, a seita separa, desencaixa os indivíduos de suas comunidades naturais, das redes sociais e valorativas de sua existência prévia e os mergulha num novo contexto grupal que demanda de cada membro adesão total e controle sobre os demais.

Septuaginta Em latim quer dizer "setenta". Tornou-se o nome próprio da Bíblia em grego, isto é, da mais antiga tradução em grego do texto hebraico do Antigo Testamento, feita entre os séculos III e II a.C. supostamente por 72 sábios da colônia judaica de Alexandria, Egito. Daí a citação abreviada: LXX (*septuaginta* em latim), versão dos setenta. Não custa lembrar que a Septuaginta era a Bíblia do mundo grecófono nos tempos de Cristo e dos apóstolos.

skoptsys Do russo *skopets*, "castrado". Total abstinência sexual, chegando às raias da castração, era uma das características desta seita mágico-ascética surgida na Rússia no final do século XVIII.

Smith, John (c. 1554-1612) Considerado o fundador dos *batistas ingleses, especificamente da ala chamada "*General Baptists*", e apelidado "*the Se-baptist*", isto é, "aquele que batizou a si mesmo".

socinianos Seguidores da heresia unitarista de Socinus de Sena (+ 1604). Unitarista porque antitrinitária em sua concepção da natureza divina: há um só Deus e uma só pessoa divina. Cristo não é Deus, apenas homem, por isso sua morte não tem valor expiatório.

sola fide Em latim, "só pela fé". Juntamente com *sola gratia* e *sola scriptura*, a *justificação "somente pela fé" constitui um dos princípios teológicos básicos do protestantismo em geral, a começar do luteranismo. A "fé que *sozinha* justifica o ser humano" é um encontro pessoal com Cristo na Palavra viva de Deus, cuja proclamação já é, em si mesma, fonte de salvação. Sendo a condição humana uma condição de criatura em estado de pecado, o homem se torna incapaz de cooperar seja de que modo for para a efetivação de sua salvação eterna. A fé é um dom gratuito, recebido "só pela graça" (*sola gratia*), e é alimentada "só pela Bíblia" (*sola scriptura*), não pela tradição nem por nenhuma autoridade eclesiástica.

Spener, Philipp Jakob (1635-1705) Teólogo luterano natural da Alsácia, fundador do *pietismo a partir dos primeiros *collegia pietatis* que havia criado em Frankfurt. Em 1675, publicou a obra *Pia desideria*, cuja repercussão acabaria dando nome ao ramo pietista do protestantismo.

squirearchy Classe dos grandes senhores de terra na Inglaterra antes de 1832.

stundistas Seita protestante fundada em 1860 na Ucrânia, com forte influência da doutrina *reformada.

Suso, Heinrich (c. 1295-1366) Místico alemão da ordem dos dominicanos, discípulo de Mestre Eckardt, foi o cantor fervoroso da entrega total de si ao amor divino. É famosa sua definição dos fins da *contemplação mística: tornar o indivíduo um ser "despojado (*entbildet*) da condição de criatura, conformado (*gebildet*) a Cristo e transformado (*überbildet*) na divindade". Ver **unio mystica*.

Tauler, Johannes (c. 1300-1361) Místico alemão da ordem dos dominicanos, considerado um dos maiores mestres da mística cristã ao lado de Mestre Eckhart (ver **unio mystica*). Seus límpidos sermões de fundo pastoral impactaram Lutero duradouramente, sendo lidos de bom grado por pregadores e teólogos luteranos.

teocracia Governo de um Estado por profissionais de uma religião, os quais alegam governar em nome da Lei divinamente revelada. Nas teocracias, o poder legislativo compete sempre à divindade.

teodiceia, problema da Do grego *theós*, "deus" e *diké* ou *dikaia*, "direito, justiça". Originariamente, a teodiceia é a demonstração por argumentos racionais de que a presença do mal no mundo, a saber, a dor, a doença, a morte, a desventura, o sofrimento moral, a infelicidade, a injustiça etc., seja no reino biológico seja no mundo social, não é incompatível com a fé num Deus infinitamente bom e justo. Segundo Weber, a teodiceia constitui um "problema" ou desafio precisamente para as religiões monoteístas.

trapezita Do grego *trápeza*, "mesa", ou *trapézion*, "mesa pequena, mesinha, banca". Trapezita era um termo usado para designar aquele que empresta dinheiro a juros: banqueiro, prestamista, usurário.

unio mystica União que faz a fusão da alma com Deus: conceito-chave da mística ocidental, que é predominantemente católica e judaica, e menos protestante. Trata-se, em suma, da experiência mística tal como praticada em contexto religioso monoteísta, manifestando-se portanto também em contexto islâmico. Quem primeiro elaborou teologicamente a prática da *unio mystica* foi o místico dominicano alemão conhecido como Mestre Eckhart (1260-1327). De formação aristotélico-tomista, com influências platônicas e tendências panteístas, concebeu-a como resultante de um empenho especial da graça divina e de um esforço ascético do indivíduo que o leva ao esvaziamento radical de si mesmo e à entrega total à possessão por Deus. Para sublinhar o contraste típico-ideal entre a ascese e a mística, na segunda versão d'*A ética protestante* Weber descreve metaforicamente o místico na figura de um "receptáculo do divino" (*Gefäss des Göttlichen*) em contraste com aquela verdadeira "ferramenta de Deus" (*Wekzeug Gottes*) que seria o asceta intramundano. Ver *acosmismo.

usuraria právitas Em latim, "depravação da usura", noutras palavras, o vício da usura, nome também dado ao pecado da usura, isto é, o empréstimo de dinheiro a juros excessivos.

utilitarismo Filosofia moral e política baseada no *princípio de utilidade*. Identificando o bom com o que é útil, recomendando a otimização dos prazeres individuais pela evitação sistemática de toda dor com base no "cálculo hedônico" dás quantidades de prazer de cada ação, o utilitarismo acaba medindo a felicidade em termos econômicos e exaltando o mérito pessoal e o espírito de competição, apesar de sua tentativa de conciliar a busca da felicidade individual com a busca da felicidade geral, os interesses privados com os interesses públicos. Sua fórmula: "o máximo de felicidade para o maior número". Seu principal expoente é Jeremy Bentham (1748-1832). Seus atenuadores numa direção moral solidarista foram James Mill (1773-1836) e John Stuart Mill (1806-1873).

Voët, Gisbert (1589-1676) Calvinista estrito, também conhecido por Voetius, forma latinizada de seu sobrenome, esse professor de teologia em Utrecht, Holanda, centrou seus ensinamentos no cultivo da "precisão": a obediência estrita à letra da Bíblia nos mínimos detalhes. Autêntico fundamentalista *avant la lettre*, sua doutrina é chamada de *precisismo.

Vulgata Versão latina da Bíblia feita por São Jerônimo (final do século IV).

Wesley, John (1703-1791) Fundador do metodismo.

Wyclif, John (c.1330-1384) Teólogo e reformador, precursor do protestantismo e tradutor para o inglês da *Vulgata, versão da Bíblia em latim.

yeomen Pequenos proprietários rurais da Inglaterra, cujas terras tinham valor suficiente para lhes proporcionar certa abastança e, na época dos Tudor e dos Stuart, certos direitos de cidadania.

Zinzendorf, conde Nikolaus von (1700-1760) Nobre alemão que acolheu em suas terras o grupo de pietistas chamados irmãos morávios, fundando com eles a confraria dos irmãos *hernutos ou hernutenses, uma comunidade fechada de caráter coletivista e teocrático autodenominada Fraternidade dos Irmãos de Herrnhut (Alemanha).

zwinglianismo Uma das primeiras manifestações da Reforma protestante do século XVI, pregada por Ulrich Zwingli (1484-1531), pároco de Zurique, Suíça, grande admirador das ideias de Lutero e de sua ruptura com a Igreja de Roma. Já em 1523, Zwingli apresentou publicamente as reformas que propunha: rejeição do papado, abolição do culto dos santos e das peregrinações, supressão das imagens e relíquias sacras, fim do celibato eclesiástico e dos votos monásticos, negação da presença real de Cristo na eucaristia e proibição da celebração da missa. O ritual de preceito ficava reduzido a oração, leitura da Bíblia e pregação. Nada de canto nem órgão tocando.

Cronologia

1864 Em 21 de abril de 1864, nasce em Erfurt, Alemanha, o primeiro filho do casal Max Weber e Helene Fallenstein-Weber. O menino recebe o nome de Karl Emil Maximilian Weber. Pelo lado paterno, a família pertence ao círculo da burguesia têxtil, bastante próspero na Alemanha nesses meados do século XIX. Não por acaso o nome de família é a designação de uma profissão desse ramo industrial: o substantivo *Weber* quer dizer em alemão o mesmo que *weaver* em inglês, "tecelão". Quando nasce o menino, o pai é um magistrado da cidade.

1868 Antes de fazer 5 anos, Max assiste à entrada do pai na vida pública como parlamentar pelo Partido Liberal Nacional. Ingressando no mundo da grande política, tem que mudar para Berlim.

1869 A família Weber transfere-se para Berlim.

1882 Max tira diploma do curso secundário. Vai para a Universidade de Heidelberg e começa o curso de Direito.

1884 Interrompe os estudos para um ano de serviço militar em Estrasburgo.

1885 Retoma os estudos, agora na Universidade de Berlim. Estuda francês, inglês, espanhol e italiano. Prepara-se para um exame de direito que vai lhe permitir tornar-se um estagiário da Universidade de Göttingen. Transfere-se para lá, onde termina a graduação. Começa o curso de doutorado em direito.

1887-88 Volta a Estrasburgo para um segundo período de serviço militar. Enamora-se da prima Emmy. Adere à *Verein für Sozialpolitik*, uma associação de "socialistas acadêmicos" partidários de maior intervenção do Estado no campo social.

1889 Doutorado em direito pela Universidade de Göttingen. A tese trata da história das companhias comerciais na Idade Média.

1890 Participa do I Congresso Social Evangélico. Na *Verein für Sozialpolitik* coordena pesquisas de campo sobre os problemas envolvendo os trabalhadores agrícolas a Leste do rio Elba. Publica "A situação dos trabalhadores agrícolas na Prússia oriental".

1891 Obtém a "habilitação" em direito comercial com a tese *A história agrária de Roma em sua significação para o direito público e privado*, publicada no mesmo ano. Substitui temporariamente um antigo professor seu na Universidade de Berlim, o economista Goldschmidt. A partir de então se abre para ele a carreira de professor universitário. Fica noivo de Marianne Schnitger, outra prima.

1893 Dá início formal à carreira docente no ensino superior: começa como livre-docente na Universidade de Berlim. No início do outono, aos 29 anos, casa com Marianne Schnitger. A ideia é envelhecerem juntos: "*bis ins Pianissimo des höchsten Alters*", "até o pianíssimo da extrema velhice".

1894 É chamado para a cátedra de economia política da Universidade de Friburgo.

1895 Sua aula inaugural na Universidade de Friburgo sobre "O Estado nacional e a política econômica" marca ponto decisivo em sua escalada intelectual.

1896 Obtém a cátedra de economia política na Universidade de Heidelberg. A casa dos Weber torna-se ponto de encontro dos intelectuais de Heidelberg.

1897 No começo do verão tem uma briga feia com o pai em defesa da mãe. O pai morre um mês depois. Weber afunda em grave crise de esgotamento nervoso. Tão sério é o quadro clínico e tão profunda a prostração psíquica, que por um bom tempo vai se ver reduzido à mais cabal inatividade, seja acadêmica, seja política. Começa aí uma lenta convalescença que se prolongará até 1903, entrecortada por recaídas depressivas nada leves. Para relaxar e conseguir repousar, viaja pela Europa. Viaja muito: Suíça várias vezes, Itália várias vezes, Córsega, Provence, Holanda, Bélgica...

1903 Renuncia definitivamente à docência universitária. Concedem-lhe o título de professor honorário. A partir de agora sua atividade intelectual será puramente a do pesquisador em ciência social, uma vida voltada para a ciência como profissão. Torna-se um dos editores da prestigiosa revista *Archiv für Sozialwissenschaft und Sozialpolitik*, na qual passa a publicar como artigo todo ensaio que termina.

1904 No verão, viaja aos Estados Unidos em companhia de Marianne e do teólogo Ernst Troeltsch, seu amigo, para um congresso científico durante a

Exposição Universal de St. Louis. Fica impressionado com os traços tipicamente modernos do capitalismo norte-americano. Fará recorrentes referências a isso em suas pesquisas. Saem nesse ano, nas páginas da revista *Archiv*, duas obras importantes: o estudo *metodológico* sobre "A 'objetividade' do conhecimento nas ciências sociais" e o estudo *sociológico* sobre "A ética protestante e o 'espírito' do capitalismo". Sua guinada sociológica tem boa repercussão. Começa a se formar em torno dele, na "casa dos Weber", um círculo de intelectuais de primeira grandeza, entre eles Emil Lask, Ernst Troeltsch, Robert Michels, Werner Sombart, Ferdinand Tönnies, Georg Simmel, György Lukàcs, Ernst Bloch e Karl Jaspers.

1905 Revolução burguesa na Rússia. Weber estuda russo. Sai no *Archiv* a segunda parte do estudo sobre a ética protestante. Grande repercussão.

1906 Publica o artigo sobre "As seitas protestantes e o espírito do capitalismo", resultado de sua visita aos Estados Unidos dois anos antes.

1907 Publica ensaios discutindo a Revolução Russa de 1905.

1908 Torna-se diretor da coleção *Grundriss der Sozialökonomik*, na qual vai aparecer postumamente (1922), com o nome de *Economia e sociedade*, sua obra de sociologia sistemática. Nos anos seguintes segue publicando os resultados de suas pesquisas sobre a história agrária da Antiguidade, mas dedica-se também a estudos *especificamente* sociológicos: sociologia da religião, sociologia da música, sociologia do direito, sociologia da dominação.

1913 Publica o ensaio metodológico "Sobre algumas categorias da sociologia compreensiva". Viagens pela Itália.

1914 Com a eclosão da Primeira Guerra Mundial, abandona a pesquisa científica, alista-se como oficial da reserva e presta serviço à pátria organizando hospitais militares.

1915-17 Em levas sucessivas, saem no *Archiv* os estudos sociológicos sobre as grandes religiões da humanidade, que aos poucos vão compondo a chamada *Ética econômica das religiões mundiais*: Introdução; Confucionismo; Consideração intermediária; Hinduísmo e Budismo; Judaísmo Antigo.

1917 Em 7 de novembro, faz em Munique a memorável conferência dirigida aos estudantes da Baviera sobre "A ciência como vocação".

1919 Em 28 de janeiro, faz em Munique outra conferência marcante, agora sobre "A política como vocação". Na primavera, aceita finalmente o convite da universidade de lá para voltar a lecionar. Começa a dar aulas em junho. Trabalha intensamente no projeto de editar em livro, devidamente expandidos, seus ensaios em sociologia da religião e a primeira parte de *Economia e sociedade*.

1920 Weber faz 56 anos em abril. A 14 de junho, poucos dias antes de romper o verão, morre de pneumonia. A tempo entretanto de deixar pronto para publicação o primeiro volume dos *Ensaios reunidos de sociologia da religião*. Justo o que contém "A ética protestante e o espírito do capitalismo" em sua segunda versão. Com a morte precoce do autor, ficou sendo a versão definitiva do ensaio.

Índice remissivo

1ª EDIÇÃO [2004] 22 reimpressões

ESTA OBRA FOI COMPOSTA EM MINION PELA SPRESS E IMPRESSA PELA
GEOGRÁFICA EM OFSETE SOBRE PAPEL PÓLEN DA SUZANO S.A.
PARA A EDITORA SCHWARCZ EM MAIO DE 2024